**CEO의 다이어리**

오늘 당신은 어떤 미래를 살았는가?

# THE DIARY

## CEO의 다이어리

**스티븐 바틀렛** 지음 | **손백희** 옮김

# OF A CEO

《선데이 타임스》
베스트셀러
1위!

STEVEN BARTLETT

**THE DIARY OF A CEO**

ⓒ 2023 Steven Bartlett

First published as The Diary of a CEO in 2023 by Ebury Edge, an imprint of Ebury Publishing.
Ebury Publishing is a part of the Penguin Random House group of companies.
Korean translation ⓒ 2025 by Will Books Publishing Co.
Korean translaltion rights arranged with The Random House Group Limited
through EYA Co., Ltd.

이 책의 한국어판 저작권은 EYA Co., Ltd.을 통해 The Random House Group Limited와 독점 계약한 ㈜윌북에
있습니다. 저작권법에 의해 한국 내에서 보호를 받는 저작물이므로 무단 전재와 무단 복제를 금합니다.

☆

〈다이어리 오브 CEO〉 팟캐스트 청취자와
유튜브 시청자 모든 분들께 이 책을 바친다.
여러분이 있어 이전에는 갖지 못했던
최고의 꿈을 살아가고 있다.

## 차례

들어가는 글  나는 누구고, 이건 무슨 책인가? — 8

# 1부 자기 자신

**법칙 1** 다섯 버킷을 순서대로 채우라 — 16
**법칙 2** 대가가 되려면 가르칠 수 있어야 한다 — 24
**법칙 3** 무턱대고 '반대'부터 하지 말라 — 32
**법칙 4** 기존의 신념을 버려라 — 38
**법칙 5** 마음에 들지 않는 것에도 마음을 열라 — 51
**법칙 6** 그냥 말하지 말고 질문하라 — 64
**법칙 7** 자기 서사를 타협하지 말라 — 72
**법칙 8** 나쁜 습관과 절대 싸우지 말라 — 84
**법칙 9** 건강을 항상 1순위에 두라 — 95

# 2부 자기 서사

**법칙 10** '쓸모없는' 것이 쓸모를 정의한다 — 102
**법칙 11** 무언가의 배경화면이 되지 말라 — 111
**법칙 12** 사람들의 감정을 흔들어라 — 128
**법칙 13** 우선 혁신적 사고를 실행하라 — 133
**법칙 14** 가치는 마찰에서 탄생한다 — 147
**법칙 15** 콘텐츠보다 프레임이 더 중요하다 — 153
**법칙 16** 골디락스 효과를 기억하라 — 160
**법칙 17** 체험시키고 구매로 이끌라 — 166
**법칙 18** 5초 안에 승부를 보라 — 174

## 3부 삶의 철학

**법칙 19** 작은 일 하나에도 신경 써야 한다 ― 186
**법칙 20** 생존하고 싶다면 변해야 한다 ― 202
**법칙 21** 경쟁자보다 더 많이 실패하라 ― 208
**법칙 22** 최대한 플랜 A를 사수하라 ― 228
**법칙 23** 타조처럼 굴지 말라 ― 237
**법칙 24** 압박감을 특별한 기회로 바꾸라 ― 248
**법칙 25** 최대한 실패를 자주 상상하라 ― 259
**법칙 26** '무엇을'보다 '어디서'가 중요하다 ― 273
**법칙 27** 강한 의지는 죽음, 시간, 강단에서 온다 ― 281

## 4부 조직의 삶

**법칙 28** 방법을 찾지 말고 사람을 찾으라 ― 296
**법칙 29** 강력한 신념과 문화를 설계하라 ― 302
**법칙 30** 훌륭한 팀을 만들기 위한 세 가지 기준 ― 313
**법칙 31** 발전한다는 느낌을 심어주라 ― 323
**법칙 32** 모든 사람을 같은 방식으로 대하지 말라 ― 336
**법칙 33** 배움에는 끝이 없다 ― 345

참고 문헌 ― 346

*들어가는 글*

# 나는 누구고, 이건 무슨 책인가?

내 이름은 스티븐 바틀렛이다. 네 곳의 회사에서 대표이사, 창업자, 공동 창업자, 이사로 일했다. 모두 업계를 선도하는 기업이며, 합산 기준 시가총액이 10억 달러를 상회한 바 있는 기업이다. 현재는 마케팅대행사인 플라이트스토리Flight Story와 소프트웨어사 서드웹Thirdweb 그리고 플라이트펀드Flight Fund라는 자산운용사를 창업해 경영하고 있다. 세계 각지에서 내가 고용한 사람은 수천 명에 달하며, 지금까지 조달한 투자 자금은 약 1억 달러에 이른다. 투자자로서 나는 40개 이상 되는 기업의 주주다. 현재 회사 네 곳의 이사회에 있는데, 그중 두 곳은 현재 각 업계의 선두를 달리고 있다. 그리고 내 나이는 서른셋이다.

내가 설립한 마케팅대행사 두 곳 모두 업계 최고 위치에 올랐다. 그만큼 나는 고객사의 회의실에서 거의 살다시피 했다. 우버, 애플, 코카콜라, 나이키, 아마존, 틱톡, 로지텍 같은 세계 최고 기업들이 고객이었다. 이들 세계 최대 브랜드를 이끄는 최고경영자CEO, 마케팅담당 최고책임자CMO 등의 리더들에게 자문을 제공하며 그들과 함께 마케팅 전략, 온라인 홍보 전략을 수립했다.

지난 4년간 한 일이 하나 더 있다. 사업가, 운동선수, 연예인, 학자 등 각 분야에서 크게 성공한 사람들을 만나 인터뷰를 진행한 것이다. 베스트셀러 작가, 배우, 마케팅책임자, 세계적인 신경과학자, 인기 스포츠팀의 주장과 감독, 시가총액 수십억 달러에 달하는 생활용품 기업의 CEO, 세계적인 심리학자 등 일일이 열거하기 힘들 정도로 많은 인사들과 나눈 인터뷰를 총 700시간에 달하는 영상으로 남겼다.

그렇게 만난 명사들과의 대화를 내 팟캐스트 〈다이어리 오브 CEO The Diary of a CEO〉에 공개했다. 그런데 얼마 되지 않아 유럽에서 다운로드 1위의 팟캐스트가 됐다. 미국, 아일랜드, 호주, 중동에서도 인기를 얻어 비즈니스 분야 최고의 팟캐스트 대열에 합류했다. 청취자 수는 한 해에만 무려 825퍼센트나 증가했다. 나는 〈다이어리 오브 CEO〉가 세계에서 매우 빠르게 성장하는 팟캐스트 중 하나라고 자부한다.

이 모든 경험이 가능했다니 운이 좋았던 셈인데, 그러다 몇년 전 문득 깨달았다. 내가 매우 값지고 소중한 정보를 갖게 됐다는 사실을, 그런 이야기를 다 들어볼 수 있는 사람이 지구상에 얼마 없다는 것을 말이다. 그리고 내가 이제까지 기업을 직접 경영하며 얻는 경험과 명사들과의 인터뷰에서 들은 이야기들을 종합해볼 때, 성공과 실패의 핵심에는 일관된 법칙이 있다는 것도 깨달았다. 그 법칙은 시대를 초월하며, 모든 산업에 적용이 가능하고, 위대한 일을 하려고 하거나 그런 사람이 되고 싶은 사람이라면 누구라도 참고할 가치가 있다.

이 책은 사업전략서가 아니다. 전략이란 계절처럼 시시때때로 변한다. 내가 여기서 말하고 싶은 것은 훨씬 오래가는 이야기다. 위대한 것을 창조하고 위대한 존재가 되려는 노력의 여정에 도움이 될 만한, 근본적이고 항구적인 법칙에 대한 이야기다. 그 법칙은 모두에게 도움이 된다. 어디서 무슨 일을 하든 상관없다. 이 법칙은 지금도 맞고, 100년 후에도 맞을 것이다. 이 법칙은 심리학, 과학 및 수 세기 동안의 연구 결과에 근거한다. 전 세계 다양한 연령대와 다채로운 직업군의 수만 명에게 설문조사를 하며 유효성을 검증했다.

✷ ✷ ✷

이 책을 구상할 때 나는 다섯 핵심 신념을 전제했다.

1. 책들 대다수가 필요 이상으로 길다.
2. 책들 대다수가 필요 이상으로 복잡하다.
3. 천 마디 말보다 그림 한 장이 효과적이다.
4. 이야기의 힘은 통계의 힘보다 강하다.
    하지만 둘 다 중요하다.
5. 미묘한 차이의 가치를 믿으며, 종종 진실은
    어딘가 중간 지대에 있다.

한마디로 아인슈타인의 말을 구현하는 것이 이 책의 목표다.

모든 것은 최대한 단순화시켜야 한다.
단, 너무 생략되지 않는 선까지만.

딱 필요한 만큼의 말과 효과적인 이미지와 놀라운 실사례를 접목해, 일과 삶을 지배하는 기본적인 원칙과 진리를 생명력 있는 언어로 전달하려 한다.

## ✵ '위대함'을 만드는 네 기둥

위대한 존재가 되고 위대한 것을 키워내기 위해서는 네 가지 분야에 완벽히 통달해야 한다. 나는 이걸 '위대함이라는 지붕을 받치는 네 기둥'이라고 부른다.

### 첫 번째 기둥: 자기 자신

레오나르도 다빈치가 말하지 않았던가. "인간은 오직 자기 그릇의 크기만큼만 자신을 완성할 수 있다. 성공의 높이는 얼마나 자기통제를 잘하는지를 보면 알 수 있고, 실패의 깊이는 자신을 얼마나 포기해버렸는지를 보면 알 수 있다. 자신을 다스리지 못하는 사람은 다른 사람을 지배할 수 없을 것이다"라고.

첫 번째 기둥은 자아관이다. 자기를 어떻게 인식하고 통제하며 돌보고 처신하며, 자기를 존중하고, 어떠한 자기 서사를 쌓아가는지에 관한 이야기다. 내가 직접 통제할 수 있는 것은 나 자신뿐이다. 결코 쉽지 않지만, 내가 누구인지 완전히 파악하게 된다면 나를 둘러싼 모든 세계를 장악하는 셈이다.

**두 번째 기둥: 자기 서사**

우리의 길목을 방해하는 것은 언제나 사람이다. 과학·심리학·역사에 따르면 어떤 그래프나 데이터나 정보도 정말 위대한 이야기보다 긍정적 영향을 줄 수 없다. 이야기는 리더가 장착할 수 있는 가장 강력한 무기다. 리더의 인간미를 받쳐주는 밑천 같은 것이다. 매혹적이며 영감을 주고, 감정을 움직일 수 있는 이야기를 풀어내는 사람이 세상을 지배한다.

두 번째 기둥에서는 이야기를 풀어가기 위해 알아둬야 할 법칙들을 제시했다. 우리의 길목에 서 있는 사람들의 마음을 움직여 따라오게 하고, 우리가 파는 것을 사게 만들고, 우리를 믿고 신뢰하며, 우리를 '클릭'하며 행동을 같이 하고, 우리 말을 들어주고 이해하게 하는 법을 이야기할 것이다.

**세 번째 기둥: 삶의 철학**

사업가든 운동선수든 학자든 그 누구든, 한 사람이 가진 철학을 보면 그 사람이 앞으로 어떻게 행동할 것인지 파악할 수 있다. 만일 당신이 누군가의 철학이나 신념을 알고 있다면, 그가 어떤 상황에서 어떤 행동을 할지 정확히 예상할 수 있을 것이다.

세 번째 기둥은 위대한 사람들이 믿고 따르는 기준이 되는 삶과 일에 대한 철학, 그러한 철학이 위대한 행동을 이끌어내는 방식에 대한 이야기다. 철학이란 한 사람의 신념, 가치, 원칙의 총합으로 행동의 길잡이가 된다. 즉 우리가 어떤 상황에서 어떤 행동을 할 것인가를 정하는 근본적 신념체계인 것이다.

**네 번째 기둥: 조직의 삶**

회사는 '사람들의 집단'으로 정의할 수 있다. 회사, 프로젝트 그리고 어떤 조직이든 모두 본질적으로 사람들이 모인 집단에 지나지 않는다. 조직이 만들어내는 모든 것은, 좋든 나쁘든 조직 구성원의 생각에서 비롯한 것이다. 어떤 일을 할 때 파트너를 잘 선택하는 것이 성공의 최대 관건이다. 나는 좋은 파트너 없이 위대한 회사, 프로젝트, 조직을 만든 사례를 본 적이 없다. 조력자 없이 위대한 성과를 달성한 경우도 마찬가지다.

네 번째 기둥에서는 사람을 어떻게 모아서 최고의 성과를 만들어낼지를 이야기한다. 사람을 모으는 것만으로는 충분하지 않다. 그렇게 모인 사람들로 정말 위대한 팀을 만들기 위해서는, 인재를 제대로 선발해야 하고, 그들을 하나로 결속할 올바른 문화가 필요하다. 위대한 문화를 공유하는 위대한 사람들이 협업하면, 팀의 전체 역량은 팀원 개개인의 역량을 더한 단순 총합을 뛰어넘게 된다. '1+1'로 '3'이 만들어질 때, 위대함이 탄생하는 것이다.

# 1부

## 자기 자신

## 법칙 1

# 다섯 버킷을 순서대로 채우라

사람의 잠재력을 결정하는 다섯 개의 버킷이 있다면,
어떻게 그리고 어떤 순서로 채워야 할까?

어느 날 아침, 내 친구 데이비드는 자기 집 앞 정원에서 에스프레소를 즐기고 있었다. 그때 낡은 운동복 차림으로 조깅을 하던 한 남자가 땀에 흠뻑 젖은 채 혼란스러운 표정을 짓더니 숨을 헐떡이며 데이비드가 앉아 있는 곳으로 천천히 다가왔다.

그 남자는 걸음을 멈추고는 숨을 고르며 데이비드에게 인사했다. 그는 무슨 말인지 알아들을 수 없는 농담을 하다가 혼자 미친 듯이 웃더니, 자기가 우주선을 만들고 있으며, 원숭이의 뇌에 마이크로칩을 삽입할 것이고, 인공지능으로 구동되는 가정용 로봇을 만들 것이라는 둥 별 황당한 이야기를 늘어놓기 시작했다. 몇 분을 떠들던 그는 이만 가겠다며 인사하고는 느적느적 길을 걸어 내려갔다. 땀 범벅이던 그 남자는 바로 테슬라, 스페이스X, 뉴럴링크, 오픈AI, 페이팔, 집투, 더보링컴퍼니를 만든 억만장자 일론 머스크였다. 이 남자의 정체를 모른다면, 근처 정신병원에서 탈출한 환자 또는 허언증 환자쯤으로 의심할 만하다. 하지만 그가 누구인지 깨닫는 순간 그 헛소리들이 갑자기 전부 설득력 있게 들리기 시작할 것이다.

그의 말이 너무나 설득력 있게 들리는 나머지, 일론 머스크가 야심찬 계획을 세상에 공표하기라도 하면, 사람들은 자식에게 물려줄 재산을 그에게 투자하거나, 다니던 직장을 때려치우고 그를 위해 일하겠다고 집을 이사하거나, 그가 만든 상품이 출시되기도 전에 주문부터 할지도 모른다. 이유가 뭘까? 일론 머스크는 '다섯 개의 내공 버킷'을 모두 채웠기 때문이다. 사실 내가 만난 진정한 능력자들은 모두 다섯 '버킷'을 충분히 채운 상태였다.

다섯 버킷의 합은 곧 한 사람이 가질 수 있는 잠재력의 총합이다. 버킷들을 얼마나 잘 채웠는가가 꿈의 크기, 설득력, 달성 가능성을 결정한다. 꿈을 꾸는 당사자, 그 이야기를 듣는 사람들 모두에게 말이다. 위대한 일을 해낸 사람들은 다섯 버킷을 갖게 되기까지 최소 수년 많게는 수십 년이 걸렸다. 버킷들을 가득 채운 행운을 거머쥔 사람은 세상을 바꾸는 데 필요한 모든 잠재력을 갖춘 셈이다. 직장을 찾을 때, 다음 읽을 책을 고를 때, 꿈을 찾을 때, 자기 버킷이 어느 정도 차 있는지 알고 있어야 한다. 그 버킷은 다음과 같다.

## ✷ 다섯 가지 버킷

나는 무엇을 아는가(지식)

나는 무엇을 할 수 있는가(역량)

나는 누구를 아는가(인맥)

나는 무엇을 갖고 있는가(자원)

세상은 나를 어떻게 생각하는가(평판)

열여덟 살 때 사업을 시작하며 처음 일을 시작했다. 당시 나를 괴롭히는 고민이 한 가지 있었다. 상당히 도의적인 고민이었다고 할 수 있는데, 회사를 잘 키워 부를 쌓는 것과 (내가 태어난) 아프리카로 돌아가 생명을 하나라도 더 구하는 것 중 어느 쪽에 시간과 에너지를 집중하는 것이 더 의미가 있을까 하는 것이었다.

몇 년 동안이나 머릿속을 떠나지 않던 이 질문에 대한 답을 뉴욕에서의 우연한 만남에서 구하게 됐다. 세계적으로 유명한 영적 스승(구루)인 승려 라다나트 스와미Radhanath Swami가 개최한 행사에서였다.

구름처럼 모여든 추종자들 틈에 겨우 자리를 잡았다. 초롱초롱한 눈빛으로 구루의 말씀을 한마디도 놓치지 않겠다는 기세로 모두가 초집중하고 있었다. 그 완벽한 정적을 깨고, 구루는 청중을 향해 질문이 있는지 물었다. 나는 손을 들고 질문했다. "안녕하세요. 저는 사업을 하고 있는데요. 사업으로 성공하는 것이 진정 의미 있는 일인지 고민이 됩니다. 아프리카로 돌아가 생명을 구하는 쪽이 훨씬 고귀한 일

아닐까 싶고요."

그러자 그는 내 영혼의 깊은 곳까지 들여다볼 수 있다는 듯 뚫어지게 바라봤고, 눈 하나 깜빡하지 않고 한참 침묵하다 말문을 열었다. "빈 버킷으로는 물을 부을 수가 없겠지요."

10년이 지난 지금은 나 자신의 버킷을 채우는 데 집중하라는 게 무슨 뜻인지 너무나 잘 알게 되었다. 내 안의 버킷을 먼저 채워야 뜻을 펼쳐 세상도 긍정적으로 바꿀 수 있기 때문이다.

그동안 나는 큰 회사를 여럿 설립했고, 세계적인 기업 다수와 일해보고, 백만장자가 되었으며, 수천 명의 임직원을 책임지고 있으며, 많은 책을 읽었고, 세계적으로 '성공한' 인사들과의 대화시간이 700시간 정도 축적됐다. 그 결과 내 안의 양동이는 가득 찼다. 이제 나는 충분한 지식, 역량, 인맥, 자원, 명성을 갖춰 자선 활동, 기부, 조직 설립, 미디어 회사 설립, 학교 설립을 할 수 있게 되었고 그래서 원래 뜻대로 전 세계 수백만 명에게 도움을 주면서 사는 것도 가능해졌다.

다섯 분야는 서로 연결되어 있다. 하나를 채우면 다른 것도 잘 채워지며, 보통 왼쪽에서 오른쪽 순서로 차오르게 된다.

일반적으로 사람은 학교에서 지식을 습득한 뒤 일하는 삶을 시작하고, 배운 지식을 잘 활용하면 역량이 된다. 그렇게 지식과 역량을 겸비하게 되면, 일을 할수록 남에게 가치를 전달하게 되고 인맥도 확장된다. 지식, 역량, 인맥을 확보하면 자원 접근성이 높아지고, 지식, 역량, 좋은 인맥, 자원을 갖추면 평판이 따라오게 되어 있다.

다섯 버킷과 상호 연관성을 따져보면, 첫 번째 버킷(지식)에 대한

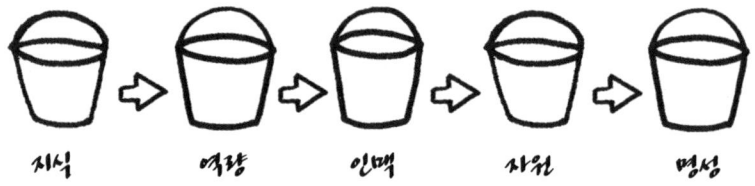

투자가 수익성이 최고인 투자임이 분명하다. 지식이 차오르면 역량이 차오르고, 차오른 것들이 옆에 있는 버킷으로 계속 흘러가게 마련이기 때문이다. 이 원리를 이해하게 되면, 당장 돈(자원)을 얻더라도 지식과 역량을 많이 쌓을 수 없는 일은 장기적으로 가치가 높지 않다는 사실을 알 수 있다.

그런데 문제는 자의식$_{ego}$이다. 자의식은 대체로 논리적으로 행동하는 능력을 흐려지게 한다. 우리의 자의식은 첫 번째와 두 번째 버킷을 건너뛰게 만드는 위험한 힘을 갖고 있다. 성공에 필요한 지식(버킷 1)이나 역량(버킷 2)을 쌓기도 전에 높은 보수(버킷 4)나 직책, 지위, 명성(버킷 5)이 따르는 자리를 찾아가도록 이끈다.

이러한 유혹에 굴복하는 것은 약한 토대 위에 커리어를 쌓는 것과 같다. 당장의 만족을 미루고 인내심을 발휘해 처음 두 버킷에 투자하지 않는 근시안적 결정을 하면 언젠가는 밑천이 바닥난다. 그런 예를 많이 보았다.

어느 날 리처드라는 스물한 살 된 유능한 직원이 할 말이 있다며 내 방으로 찾아왔다. 지구 반대편에 있는 신생 마케팅 대행사의 대표직을 제안받아, 퇴사하겠다는 것이었다. 지금보다 거의 두 배 가까운 엄청난 연봉에 주식까지 얻게 될 것이라고, 지금까지 자란 변두리 마을과는 완전 다른 세상에서, 지금 회사가 있는 영국 맨체스터를 떠나 뉴욕에서 살 수 있는 기회를 잡겠다고 했다.

솔직히 나는 그의 말을 믿지 않았다. 세상에 어떤 제대로 된 회사가 관리자 경험도 없는 직원에게 그런 중책을 맡기겠는가. 그래도 그의 말을 들어주고 행운을 빌어줬다. 하지만 내가 잘못 생각했었다. 그의 말은 사실이었다. 채용 제안은 진짜였고 한 달 후 그는 그 회사의 대표로 임명돼 뉴욕으로 떠났다. 빠르게 성장하는 마케팅 스타트업에서 20명 이상의 팀을 이끄는 C레벨, 즉 최고경영진으로서 새로운 삶을 시작했다.

안타깝게도 이야기는 여기서 끝나지 않는다. 전도유망했던 그 회사는 리처드가 합류한 지 18개월 만에 좌초하여, 핵심 인사들은 떠나고 자금난에 봉착했으며 부실 경영 논란에 휩싸였다. 회사가 문을 닫자 그는 실직자가 되었고, 먼 타향에서 동종 업계 일자리, 그것도 전에 영국에서 일하던 것보다 낮은 직급의 일자리를 찾고 있다는 이야기를 들었다. 인생은 나와 리처드에게 교훈을 주었다. 지식과 역량이라는 두 단계를 건너뛰면 장기적으로 지속 가능한 성과를 달성할 수 없다는 교훈을. 그런 시도는 모래성을 쌓는 것과 같다.

인생에서 어떤 길을 택할지, 어떤 일을 수락할지, 여가 시간을 어디에 투자할지 결정할 때 지식을 바탕으로 역량이 생기면 힘을 발휘할 수 있음을 명심하자. 처음 두 버킷을 먼저 채우면, 살면서 어떤 지진을 겪어도 흔들림 없이 오래 받쳐줄 견고한 기반을 다질 수 있다.

나는 경력에 상당히 부정적인 영향을 미칠 수 있는 예측불허의 사건을 '경력 지진'이라고 한다. 업계 전체를 파괴할 기술 혁신, 고용주의 해고 조치, 창업한 회사의 파산 등 어떤 것이든 경력 지진에 해당할 수 있다.

그러나 아무리 큰 지진이 와도
"결코" 사라지지 않는 두 가지가 있다.
인맥이 끊기거나 자원이 없어지고
평판에 흠집이 날 수는 있어도,
이미 습득한 지식과 역량은 '결코' 사라지지 않는다.

지식과 역량이라는 두 가지 내공은 명줄이자 토대이며 가장 확실한 미래 예측 변수다.

## ✯ 원칙: 다섯 버킷을 순서대로 채우라

지식을 응용하면 역량이 된다. 지식을 더 확장하고 응용할수록 세상에서 더 가치 있는 인재가 될 것이다. 그렇게 되면 인맥 확장, 자원 확충, 평판 구축이라는 보상이 따라온다. 우리가 가진 버킷을 바른 순서대로 채워야 한다는 것을 명심하자.

금을 쌓아두는 자는
잠깐의 부를 누린다.

지식과 역량을 쌓은 자는
평생의 부를 누린다.

진정한 부는
지식과 역량이 좌우한다.

## 법칙 2
# 대가가 되려면 가르칠 수 있어야 한다

세계적으로 유명한 지식인, 작가, 철학자들이
자기 분야의 대가가 되기 위해 사용하는 간단한 방법이 있다.
어떻게 그 방법을 익혀서 역량을 키우고, 주제를 통달하며 청중을 만들 것인가?

### ✦ 누구에게나 흑역사는 있다

그날 저녁 나는 세상 사람들이 죄다 내가 망신당하는 꼴을 보려고 강당으로 몰려온 것 같은 기분이 들었다. 하지만 사실 그 자리에는 중학생, 부모님, 선생님 몇 분밖에 없었다. 나는 열네 살이었다. 당시 내 임무는 성적우수자 시상식 행사에서 마무리 멘트를 하는 것이었다. 무대에 올라가자 객석은 조용해지고 시선이 내게 집중됐다.

겁에 질리고 말문이 막혀 얼어붙은 채 기나긴 시간이 흘렀다. 발표지를 꽉 움켜쥔 두 손은 덜덜 떨렸고, 다리 사이는 소변을 지리기 일보 직전이었다. 소위 '무대공포증'이라는 것을 체험했다. 하도 떠는 바람에 준비해온 대본의 글씨를 읽을 수 없었다. 결국 나는 식상한 말을 생각나는 대로 대충 내뱉고는 마치 총알을 피해 도망치듯 무대를 내려와 강당 밖으로 뛰쳐나가버렸다.

충격의 그날 이후 10년이 흘렀고, 나는 세계 곳곳을 누비며 사람들 앞에 서서 이야기한다. 브라질 상파울루에서는 버락 오바마와 함께 수만 명의 청중 앞에 서며 언론기사의 헤드라인을 장식했고, 바르셀로나의 경기장을 가득 메운 청중 앞에서도 연설을 했으며, 영국 전역을 순회하고, 우크라이나 키이우, 미국 텍사스, 이탈리아 밀라노에서 열리는 축제에서 연설하기도 한다.

## ✷ 어떻게 설명해야 할까

사람들 앞에서 말도 제대로 못하는 구제불능이었던 내가 지금은 최고의 달변가들과 어깨를 나란히 할 정도로 달라졌다. 그렇게 변신할 수 있었던 비결은 의외로 간단하다. 그 비결 덕분에 무대 위에서 평정심, 연출력, 전달력(역량)을 갖게 되었을 뿐만 아니라 무대에 섰을 때 들려줄 만한 재밌는 이야깃거리(지식)도 갖게 되었다. 그 비결은 바로 가르치겠다고 약속하고 그 약속을 이행하는 것이다.

> 작고한 정신적 지도자 요기 바잔은
> "무언가를 배우고 싶다면 그에 대해 읽고,
> 이해하고 싶다면 그에 대해 글을 쓰고,
> 대가가 되고 싶다면 그것을 가르치라"고 말했다.

스물한 살 때 나는 나 자신과의 약속을 만들었다. 매일 오후 일곱 시에 내 생각 하나를 트위터에 올리거나, 동영상을 만들어 여덟 시에 온라인에 업로드하기로 한 것이다. 내 지식과 역량을 개발하기 위해, 즉 처음 두 버킷을 채우기 위해 해본 일 중에 이게 가장 잘한 일이었다. 덕분에 내 인생의 궤적이 완전히 바뀌었다고 해도 과언이 아니다. 그렇기에 작가, 강연자, 크리에이터로서 한 단계 더 발전하고 싶어 하는 모든 이에게 이 방법을 강력하게 추천한다.

핵심은 내가 매일 배우고, 쓰고, 영상을 제작해 업로드하는 일을 그저 재미로 하지 않고, 매일 강제로 해야 하는 일과로 만들었다는 것이다.

## ✵ 위험 속에 몸을 던지자

그런 일과를 실천하고 얼마 지나지 않아 구독자의 댓글과 소셜플랫폼의 분석을 통해 피드백을 받았다. 그 덕분에 영상을 더 잘 만들게 됐고, 순전히 나의 단상을 보고 듣기 위해 팔로우하는 사람들이 늘어나더니 커뮤니티가 형성됐다. 10년 전에 수십 명으로 출발한 이 커뮤니티는 현재 유튜브에서만 구독자가 1000만 명에 달할 정도로 크게 성장했다.

첫 업로드와 동시에 나는 시청자들과 일종의 '사회적 계약'을 맺은 것이나 다름없다. 내가 매일 올리는 생각을 보려는 사람들이 있다는 사실은 포스팅을 멈추지 않도록 하는 동력이 됐다. 도중에 그만두면 팔로워들이 실망하고 내 평판에 금이 갈 테니까. 즉 나에게 잃을 것이 생겨버렸다. 잃을 것을 만드는 행위는 의무를 만들어낸다. 잃을 것을 만드는 행동을 '위험으로 뛰어들기'라고도 한다.

어떤 분야에서 학습 속도를 빨리 높이고 싶다면, '위험으로 뛰어들기'라는 중요한 심리적 도구를 쓸 줄 알아야 한다. 학습을 위해 '하지 않으면 큰일 날' 상황을 설정해두면, 반드시 해야만 하는 강력한 동기가 생긴다. 배수의 진을 치는 것이다. 꼭 지켜야 할 그것은 돈부터 개인의 사회적 약속에 이르기까지 어떤 것이든 될 수 있다.

어떤 회사를 더 자세히 알고 싶은가? 그 회사의 주식을 몇 주 사라. 웹3.0을 배우고 싶은가? 암호화폐를 사보라. 헬스장에서 꾸준히 나가고 싶다면 친구들과 왓츠앱에 그룹을 만들어 운동 기록을 매일 공유해보라. 세 가지 행동에는 금전적 위험이나 사회적 평판 위험이 걸려 있다. '위험으로 뛰어들기'는 효과적이다. 여러 연구에 따르면, 인간은 얻고자 할 때보다 잃지 않고자 할 때 더 적극적으로 행동한다고 한다. 학자들은 이를 '손실 회피'라고 부른다. 그러니 스스로에게 잃을 것을 부여하자.

## ✷ 파인만 화법을 재조명하다

무언가를 숙달하고 싶다면 공개적으로 그리고 꾸준히 해보라. 생각을 글로 써서 게시하려면, 공부를 더 해야 하고 글도 더 명확하게 써야 한다. 동영상을 게시하려면 아무래도 말솜씨를 키워야 한다. 무대에서 강연을 계속하면 청중을 사로잡는 화술을 키울 수 있게 된다. 어떤 분야든지 공개적이고 지속적으로 실행할 강제성을 부여할 수 있다면, 그 분야를 정복하게 될 것이다. 내 일과 중 가장 중요한 요소 하나가 트위터의 글자수 제한 때문에 내가 공유하려는 생각을 140자로 압축하는 것이었다.

개념을 쉽고 간단하게 설명하는 능력을
기르는 게 바로 그 개념을 이해하는 길이며,
그렇게 할 수 있단 건 그 개념을 이해했다는 증거다.
사람들은 자기도 잘 모르는 걸 감추려 할 때
별 쓸데없고 장황하고 거창한 말로 포장한다.

어떤 개념을 결정체로 단순화하는 기술을 미국의 위대한 과학자 리처드 파인만의 이름을 따 '파인만 화법'이라고 한다. 파인만은 양자전기역학 분야의 획기적인 연구로 1965년 노벨물리학상을 수상했다. 그는 가장 복잡하고 난해한 개념을 어린아이도 이해할 수 있는 간단한 언어로 설명하는 재능을 가졌다.

신입생 수준으로 쉽게 설명할 수 없다면,
제대로 이해하지 못했다는 뜻이다.
—리처드 파인만

파인만 화법은 자기계발에 유용한 효과적인 심리 모델이다. 이를 익히면 쓸데없이 복잡한 가지를 쳐낼 수 있고, 어떤 개념이라도 순수한 결정체 수준으로 단순화할 수 있으며, 연구 분야를 더 넓고 깊게 이해할 수 있게 된다. 원래의 파인만 화법은 몇 가지 주요 단계로 되어 있는데, 내 경험을 바탕으로 이를 보다 단순화하고 현 추세에 맞게 정리해봤다.

1단계: 내용 파악하기

이해하고자 하는 주제를 우선 파악하고, 철저히 조사한 뒤 모든 방향에서 완전히 이해하라.

2단계: 아이 가르치듯 쉽게 쓰기

아이에게 가르친다고 생각하고 되도록 간략하고 쉬운 말과 단순한 개념을 사용해 당신의 생각을 적으라.

3단계: 공유하기

다른 사람에게 그 생각을 전파하라. 온라인에 게시하거나 블로그에 올리거나 무대에서 발표하거나 저녁식사 자리에서 얘기해도 된다. 솔직한 피드백을 받을 수 있다면 어떤 형식이라도 좋다.

4단계: 검토하기

피드백을 검토한다. 내가 설명한 개념을 사람들이 이해했나? 내 설명을 듣고 난 사람들이 다시 내게 그 개념을 설명해줄 수 있나? 설명하지 못하면 1단계로 돌아가고, 설명할 수 있다면 다음 단계로 넘어간다.

✷ ✷ ✷

생각해보니 내가 이제까지 만나거나 인터뷰해본 유명 연사, 작가, 지식인들은 모두 공통점을 갖고 있었다. 영국의 잡지 《프로스펙트》에서

'세계 100대 지식인'으로 선정한 인물들에겐 모두 이런 공통점이 있다. 역사상 탁월한 철학자들을 조사해봤더니, 모두들 이 원칙을 몸소 실천하다 못해 그 원칙의 가치에 확고한 신념을 가진 경우가 많았다. 삶의 어느 시점에서, 의도했든 아니든 그들은 사유하고 저술할 일을 만들어냈고, 그 결과물을 지속적으로 공유했던 것이다.

제임스 클리어, 말콤 글래드웰, 사이먼 시넥처럼 트위터와 블로그에 글을 쓰고 영상을 제작하는 오늘날의 유명 작가든, 파피루스 두루마리에 글을 쓰고 대중연설을 했던 아리스토텔레스, 플라톤, 공자 같은 고대의 사상가든 모두 이 중대한 원칙을 실천하며 살았다. 그들 모두 의무적으로 가르칠 일을 만들었고 덕분에 지식을 쌓고 전파하는 대가가 될 수 있었다.

> 교실에서 가장 많이 배우는 사람은 바로 선생이다.
> —제임스 클리어(『아주 작은 습관의 힘』 저자)

## ✶ 법칙: 대가가 되려면 가르칠 수 있어야 한다

더 많이 배우고, 더 단순화하고, 더 많이 공유하라. 꾸준하게 노력하면 발전하고, 피드백을 통해 더욱 성장한다. 이 원칙을 지키는 사람은 고수가 될 것이다.

지식을 갖고 있다고
고수가 되는 것이
아니다.

지식을 풀 수 있을 때
비로소 고수가 된다.

## 법칙 3
## 무턱대고 '반대'부터 하지 말라

어떻게 하면 소통, 협상, 갈등 해결, 논쟁, 전달, 설득의 달인이 될 수 있을까?
왜 그동안 그렇게 쓸데없는 논쟁을 해왔는지 알아보자.

### ✷ 불난 집에 부채질하기

나는 어머니가 TV 보는 아버지에게 소리 지르는 것을 보고 자랐다. 그럴 때마다 아버지는 어머니를 없는 사람처럼 대했다. 고막을 찢을 듯한 어머니의 목소리는 엄청나게 날카롭고 컸다.

어머니는 같은 말을 같은 강도로 대여섯 시간씩 쏟아냈다. 목소리 크기도 분노의 정도도 전혀 수그러들지 않는 채로. 가끔 아버지는 반박을 시도했지만, 결국은 계속 무시하거나 다른 곳으로 피했다. 침실로 들어가 문을 잠그거나, 차를 타고 집 밖으로 나가버리곤 했다.

아버지가 내게 갈등 해결법을 가르쳐줬음을 깨닫기까지 20년이 걸렸다. 어느 날 새벽 두 시, 침대에 누워 있는 내게 여자친구는 화가 난 일을 계속 반복해서 이야기했다. 그때서야 알았다. 아버지가 왜 그랬는지. 나는 여자친구에게 "그게 아니야"라며 반박하고 설득하려 했다. 물론 실패했다. 마치 모닥불에 기름을 부은 것처럼 목소리는 점점 더 커졌고, 같은 얘기를 또 하고 또 했다.

자리를 피하려 일어났지만 여자친구는 계속 따라다니며 소리를 질러댔다. 결국 나는 옷방에 들어가 문을 잠가버렸고, 고장 난 레코드처럼 반복되던 그 악다구니를 새벽 다섯 시까지 들어야 했다. 목소리와 신경질은 전혀 수그러들지 않았다. 그와는 헤어졌다. 그런 관계가 오래 갈 리 없다.

## ✦ 소통은 때때로 해결과 대체로 재앙의 시발점

일, 사랑, 우정 관계에서 겪는 모든 갈등의 원인인 동시에 해결책은 바로 소통(커뮤니케이션)이다. 어떤 관계가 얼마나 건강하게 오래갈지는 갈등을 겪을 때마다 그 관계가 더 튼튼해지는지 약해지는지를 보면 알 수 있다.

> 건강한 갈등은 당사자들이 문제에 함께 맞서
> 노력하기 때문에 관계가 건강해지지만,
> 해로운 갈등은 당사자들이 서로에 맞서
> 싸우기 때문에 관계가 악화된다.

효과적인 커뮤니케이션의 법칙을 찾아 뇌 과학의 가르침을 얻기 위해 런던 유니버시티칼리지와 MIT에서 인지신경과학을 가르치는 탈리 샤롯 교수를 만났다. 그에게 이야기를 듣고 나의 삶, 사랑, 비즈니스 협상 자세가 완전히 달라졌다. 샤롯 교수 연구팀은《네이처 뉴로 사이언스Nature Neuroscience》에 게재한 논문에서, 의견 충돌이 일어나는 동안 실험 참여자들의 뇌 활동을 기록해 그들의 마음속을 들여다봤다.

실험에서는 참가자 42명을 2인 1조로 나눠 감정 평가를 했다. 피실험자들은 사이에 유리벽을 두고 뇌영상촬영장치에 누워 있고, 연구팀은 그들의 반응을 기록했다. 피실험자들은 부동산 사진을 본 다음, 그 부동산의 가치를 추정하고, 추정치의 정확성에 대해 내기를 했다. 그들은 서로 상대가 얼마로 추정했는지를 볼 수 있었다.

두 사람이 부동산 추정가에 서로 동의했을 때, 추정의 정확성에 높게 베팅했다. 뇌 활동 모니터링 결과는 두 사람의 의견이 일치하면 뇌가 활성되며 밝아졌다. 더 수용적이고 개방적인 인지 상태가 된 것이다. 반대로 가격에 대한 의견이 일치하지 않으면 두뇌가 얼어붙고 폐쇄적인 상태가 되며, 상대의 의견을 덜 중요시하며 아예 들으려고 하지 않는다는 뜻이었다.

연구 결과를 통해 최근에 시끄러운 정치 담론에 대한 이해의 실마리를 얻었다. 기후변화 논쟁을 보면, 지난 10년 동안 과학자들이 기후변화는 인간이 초래한 재앙이라는 사실을 뒷받침하는 반박할 수 없는 증거를 점점 더 많이 제시해왔건만, 퓨리서치센터Pew Research Centre가 실시한 설문조사에 따르면 그런 과학적 증거를 믿는 미국 공화당원 수는 같은 기간 동안 감소했다. 증거와는 무관하게 격렬한 논쟁은 무용했던 것이 확실하다.

그렇다면 반대편이 내 의견을 들어줄 확률을 높이려면 어떻게 해야 할까? 샤롯 교수는 상대의 뇌에 불이 들어오게 만들고 내 관점을 관철시키려면, 반대 의견으로 답변을 시작해서는 절대로 안 된다고 말했다.

상대의 의견에 동의할 수 없더라도 "나는 반대인데" 또는 "당신이 틀렸어" 같은 말로 대화를 시작하고 싶은 감정적 유혹을 피해야 한다. 그 대신 반박을 하더라도 공통점, 동의하는 점, 상대의 주장 중 이해되는 부분부터 시작해 말문을 열어가야 한다.

> 아무리 이성적이고 논리적인 주장이라도
> 반대쪽에서 포문을 열면 주장은 설득력을 잃는다.
> 증거가 많아도, 객관적 타당성이 있어도 소용없다.

상대의 의견에 동의하는 부분 같은 공통분모에서부터 접근할수록 상대가 그 반박의 설득력, 논리적 타당성, 증거의 신빙성을 인정할 가능성이 커진다. 이번 법칙은 유능한 협상가, 연사, 영업사원, 비즈니스 리더, 작가, 파트너가 되려면 꼭 장착해야만 하는 핵심 역량이다.

나는 이에 대해 트레저와 브런슨에게 물었다. 줄리안 트레저는 TED 조회수 1억 회를 기록한 스피치 및 커뮤니케이션 코치이며, 폴 브런슨은 '연애 박사'로 유명한 커플매칭 및 관계 전문가다. 두 사람은 훌륭한 소통가, 말 친구, 파트너가 되는 법에 대한 질문에 모두 같은 답을 내놨다. 일단 상대의 말을 먼저 들어주며 내가 그 사람의 말을 경청하고 있다는 인상을 주고, 대답할 때는 내가 상대를 이해하고 있다는 인상을 줘야 한다는 것이다.

 탈리 샤롯의 신경과학 연구는 상대에게 내가 자기 말을 '듣고 이해하고 있다'는 인상을 주는 것이 그 사람의 마음을 움직이는 데 끼치는 영향이 어마무시함을 과학적으로 증명했다. 상대가 98퍼센트의 대화 주제에서 나와 공감하는 사람이라면, 마음이 움직일 가능성이 가장 높다는 연구 결과는 당연하다. 그 정도라면 기본적으로 나를 이해할만한 사람이라고 생각하기 때문에 그의 말에 더욱 마음이 열리게 되는 것이다.

## ✦ 법칙: 무턱대고 '반대'부터 하지 말라

협상, 토론 또는 격렬한 논쟁에 임할 때 명심해야 할 것이 있다. 공감하는 신념이나 동기가 설득의 관건이다. 그 열쇠를 찾아야 상대 뇌의 자물쇠가 열려서 당신과 같은 관점에서 문제를 바라보게 된다.

말은 서로를 연결하는 이해의 다리가 돼야지, 연결을 가로막는 장벽이 되면 안 된다.

반대는 덜 하고,
이해를 더 하자.

## 법칙 4
# 기존의 신념을 버려라

자신, 타인, 세상에 대한 나의 신념 그리고 타인의 완고한 신념을
어떻게 바꿀 수 있을까?

부모, 배우자, 반려견 등 인생에서 가장 소중한 존재를 떠올려보자. 이제 의자에 묶여 있는 그 존재에게 테러리스트가 총을 겨눈 모습을 상상해보라. 그 괴한이 당신에게 "내가 예수라는 사실을 지금 당장 믿지 않으면 그 존재를 쏴 죽이겠다"라고 협박한다고 가정해보자. 어떻게 하겠는가?

사실 당신이 할 수 있는 최선은 거짓말뿐이다. 소중한 존재를 구하고 싶으므로 그가 예수라고 믿는다고 외치는 게 최선일 것이다. 하지만 그 말을 진짜로 믿을 수는 없을 것이다. 이 사고실험을 통해 인간의 신념이란 본질적으로 얼마나 심오하면서도 논란의 여지가 있는 것인지를 알 수 있다. 앞에 제시한 시나리오에서, 우리는 모든 게 걸려 있는 상황이라도 믿을 수 없는 걸 믿기로 선택할 수는 없다. 그렇다면 우리는 왜 어떤 신념을 '선택'할 수 있다고 생각하는 걸까?

자세한 분석을 위해 나는 설문조사를 실시해 1000명에게 물었

다. "내 신념을 내가 선택한다고 생각하는가?"라는 질문에 85.7퍼센트가 그렇다고 답하는 놀라운 결과가 나왔다. 이어서 "사랑하는 존재를 총구로 겨누는 테러리스트를 예수라고 진정 믿을 수 있겠는가?"라는 질문에는 98퍼센트가 믿기는 어려우나 목숨을 구할 수 있다면 거짓말을 해보겠다고 답했다. 나 자신, 타인, 세상에 대한 신념 중 어떤 것도 내가 '선택'한 것이 아닐까? 다행히 그렇지는 않다.

삶은 우리의 신념이 끊임없이 변화하고 진화한다는 사실의 증거다. 아직까지 산타클로스가 진짜라고 생각하는 어른은 없지 않을까? 사회적 통념 역시 빠르게 바뀐다. 18세기 사람들은 담배가 건강에 좋다고 생각했고 의사들은 익사자의 엉덩이에 담배 연기를 불어넣어 소생시키려 했다. 19세기에는 클리토리스 오르가즘이 광기의 징후였고 의학적 치료 대상이었다. 1970년대만 해도 미국 중부의 농장에서 작물이 납작해지는 현상을 두고 외계인이 우주에서 암호 메시지를 보낸 것이라고 믿는 사람이 많았다. 또한 중세 의사들은 정말로 진지하게 대변을 치료약으로 처방하곤 했다. 당시엔 똥을 두통부터 간질에 이르기까지 거의 모든 병에 대한 만병통치약으로 보았기 때문이다. 다행히 신념은 변한다.

✯ ✯ ✯

인간의 뇌는 엄청난 에너지를 소비한다. 그래서 계속 생존하기 위해 에너지를 보존하는 전략을 발전시켰다. 뇌의 주요 기능 중 하나는 패턴을 찾아내서 그것을 근거로 가정을 세우고 예측하는 것이다. 그 과정을 최단 시간 내에 가장 효율적으로 끝내야 하는데, 신념이 깔려 있다면 뇌의 예측 기제가 빨라질 수 있다.

고집스러운 신념은 인간의 생존에 유용한 도구가 됐다. 신념은 행동을 유발하기 때문이다. 사자는 위험하고, 불은 뜨겁고, 깊은 물은 피해야 한다는 고집 덕분에 우리 조상들은 오래도록 살아남았고, 덕분에 같은 고집을 가진 자손을 낳을 수 있었다.

테러리스트의 인질극 상황으로 다시 돌아가보자. 이제 테러리스트가 (예수처럼) 물 한 잔을 들더니 포도주로 바꿨다고 상상해보자. 그렇다면 테러리스트에 대한 우리 생각이 바뀔까? 이제 그 테러리스트가 실제로 예수라고 믿을 수 있을까?

설문조사 응답자의 77퍼센트가 그렇다면 테러리스트가 예수라는 걸 믿어볼 만하다고 답했으며, 이들을 포함해 총 82퍼센트가 테러리스트에 대한 생각이 바뀔 것이라고 답했다. 물을 포도주로 바꾸는 모습을 목격하면 신념이 충분히 바뀔 만하다고 본 것이다.

앞선 사고실험과 설문조사를 통해 우리의 모든 신념이 띠는 본질을 알 수 있다. 우리가 무엇을 믿는다는 기저에는 기본적으로 어떤 형태의 주요한 근거가 있다. 그러나 실증적 연구 결과들을 보면, 그 근거라는 것의 객관적 타당성은 실제로 중요하지 않고, 사람마다 제각기 다른 경험과 편견으로 주관적 근거를 인정하는 양상이 반복해서 나타난다.

여전히 지구가 평면이라고 믿는 미국인이 30만 명이나 있다. 여론조사 기관인 입소스가 실시한 최근 설문조사에서 미국 성인의 21퍼센트가 산타클로스의 존재를 아직도 믿는다고 답했다. 충격적이게도 영국 국왕 찰스 3세가 뱀파이어라고 믿는 사람도 적지 않고, 미국인 셋 중 하나는 북미 서부에 털복숭이 원숭이 빅풋이 존재한다고 믿으며, 스코틀랜드인 넷 중 하나는 인버네스 인근의 호수에 거대한 괴물이 산다고 믿는다.

잘못된 믿음이라 지적하는 것만으로는 신념이 바뀌지 않음을 이미 '법칙 3'에서 살펴봤다. 지구가 평평하다 믿는 사람에게 둥근 지구의 사진을 보여줘본들 소용없다. 일곱 살 때 놀이터에서 심하게 괴롭힘(강력한 주관적 근거)을 당해 자존감이 바닥인 사람에게 동기부여 코치가 "자신을 믿으세요, 거울 속의 자신에게 긍정의 언어로 말해주세요"라고 조언해본들 (강력한 주관적 근거 때문에) 소용이 없다. 사고의 바탕에 깔린 주관적 신념은 잘 바뀌지 않는다.

## ✯ 직접 봐야 믿으시겠다면

'지구평평설'을 믿는 사람에게 나사NASA가 우주에서 촬영한 둥근 지구 사진을 보여주는 것만으로는 효과가 없다. 그걸 믿으려면 사진을 찍은 나사도 신뢰해야 하는데, '지평인'들은 나사가 사기 조직이고 우주비행사들은 모두 배우이며 그런 사기 조작에 과학계가 관여하고 있다고 믿기 때문이다.

심리학자 로버트 치알디니는 『설득의 심리학』에서, 사람들이 어떤 분야에 대한 권위자를 신뢰하면 그 권위자의 의견을 채택할 확률이 높다고 한다. 가령 메시가 나이키보다 아디다스 축구화가 더 좋다고 하거나, PT 시간에 트레이너가 운동 자세가 잘못됐다고 하거나, 의사가 약 먹을 필요가 있다고 말한다면, 우리는 그 권위를 쉽게 따르고, 그들이 하라는 대로 할 가능성이 높다는 것이다.

우리의 중요한 신념 중에는 근거가 전혀 없는 것들이 있다. 우리가
사랑하고 신뢰하는 사람들도 같은 신념을 가졌다는 점 외에는 말이다.
우리가 아는 것이 얼마나 없는지를 감안해보면 그런 식의
근거 없는 신념을 갖는 것이야말로 '근거 없는 자신감'이다.
그리고 그것은 인간 신념의 본질이다.
ㅡ대니얼 카너먼(노벨경제학상 수상자)

한 분야의 권위자는 신념을 변화시키는 강력한 동인이 된다. 그러나 무엇보다 가장 큰 영향을 주는 것은 '백문이 불여일견'이라는 말 그대로, 자신의 오감으로 직접 경험한 것을 토대로 얻는 근거다. 지구평평설을 믿는 사람들은 과학(천문학) 자체를 불신하며 그 분야의 전문가 또한 믿지 않는다. 그 고집스러운 믿음을 뒤집으려면 그들을 우주로 보내 직접 눈으로 보게 만드는 것이 유일한 방법일 수 있다.

자신의 눈으로 증거를 직접 봐야 믿으려는 욕구 때문에 그렇게 많은 황당한 음모론이 긴 세월도 아랑곳하지 않고 건재하다. 기후변화를 믿지 않거나, 지구평평설을 고수하거나, 백신의 효능을 의심하는 사람들이 그래서 있는 것이다. 그런데 이런 차원의 문제는 대부분

보통 사람들이 직접 확인하기가 거의 불가능하다.

마찬가지로, 말하기에 자신 없는 아이는 엄마의 칭찬만으로는 자신감 회복이 어렵다. 오히려 사람들 앞에서 말할 기회를 만들어 편견 없고 신뢰할 만한 청중으로부터 긍정적인 피드백을 받는 경험적 근거를 축적해야 한다. 사람은 자기 눈과 판단력을 신뢰하는 경향이 있다. 그렇기에 인간의 오감을 충족시키는 방식을 통해 보통 사람에게도 과학적 통찰이 잘 전달되도록 하는 것이 과학계의 중요한 임무 중 하나가 됐다. 그래서 기후변화 관련 교육자들은 기후변화의 발생 및 진행 속도에 관한 과학적 데이터를 지역별 정보로 쉽게 전환하려 노력 중이다. 예를 들면 기후변화로 어떤 지역에 무슨 일이 일어나고 있는지를 분석해 해당 지역 주민들이 직접 눈으로 확인하도록 하는 식이다.

## ✵ 기존 신념에 대한 자신감

'법칙 3'과 관련해 만났던 샤롯에게 자신이나 타인의 신념을 바꾸는 법을 물었다. 그는 신념이란 왜 존재하며, 왜 그렇게 바꾸기 어려운지, 바꾸려면 어떻게 해야 하는지를 오랫동안 다양하게 연구해온 전문가다.

우리의 뇌는 새로운 근거를 접할 때 이전에 저장된 근거를 함께 고려한다고 한다. 따라서 누군가 분홍색 코끼리가 하늘을 나는 걸 봤다고 말한다면 우리의 뇌는 코끼리는 분홍색이 아니며 날지 못한다는 기존의 정보를 근거로 새로운 정보를 거부할 가능성이 높다.

하지만 세 살 먹은 아이에게 분홍색 코끼리가 하늘을 나는 것을 봤다고 말하면 아이는 그 말을 믿을 가능성이 높다. 왜냐하면 아이에 겐 아직 코끼리, 비행, 물리 법칙에 대한 정보를 근거로 강력하게 반박할 만한 신념이 형성되지 않았기 때문이다.

샤롯은 새로운 근거로 한 사람의 기존 신념이 바뀌는 데에는 네 가지 요소가 작용한다고 주장한다.

1. 현재 신념의 근거
2. 현재 신념의 근거에 대한 확신
3. 새로운 근거
4. 새로운 근거에 대한 확신

자신의 기존 신념이나 가치를 확인하거나 지지하는 식으로 정보를 검색하고 선호하며, 기억하는 경향이 있다는 '확증 편향'은 널리 알려졌다. 이 편향성 때문에 새로운 근거가 기존 신념과 거리가 멀수록 생각이 바뀔 가능성은 낮아진다.

## ✯ 좋은 소식은 고래도 춤추게 한다는데

그래서 확고하게 굳어진 잘못된 신념은 바꾸기가 매우 어렵지만, 한 가지 중요한 예외가 있다. 반박 근거가 정확히 내가 듣고 싶은 말일 때다. 예를 들어 2011년 한 연구에서, 다른 사람이 자신을 (본인 생각보다) 훨씬 더 매력적으로 본다는 말을 들은 사람은 기꺼이 자기 인식을 바꾼 것으로 나타났다. 그리고 2016년 연구에서는 본인 생각보다 유전자적으로 면역력이 훨씬 강하다는 사실을 알게 된 연구 대상자가 건강에 대한 자기 신념을 금세 바꿨다.

정치는 어떤가? 한 매체는 2016년 8월 미국 시민권자 900명에게 대선 결과 예측을 요청했다. 힐러리 클린턴과 도널드 트럼프 사이에 눈금을 만들어 작은 화살표를 표시해두고, 당선될 가능성이 높다고 생각하는 사람의 이름 바로 옆에 화살표를 두고, 확률이 반반이라 생각하면 화살표를 가운데에 놓게 했다. "누가 당선되기를 바라는가?"라는 첫 번째 질문에 응답자의 50퍼센트는 클린턴, 나머지 50퍼센트는 트럼프라고 답했다.

"누가 이길 것이라고 생각하느냐"는 다음 질문에는 양측 지지자들 모두 클린턴 근처에 화살표를 두었다. 그런 다음 트럼프의 승리를 예측하는 새로운 여론조사 결과를 소개한 후 누가 당선될 것이라 생각하는지 다시 물었다. 과연 새로운 여론조사 결과로 사람들의 예측이 바뀌었을까?

그렇다. 그런데 예측을 바꾼 사람들은 대부분 트럼프 지지자였다. 그들이 정확히 듣고 싶었던 말을 들었기 때문이다. 새 여론조사가 트럼프의 승리 가능성을 시사한다는 점에 고무되어 재빨리 생각을 바꾼 것이다. 반면 힐러리 클린턴 지지자들 대부분은 예측을 바꾸지 않았고, 그중 많은 사람은 새 여론조사 결과 자체를 아예 무시했다.

## ✯ 공격하지 말고 새로운 영감을 주자

샤롯은 신념을 바꿀 수 있는 비결이 바로 뇌의 작동 방식에 맞서 싸우지 않고 순응하는 것이라는 결론을 내렸다. 대다수가 그렇게 신념과 맞서 싸워보려다 실패한다. 누군가의 기존 사고방식의 근거를 깨뜨리려 하거나 그 사람과 논쟁하려 하지 말자. 대신에 그 사람의 뇌에 새로운 가치관을 주입하는 것에 집중하고, 그것이 얼마나 이로운 것인지를 꼭 강조하자.

지금은 폐기됐지만, 1998년 한 학술지에 홍역·볼거리·풍진을 막는 MMR 백신이 자폐증과 상관관계가 있다는 이론이 발표됐다. 당시 부모들의 반응도 좋은 예가 될 수 있다. 이 이론이 세간에 퍼지면서 많은 부모들이 자녀의 백신 접종을 완강히 거부했다. 결국 연구자들은 접근 방식을 바꿨다. 부모들의 고집스런 신념을 깨부수는 데 초점을 맞추는 대신 백신의 긍정적 효과라는 새로운 정보를 부각했다. 백신이 치명적 질병으로부터 아이들을 어떻게 지켜내는지, 즉 본질적인 정보를 집중 조명함으로써 부모들의 인식 전환을 시도했다. 그 방법은 통했고, 결국 백신 접종에 대한 부모들의 동의를 끌어냈다.

## ✯ 세밀한 자기검토는 신념을 약화시킨다

흥미롭게도 사람들은 자신의 신념을 공격하거나 데이터로 설득하려고 해도 신념을 굽히지 않지만, 자기 신념을 자세히 설명하거나 분석해보라고 하면 그 신념을 잃는다. 이는 인지행동치료사들이 잘 아는 상담기법이다.

《뉴요커》의 엘리자베스 콜베트는 한 기사에서 예일대학교에서 진행된 한 연구를 설명했다. 그곳 대학원생들에게 자기 집 화장실 변기를 얼마나 이해하고 있는지 자체평가를 하도록 한 다음, 변기의 작동 원리를 단계별로 자세히 설명하고 변기 이해도를 다시 평가하도록 요청했다. 그 결과 자체평가 점수는 크게 떨어졌다.

2012년에 실시된 비슷한 조사에서 참가자들은 정당별 보건정책안에 대한 정치적 입장을 답했다. 콜베트의 설명에 따르면, 참가자들은 찬성 또는 반대 정도를 점수로 표기한 후 각 정책안 실행의 파급효과를 자세히 설명해야 했다. 참가자 대부분이 이 단계에서 난관에 부딪혔다. 다시 한번 자신의 견해를 평가해달라는 요청을 받자 참가자들의 확신은 위축됐고 극단적 찬성이나 반대가 나오지 않았다.

상대의 확고한 신념에 내용과 근거를 자세히 설명해달라고 요구하면, 그의 신념을 매우 효과적으로 위축시킬 수 있다. 이 방법은 신념을 제약할 때도 효과적이다. 치료사들은 만약 어떤 사람이 자기 신념에 대해 고민하며 자기가 쓸모없는 존재라고 생각한다면, 왜 그렇게 생각하는지 자세히 설명해보도록 유도한다. 그 설명을 들은 후 의문을 제기하면, 그 사람은 자기 생각을 쉽사리 포기해버린다.

## ✵ 새로운 사고의 토대 위에서만 성장할 수 있다

앞서 말했듯 나는 어릴 때 끔찍한 무대공포증에 시달렸다. 이 공포증은 스스로를 한계에 가두는 사고가 만들어낸 것이다. '다 잘될 거야'라는 말로는 충분치 않았다. 내가 무대에서 과연 잘할 수 있을지, 사람들의 반응은 어떨지 내 선입견이 너무 확고했던 것이다.

이제 나에게 무대공포증은 없다. 요즘은 관중이 빽빽하게 들어

찬 경기장 연단에서 말해도, TV 생방송을 할 때도 거의 긴장하지 않는다. 무대 강연을 꾸준히 계속해온 것이 비결이다. 강연을 하면 할수록 새로운 신념의 근거에 대한 자신감이 쌓여가면서 스스로가 무능력하다는 생각과 거기서 파생됐던 두려움이 사라졌다.

> 두려운 일을 하라, 그리고 계속 하라.
> 그것이 두려움을 극복하는
> 가장 빠르고 확실한 방법이다.
> —데일 카네기

나는 이 방법이 신념을 바꾸고 자존감을 높일 수 있는 가장 본질적인 진실을 제시한다고 생각한다. 주관적으로 높은 자신감을 가진 부분에 새로운 반증을 접하게 되면 개인의 신념이 바뀔 확률이 높다.

만약 여러분이나 여러분의 친구가 자기제한적 사고를 한다면, 자기계발서나 명사의 어록을 읽거나 동기부여 영상을 시청하는 것만으로는 그런 사고를 바꿀 수 없다. 최고의 해결책은 스스로 안락지대 comfort zone를 박차고 나와 직접 경험한 새로운 근거를 바탕으로 자기제한적 사고에 정면 승부를 하는 것이다.

> 부정적 근거가 생성되는 공포지대
> 긍정적 근거가 생성되는 성장지대
> 기존 근거를 믿고 있는 안락지대

이렇게 해야 제아무리 확고한 신념이라도 바뀐다. 이런 식으로 나는 1년 만에 독실한 종교인에서 불가지론자로 변했고, 자존감 낮은 아이에서 나 자신을 믿는 어른으로 성장했으며, 무대공포증에 떠는 발표자에서 어떠한 무대도 두려워하지 않는 연사로 변신했다.

## ✯ 법칙: 기존의 신념을 버려라

한 번 고착된 신념은 바꾸기 힘들지만 그렇다고 바꿀 수 없는 것은 아니다. 단, 신념을 바꾸려면 신뢰할 만한(?) 설득력 있는 새로운 근거를 찾아내야 한다. 새로운 근거의 토대가 기존의 다른 신념에 들어맞는다면, 사람들은 새로운 근거의 타당성을 더 신뢰하게 된다. 그렇게 긍정적인 결과가 나타난다면 설득력이 강력해진다.

자기제한적으로 사고한다면, 그 실체와 타당성을 자세히 분석해보자. 확고했던 생각이 약해질 것이다. 누군가의 신념을 바꾸고 싶다면 공격하지 말자. 대신 그가 영감을 얻고 기존 가치관의 부정적 영향에 대적할 힘을 갖는 새로운 긍정적인 근거를 직접 경험하게 하자. 해결하지 않고 방치해둔 자기제한적 신념은 현재의 나와 미래의 나 사이에 자리한 가장 높은 장벽이다.

"난 자격 없어, 부족해,
난 쓸모 없어"라고
말하지 말자.
내 능력을 넘어서는 일을
시작할 때 성장이
찾아온다.

법칙 5

# 마음에 들지 않는 것에도 마음을 열라

어떻게 급변하는 세상에서 계속 선두 대열에서 달리고, 그런 변화 속에서 수익을 창출하며, 미래의 기술혁명에도 뒤처지지 않을 수 있을까?

## ✘ 변화를 받아들이지 않으면 지속할 수 없다

"사람들은 음악을 사랑한다. 고로 우리 사업은 계속될 것이다." 세계 최대 CD 음반 매장 대표가 2층 발코니에서 분주한 매장을 내려다보며 했던 말이다. 몇 년 후, 그 매장은 문을 닫게 된다.

그의 말이 다 틀린 건 아니다. 사람들은 음악을 좋아한다. 하지만 CD를 사기 위해 비를 맞으며 한 시간 동안 이동해, 북새통에서 물건을 찾은 후, 결제하기 위해 줄을 서는 걸 좋아할 사람은 없다. 그는 고객이 원하는 것에 대해 오판했다. 고객이 원하는 것은 음악이었을 뿐 CD가 아니었다. 2003년 봄, 애플의 디지털 음악 플랫폼 아이튠스가 등장했다. 그동안 모든 불편을 감수하고 CD를 구매해왔던 고객들은 이제 원하는 음악을 편하게 구입할 수 있게 되었다.

정통한 소식통에 따르면 당시 대표는 디지털 음악에 매우 냉소적이었다고 한다. 경영진 회의에서 디지털 음악의 도입이나 위협에 대한 얘기를 꺼내는 것조차 달가워하지 않았다고 한다. 대표는 시장을 이해하지 못했고, 불법 복제가 만연하다 봤으며, 사람들의 CD 사랑에는 직접적인 타격이 없을 것이라고 오판했기에 디지털 음악 시장을 '애써 외면lean out'했다고 그의 예전 동료는 전했다. 1995년 2월 시사주간지 《뉴스위크》에서 인터넷의 미래를 폄하했던 클리포드 스톨도 다가올 미래를 '애써 외면'했다고 생각한다.

> 나는 요즘 가장 트렌디하고 과열된 이 커뮤니티가 불편하다. 미래주의자들은 재택근무자, 스마트 도서관, 멀티미디어 강의실이 있는 미래를 그리며, 온라인 공청회, 가상 커뮤니티에 대해 떠든다. 상거래와 비즈니스의 현장이 사무실과 쇼핑몰에서 네트워크와 모뎀으로 이전할 것이라는데… 모두 헛소리다. (…) 온라인 데이터베이스는 일간 신문을 대체할 수 없다.

《뉴스위크》도 결국 인쇄본 발행을 중단하고 온라인 잡지로 완전히 전환했다.

1903년, 한 대형은행의 은행장도 확실히 다가올 미래를 애써 외면했다. 그는 포드 창립자인 헨리 포드에게 "말은 계속 우리 생활 속에 있을 것이지만, 자동차는 그저 신기한 발명품일 뿐, 일시적 유행에 그칠 것"이라고 말했다.

1992년 당시 인텔의 CEO 앤디 그로브는 "모든 사람이 호주머니에 개인용 커뮤니케이터를 넣고 다니게 하겠다는 발상은 탐욕이 부추긴 헛된 꿈"이라고 폄하하며 분명히 다가올 미래를 애써 외면했다. 그리고 마이크로소프트 전 CEO 스티브 발머가 "아이폰이 시장 점유율이 높아질 가능성은 없다"며 애플을 비웃었을 때 그 또한 확실히 다가올 미래를 애써 외면했다.

열아홉 살 때 나는 어느 유명 패션 브랜드의 아름다운 런던 사무실에서 미팅을 했다. 2012년 당시 소비자들 사이에서 이미 소셜미디어가 확산되고 있었지만, 늘상 그렇듯 기업들은 기술 발전에 뒤처져 있었다.

그날 나의 임무는 그 브랜드의 마케팅디렉터에게 소셜미디어의 중요성을 인지시키고 브랜드의 소셜계정을 개설하도록 설득하는 것이었으나 실패로 끝났다. 나는 질타당하고, 조롱당하고, 무시당했다. 발표를 듣던 마케팅디렉터 얼굴에 당황한 기색이 역력했다. "그럼 사람들이 게시물에 댓글을 달고 회사를 비판할 수 있다는 겁니까?"라 물었고, "우리 브랜드가 바이럴을 타는 것은 원치 않아요. 어떻게 통제합니까?"라고 또 물었다. "잡지 광고 효과가 잘 나오고 있는 데다 소셜미디어는 너무 위험해요." 그는 내 발표가 끝나기도 전에 회의를 끝내버렸고, 내게 다시 연락하지 않았음은 말할 필요도 없다. 그 브랜드는 2019년에 파산 신청을 했다.

## ✷ 왜 '애써 외면'하는가

'외면한다'는 것은 '틀렸다'는 개념이 아니라, '자신이 옳다는 자만심에 빠져 새로운 정보를 듣지도, 배우려 하지도 않고, 관심을 갖지도 않는 태도'를 말한다. 하지만 단지 오만해서 그렇다기보다는 안타깝게도 인간이라서 그런 경우가 꽤 많다. 사람들이 중요한, 그리고 잠재적으로 결정적일 수 있을 정보를 외면하는 이유는 인지부조화 cognitive dissonance 라는 심리 현상 때문이다.

인지부조화는 1950년대에 미국의 심리학자 레온 페스팅거가 만든 말로, 생각과 행동이 상충할 때 사람들이 겪는 긴장 상태를 설명하는 개념이다. 예를 들어 흡연자로 사는 것은 부조화 상태에 해당한다. 흡연이 매우 해롭다는 증거와 상충하기 때문이다. 그래서 흡연자는 이러한 긴장을 해소하기 위해서 흡연을 포기하거나 담배를 피우는 자신의 행동을 정당화할 방법을 찾아야 한다. 흡연자들의 흔한 변명이 떠오르지 않는가? '자주 피우는 건 아니다'부터 '담배보다 몸에 더 해로운 것도 많은데', '내가 하고 싶은 대로 좀 하면 안 되나?'에 이르기까지.

페스팅거 박사는 인지부조화 이론으로 왜 그렇게 많은 사람이 모순된 생각이나 가치관을 갖고 사는지를 설명했다. 하지만 우리가 사고방식을 바꿔야 할 때, 심지어는 그렇게 하면 커리어, 일, 사업 또는 생명을 살릴 수 있는 상황에서조차 인지부조화로 인해 그러지 못할 수 있다.

인지부조화가 가장 고통스럽게 느껴질 때는
우리의 자아에 불안이나 충돌을 유발하거나,
우리의 정체성과 자존감을 흔들거나,
어떤 식으로든 위협하는 사실 또는 근거를

예기치 않게 맞닥뜨리게 될 때다.

비즈니스의 세계에서 하나의 생각만을 고집하는 사람은 문제 해결 능력이 없을 가능성이 크다. 문제를 해결하다 보면 때로는 초기 가설을 접고 시장의 소리를 경청할 정도로 겸허해져야 하기 때문이다.

## ✘ 죽으면 죽었지 틀릴 수 없다

인텔 CEO가 휴대폰에, 마이크로소프트 CEO가 아이폰에 관해 언급했던 사례에서 알 수 있듯이 자신의 견해를 공개적으로 밝히는 것은 위험하다. 이건 마치 관에 못 하나를 더 박는 것과 같다. 어떤 신념을 공공연히 밝히게 되면, 설사 그 신념이 분명히 잘못된 것일지라도 자신이 옳았음을 증명하기 위해서 우리의 뇌가 쉼 없이 싸우게 되기 때문이다.

같은 연구 결과는 계속 발표되고 있다. '나는 이 당을 찍겠다', '이 동네에 집을 사겠다', '코로나19가 심각한 것 같다', '위험성이 과장되고 있다' 등 어떤 입장을 정해버리면, 우리는 그 결정을 저절로 정당화하고 합리화한다. 처음에 혹시 의구심이 들었을지라도 금세 사라지게 된다.

이 같은 현상을 연구한 미국 심리학자 엘리엇 애런슨이 한 유명한 실험이 있다. 애런슨은 허세 있고 둔감한 유형의 사람들로 토론 그룹을 구성했는데, 일부는 아주 힘든 선발 과정을 견디도록 하고, 일부는 아무런 노력도 할 필요 없이 바로 참가할 수 있게 했다. 쉽게 들어온 참가자보다 까다로운 과정을 통과한 참가자가 훨씬 더 열심히 하는 양상을 보였다. 애런슨의 관찰 결과에 따르면, 어떤 일에 많은 시간, 돈, 에너지 등을 투자했는데 완전히 시간 낭비로 끝날 것 같으면 인지부조화를 느끼게 되고, 그 잘못된 결정을 정당화할 방법을 찾음으로써 부조화의 간극을 줄이려 한다. 그들은 의도적으로 지루하게 설계된 실험의 참가자가 되는 것에 '흥미로울 수 있다'거나 '적어도 견딜 만한 것이다'라고 위안하며 무의식적으로 집중력을 발휘했다. 반면 실험에 참여하려는 노력을 거의 투입하지 않은 참가자들은 그만큼 인지부조화를 덜 느꼈고 괜히 시간을 낭비했다며 쉽게 인정했다.

## ✷ 우리는 상대의 말을 들으려 하지 않는다

앞의 패션 브랜드 마케팅디렉터만 나를 무시했던 건 아니다. 소셜미디어 마케팅대행사를 설립하고 첫 삼 년 동안 공격, 질타, 비판받기는 내 일상이었다. 평자들은 우리 회사를 '기생충'이라고 불렀고, 우리 사업을 '반짝 유행'이라고 폄하하며 '몇 달 안에 파산할 것'이라고 예상했다.

놀랍지 않았다. 이러한 저격은 TV, 인쇄물, 라디오 등 '전통적인' 미디어 마케터들이 한 것이었다. 그들에게 우리는 성가신 존재, 즉 '마케팅 판에 굴러들어온 또라이'였다. 한 평론가는 우리를 '미스터리한 소셜미디어 해커'라 했고, 또 다른 기자는 우리가 '그저 그런 광고'로 수백만 달러를 벌고 있다고 썼다.

사실 우리가 무슨 혁명을 일으키고 있는 건 아니었다. 저들이 소셜마케팅이 뭔지 몰랐을 뿐이다. 어떤 기자의 표현대로 "맨체스터 출신의 20대"들이 마케팅 판을 접수하는 상황이 기존 세력들의 정체성을 상당히 위협하기 때문이었다.

우리는 어떤 사물이나 사람, 새로운 개념이나 기술이 잘 이해되지 않을 때, 나아가 그런 새로운 현상들로 정체성, 지적능력, 생계 등을 위협받을 때 인지부조화를 느낀다. 그런데 그런 부조화를 완화하기 위해 도전에 귀 기울이고 수용하려 하기lean-in보다는 밖으로 내쳐 버리고 공격하게 되는lean-out 경우가 많다. 당장은 기분이 괜찮을지 모르지만, 위기 상황에서 머리만 모래에 숨기는 타조는 잡아 먹힐 위험이 큰 법이다.

바로 이런 이유로 인류 문명사에서 가장 중대한 혁신이 최초로 등장했을 때, 즉 그로 인해 사람들의 정체성, 지식, 이해 방식이 위협받았을 때 가장 거센 비판을 받았다. 그래서 오래전부터 나에겐 한 가지 믿음이 생겨났다. 어떤 신기술이 거센 비판을 받고 있다면 그 기술의 전망이 좋을 수 있으며, 새로 받아들일 만한 가치가 있을 확률이 높고, 누군가 위협을 느끼고 있다면 혁신이 다가오는 신호라는 것을 눈치채게 되었다.

그래서 나는 3세대웹Web 3.0, 블록체인 기술 또는 암호화폐 분야를 적극적으로 접수해 소프트웨어사 서드웹thirdweb을 설립했다. 소위 전문가들이 그 분야를 무시하고 공격하며 분노하고 있었기 때문이다. 거센 비관론 속에서 소셜미디어에 기반한 2세대웹 기반 회사를 설립했던 2012년이 떠올랐다. 그래서 신기술에 대한 판단을 유보한 채 나는 정보를 수집했다. 분명히 말해두자면 신기술이 등장할 때는 부도덕한 돈벌이와 근시안적 행동이 두드러지기 마련이다. 하지만 잘 가려내보면 우리 삶의 많은 기능을 더 쉽고, 더 좋고, 더 빠르고, 더 저렴하게 만들어줄 블록체인이라는 기술혁명이 있다. 써드웹의 기업가치는 최근 투자 라운드(상장 전 투자단계를 뜻하는 업계 용어 - 옮긴이)에서 1억 6000만 달러로 평가됐으며, 현재 수십만 명의 고객이 써드웹이 제공하는 블록체인 툴을 사용한다.

새로운 혁신이 거센 비판을 몰고오지는 않더라도 기억해둘 점이 있다. 혁신이란 기존과는 다른 것이기에 반드시 혼란을 몰고온다는 점이다. 정의상 혁신이란, 기이하고 기존의 질서에서 벗어나며 오해를 불러일으키고 잘못됐거나 한심하고 명청하거나 심지어 법에 저촉되는 것처럼 보이기도 한다.

나는 이 주제에 대해 광고계의 전설인 오길비 광고그룹 부회장 로리 서덜랜드와 인터뷰했는데, 그는 "사람들에게 어떤 개념이 사실인지 효과적인지 여부는 중요하지 않다. 중요한 것은 그 개념이 지배적 관습 속에 있는 현재의 가치관에 부합하는지 여부다. 새로운 것은 자의식, 지위, 직업, 정체성을 위태롭게 한다"라고 말했다.

인지부조화와 회피 현상은 어디에서나 볼 수 있다. 사람들은 어떤 이념, 정치인, 신문, 브랜드 또는 기술에 호감을 느낄 때마다, 그때 발생하는 충성심 때문에 그 충성심과 상충하는 근거를 왜곡해버린다. 만일 우리가 어떤 사람이 '반대 입장에 있다'고 생각한다면, 그가 말 한마디 꺼내기도 전부터 불협화음이 발생하게 된다.

## ✖ 수용적인 사람이 되려면

교육 기업가 마이클 시몬스는 이런 말을 했다. "현재 40세인 사람이 20년 후, 즉 60세가 되었을 때 경험하는 변화의 속도는 지금의 네 배에 달할 것이다. 오늘날의 기준으로는 1년 치 변화가 3개월 만에 일어날 것이다. 현재 10세인 사람이 60세가 되면 1년 치 변화가 단 11일 만에 일어나는 상황을 경험하게 될 것이다."

얼마나 빠른 변화가 올 것인가에 대해 세계적인 미래학자 레이 커즈와일이 간략히 말한 적 있다. 그의 예측에 따르면, 21세기 동안 인류가 경험하게 될 기술 발전은 100년 치가 아닐 것이다. 현재의 발전 속도로 예측해볼 때, 약 2만년 치의 발전이 있을 것이다. 그 속도는 인류가 20세기에 달성한 것보다 약 1000배 높으며, 실로 엄청난 속도로 발전하는 변화를 인류가 목도하게 되리라고 한다.

> 변화의 속도는 점점 더 빨라질 것이므로
> 인지부조화는 더 심해질 것이다.
> 즉 무언가 잘 모르는 무언가가 이미 아는 것과
> 상충한다는 느낌이 더 커질 것으로 예상한다.

'법칙 3'과 '법칙 4'에서 살펴보았듯, 즉각적인 자기정당화나 무시에 빠지기보다 자신이 틀렸다는 것을 인정하기 위해서는 자기 성찰이 필요하며, 적어도 일시적으로는 부조화를 감수해야 한다. 차세대 기술혁명을 놓치는 기업가, 대대적인 마케팅 기회를 놓치는 마케팅

담당 임원, 미래 미디어의 최전선을 무시하는 저널리스트가 되고 싶은 사람은 없을 것이다. '외면'하는 사람이 되고 싶지는 않을 것이다. 하지만 변화 속도가 그렇게도 빨라진다니, 외면하고 싶은 유혹은 더욱 커질 것이다.

다행히 인지부조화와 그에 따른 '외면' 행동을 줄이기 위해 해볼 만한 실용적이고 심리적인 기법이 몇 가지 있다. 그중 하나는 서로 상충하는 두 생각이 모두 맞을 수 있다고 가정하고 독립적 견해로 분리하는 것이다. 사회심리학자 엘리엇 애런슨과 캐럴 태브리스는 이를 '시몬 페레스 해법'이라고 명명했다.

이스라엘의 전 총리 시몬 페레스는 친구인 미국 전 대통령 로널드 레이건이 나치 전범이 묻혀 있는 독일군 묘지를 방문하자 분노했다. 페레스는 레이건의 방문 결정에 어떻게 생각하느냐는 질문을 받았고, 그는 부조화를 줄이기 위해 다음 중 하나와 같이 답변할 수도 있었을 것이다.

1. 레이건과 의절하겠다.
2. 별일 아니며 우려할 가치 없는 일이다.

그러나 페레스 총리는 "친구가 실수를 한다 해도, 친구는 여전히 친구이고, 실수는 실수다"라고 간단히 답했다.

페레스는 부조화 상태를 유지하며 두 답변이 억지로 말이 되게 만드려는 충동을 억제했다. 쉽고 즉흥적인 답변을 하거나 둘 중 하나의 답변을 선택해야만 한다는 압박을 받지 않고, 어감의 미묘한 차이를 받아들이고 상충되어 보이는 두 가치가 모두 맞을 수 있음을 인식하는 태도가 중요하다는 교훈을 주는 사례다. 열혈 온라인 부족주의 online tribalism가 사람들을 미혹할지 모르겠지만, 가장 중요한 신념은 양분될 수 없어야 한다. 수용적 사고를 하는 사람이라면 어느 한쪽을 거부하거나 비난해야 한다는 강박 없이 옛 것과 새로운 것의 장점을 동시에 볼 수 있다.

인지부조화가 발생하는 순간, 즉 3세대웹, AI, 가상 현실, 소셜미디어, 반대편 정치 이념, 사회운동 등 쉽게 이해하기 어려운 개념, 혁신, 정보가 우리 삶에 정면으로 들어와 현재의 관습에 도전하거나 정체성을 위협할 때 어떻게 해야 할까? 이때 가장 중요한 자세는 판단하려는 유혹을 자제하는 것이다. 섣부른 판단은 인지부조화의 상태에서 쉽고 빠르게 벗어나고 싶은 심리 작용이다. 새로운 것들은 수용하고, 공부해보고, 솔직한 질문을 던져봐야 한다. 예를 들어 내가 믿는 것을 왜 믿고 있는지, 내 생각이 틀릴 수도 있고 내가 과연 무슨 말인지 알고 말하는 것인지, 이해가 안된다고 그냥 무시해버린 건 아닌지, 내가 지지하는 당의 노선을 맹목적으로 따르는 것인지, 내 신념이 나만의 신념인지 아니면 나와 비슷한 부류들의 공통된 신념인 건지 등을 고심해봐야 한다.

인내와 확신이 있는 사람은 미래를 반드시 가질 수 있다. 인내와 확신이 없는 자들은 계속 뒤처질 것이다.

## ✲ 법칙: 마음에 들지 않는 것에도 마음을 열라

이해가 되지 않는 것은 애써서 더 수용하자. 우리의 지성이 도전을 받으면 더 수용하자. 바보가 된 것 같은 기분이 들면 더 수용하자. 그래야 더 냉철하게 생각할 수 있다. 마음의 문을 닫으면 퇴보하게 된다. 생각이 다른 사람을 차단하지 말고 더 많이 팔로우해야 한다. 나를 불편하게 만드는 의견을 회피하려 하지 말고 정면으로 볼 줄 알아야 한다.

위험을 무릅쓰지 않는 것이
가장 큰 위험이다.
성공하려면 실패를
감수해야 한다.
사랑하려면 가슴 아픈 일도
감내해야 한다.
박수를 받으려는 자는
손가락질도 감수해야 한다.
비범함을 달성하려면
평범함을 버려야 한다.
위험을 피해 살려고 하면,
인생 자체를 놓칠 위험이 있다.

## 법칙 6
## 그냥 말하지 말고 질문하라

이는 누군가에게 동기를 부여하고, 습관을 만들어주고, 의도한 행동을 유도하려고 할 때 써볼 수 있는 가장 간단하고 효과적인 심리 전술이다.

1980년 미국, 로널드 레이건은 대통령 선거에 출사표를 던졌다. 상대는 재선에 도전하는 지미 카터였다. 경제가 심각한 상황이고, 유권자들에게 이제는 카터가 백악관을 떠나야 할 때라는 확신을 심어줘야 했다. 유세 마지막 주인 10월 28일, 두 후보는 처음이자 마지막 대선 토론회에서 만난다. 무려 8060만 명이 두 후보의 토론을 지켜봤을 만큼, 미국 역사상 가장 높은 시청률을 기록한 대선토론회다.

사전 여론조사에서 현직 대통령 지지율이 8퍼센트포인트 앞선 상태로 토론이 시작됐다. 레이건은 역대 여느 후보들처럼 현직 대통령의 경제 실정을 부각해 유리한 고지를 선점할 필요는 알고는 있었으나, 경제 문제는 일절 언급하지 않았다. 대신 그동안 어떤 후보도 하지 않았던 질문을 던진다. "대통령님의 삶은 4년 전보다 나아졌습니까?" 이 짧은 질문은 전설이 됐다. 이후 치뤄진 대선에서 거의 모든 대권 도전자가 이 질문을 할 정도로. 그는 이렇게 말했다.

다음 주 화요일 여러분 모두는 투표소에 가시겠죠. 그리고 결정을 내리실 겁니다. 그때 한번 스스로에게 물어보세요. 내 삶이 4년 전보다 나아졌는지, 4년 전보다 상점에서 물건 사는 게 더 쉬워졌는지, 4년 전보다 실업률이 올라갔는지 내려갔는지, 미국이란 나라가 여전히 세계적으로 존경받고 있는지…. 이 모든 질문에 '그렇다'고 답할 수 없다면, 누구를 택하셔야 할지 분명해지겠죠.

토론 직후 ABC 뉴스에서 실시한 투표에 약 65만 명의 응답자가 참여했고, 그중 약 70퍼센트가 토론의 승자를 레이건이라고 답했다. 그로부터 7일 후인 1980년 11월 4일에 치러진 대선에서 레이건은 역사적인 승리를 거뒀다. 카터를 약 10퍼센트포인트라는 압도적인 차이로 물리쳤다.

그것이 단순한 질문이었을까? 아니다. 그것은 과학이 빚어낸 '정치 마술'이었다. 이유가 뭘까? 진술statement과 달리 질문은 극적인 반응을 끌어내기 때문이다. 질문을 받으면 생각하게 된다. 오하이오 주립대학교의 연구자들은 사실 관계가 내게 확실히 유리한 때에는 진술보다 질문이 훨씬 효과적인 화법이란 사실을 알게 됐다.

## ✶ 행동을 유발하는 질문화법의 효과

우리는 모두 지키지 못할 약속을 하고 산다. '올해는 더 건강하게 먹어야지', '이번 주에는 매일 아침마다 운동하겠어' 하고 결심하지만 지키지 못하기 일쑤다. 물론 우리는 끝까지 실천하겠다고 마음먹지만 좋은 의도만으로는 의미 있는 변화를 끌어내기 힘들다. 하지만 영리하게 설계된 질문 방식으로 접근해본다면 어떨까?

미국 4개 대학의 공동연구팀이 지난 40년간의 관련 연구보고서 100건 이상을 면밀히 검토한 결과, 자신이나 타인의 행동에 영향을 미치려면 평서문보다 질문문이 더 효과적이란 사실을 알아냈다.

공동연구에 참여한 워싱턴주립대학교의 데이비드 스프로트 교수에 따르면, "우리에게 미래에 어떤 행동을 할 것인지를 물어보면 그 행동이 일어날 가능성이 달라진"다. 질문을 받으면 질문이 아닌 말을 들었을 때와는 다른 심리적 반응이 일어난다는 것이다.

그 말인즉슨, 예를 들어 '재활용해주세요'라고 적힌 표지판은 '재활용할 건가요?'라고 적힌 표지판보다 재활용 행위를 유발할 가능성이 훨씬 떨어진다는 뜻이다. 자신에게 '나는 오늘 채소를 먹을 거야'라고 말하는 것보다 '나는 오늘 채소를 먹을 것인가?'라고 물으면 채소 섭취 가능성을 더 높일 수 있다.

연구자들은 질문 화법을 쓰면, 행동에 영향을 주는 기간이 최대 6개월이 된다는 놀라운 사실을 발견했다. 이 같은 질문-행동 효과 question/behaviour effect는 예 또는 아니오로만 답할 수 있는 의문문으로 질문할 때 더욱 효과가 높다. 질문을 받는 사람이 가진 개인·사회적 성취욕구를 실현하는 데 적합한 행동을 장려하기 위한 의도로 질문하면(즉 질문에 '예'라고 답하면 성취 가능성이 더 높아질 때), 질문-행동 효과는 극대화된다.

행동유발 측면에서, 행동 여부보다는 능력을 묻는 "할 수 있어?"라든지, 조건부로 확률이나 가능성을 묻는 "~한다면 ~할 것 같아?" 같은 질문보다는 책임감과 행동 여부를 묻는 "~할 거야?"라는 질문이 훨씬 더 효과적이다.

## ✭ 인지부조화를 긍정적으로 활용하기

'법칙 5'에서는 인지부조화의 부작용을 설명했지만, 여기에서는 인지부조화의 긍정적 효과를 말해보려 한다.

인지부조화란 자신이 추구하는 최선의 모습이 자신의 현재 모습과 일치하지 않을 때 경험하는 정신적 불편감이다. 예를 들어 내가 태극권 전문가가 되고 싶은데 친구가 나에게 매일 수련하느냐고 묻는다고 가정해보자. '아니'라고 하면, 인지부조화가 발생할 수 있다. 자신이 원하는 모습과 실제 모습이 일치하지 않음이 드러나기 때문에, 부조화 상태를 없애려고 '그렇다'고 답할 가능성이 높다. 그렇게 대답하고 나면 이제 꿈을 현실로 만들 가능성이 높아진다. 그 질문을 통해 자신이 어떤 사람이 되고 싶은지, 어떻게 해야 그렇게 될 수 있는지 다시 한번 생각해보게 되고, 그렇다고 대답함으로써 그 길을 가보겠다는 의지를 표명하는 효과가 있기 때문이다. 대수롭지 않은 질문 하나의 효과가 이렇게 강력하다.

'예/아니오' 질문이 더 효과적인 이유는 답변자가 둘 중 하나의 노선을 반드시 택해야 하는 상황에 처하기 때문이다. 바라는 모습대로 되려면 노력해야 하는 현실을 직시하지 않고 도망치기를 조장하는 정당화 또는 변명이 불가능해진다.

내 비서인 소피는 매주 "월요일에 헬스장에 갈 거에요"라 천명하곤 한다. 나는 참 순진하게도 그녀에게 월요일에 헬스장에 갔는지를 물어보곤 한다. 그러면 소피는 자기가 왜 못 갔는지를 장황하게 설명한 후 다음 월요일에는 갈 거라고 다시 공언한다. 그녀는 8년째 그 루틴을 반복하고 있다.

'예/아니오'로 답해야 하는 질문의 가장 큰 장점은
답변자가 자기기만을 할 여지가 없어진다는 것이다.
어느 한쪽을 반드시 선택해야만 하기 때문이다.

자기 행동의 변명을 찾기 시작한다면 또는 누군가에게 다르게 해보라고 충고하고 싶다면, 자신 또는 그 대상에게 예 또는 아니오로만 답할 수 있는 질문을 간단히 해보라. 동기유발 효과까지 얻을 수 있게 질문한다면 정말 좋다. "오늘 헬스장에 갈 건가요?" "점심으로 건강식을 주문할 건가요?" 부연 설명하지 않고, 예 또는 아니오만 허용하는 것이다.

질문-행동 효과로 남을 도울 수도 있다. 친구나 사랑하는 사람에게 "건강식으로 먹는 거야?" 또는 "이번 승진 기회에 도전할 거야?" 하는 식으로 묻는 것이다. 부드럽게 정곡을 찌르는 이런 화법을 쓰면, 질문을 듣는 사람이 신뢰할 만하고 의미 있는 변화를 실천하고, 최고의 모습이 되려고 더욱 노력하게 만드는 효과가 있음이 반복적으로 입증됐다.

일할 때도 이 화법을 활용하자. 당신이 레스토랑의 웨이터인데 담당 테이블의 손님이 만족하고 있다고 해보자. 그렇다면 접시를 치우면서 "맛있는 식사였기를 바랍니다"라 하지 말고, 계산서를 건네며 손님이 팁을 결정하려는 찰나에 "음식은 맛있게 드셨나요?"라고 묻는 것이다. 우리는 레이건에게 한 수 배웠기에, 사실관계가 내게 확실히 유리한 상황이라면 질문을 던져서 의도한 행동을 상당히 효과적으로 유도할 수 있다.

## ✷ 법칙: 그냥 말하지 말고 질문하라

상대에게 긍정적인 행동을 유도하고 싶다면, 예 또는 아니오로만 답할 수 있는 질문을 하자. 사람들은 자신이 원하는 모습에 더 가까워질 수 있다면 '예'라고 답할 가능성이 높고, 일단 '예'라고 답하고 나면 그 내용이 실현될 가능성이 더 높아진다.

행동에 대해
질문하면
행동으로
답하게 된다.

## 법칙 7
# 자기 서사를 타협하지 말라

이번 법칙에서는 '자기 서사 self-story'라는 개념을 소개한다.
이걸 잘 써야 당신이 큰 꿈을 성취할 수 있고, 인생에서도 성공할 수 있다.

"많은 사람이 이걸 잘 모르는데…." 크리스 유뱅크 주니어는 의자에 간당간당 걸터 앉아 몸을 앞으로 숙이며 이렇게 말했다. 그는 복싱 세계 챔피언이자 살아 있는 전설 크리스 유뱅크의 아들로, 이 책을 쓰려고 준비하던 때 인터뷰를 하기 위해 우리 집에 들렀다. 그는 계속 말을 이었다.

> 유뱅크 주니어: 파이터가 하는 것 중 80퍼센트가 정신력 싸움입니다. 수천 관중을 뚫고 경기장으로 걸어 들어가려면 깡, 배짱, 근성이 있어야 해요. 링에 도착해 계단을 올라가면 가운을 벗어야 한다는 것을 알고 있어야 합니다. 벨이 울리면 누군가와 싸워야 합니다. 다칠 수도 있죠. 전 세계 수백만 명이 지켜보는 가운데 내가 다칠 수 있고, 내가 상대를 다치게 할 수밖에 없습니다. 지구상에 링으로 가는 길을 제대로 갈 수 있는 사람은 많지 않아요. 경기는 말할 것도 없고 걸어서 입장하

는 것만해도 엄청난 정신력이 필요합니다.

**바틀렛: 다른 사람에게도 그런 정신력을 훈련시킬 수 있다고 생각하시나요?**

유뱅크 주니어: 그럼요. 파이터들도 그런 능력을 개발하는데, 이는 여러분들에게도 필요합니다. 훈련, 스파링, 시합을 하다 보면 언젠가는 다치게 됩니다. 그런 순간이 오면, '내가 여기서 뭐하는 거지? 나 괜찮은 건가? 상대를 이길 수 있을까? 포기해야 할까? 어디로 도망갈 곳을 찾아야 할까?' 등 온갖 의구심이 들게 마련이에요. 견디기 힘든 순간이지만 파이터라면 누구나 다 겪는 일입니다.

**바틀렛: 경기 중에 중도 포기를 진지하게 고민해본 적이 있나요?**

(긴 정적)

유뱅크 주니어: 딱 한 번요. 프로 데뷔를 하기 전에 쿠바에 갔을 때였는데, 그곳 선수들은 진짜 괴물이 따로 없다니까요. 가볍게 스파링을 하려고 링에 들어갔는데 헤비급 국가대표 선수가 링에 들어오더라고요. 그가 다른 선수와 스파링을 하기 전에 잠깐 섀도 복싱이나 워밍업 하러온 줄 알았어요. 그런데 사람들이 저랑 스파링을 하러 왔다는 거예요. 그래서 덩치가 세 배는 더 큰 상대와 무슨 스파링을 하라는 거냐고 했죠. 그러자 그는 그냥 스파링만 가볍게만 할 거라고 했어요. 그래서 '뭐, 별 일 없겠지. 한번 해보자' 생각했어요.

1라운드 종이 울리자마자 그 선수는 제게 달려들더니 사정없이 펀치를 날렸어요. 그때까지는 맞아보지 못했던 강도였죠. 퍽, 퍽, 퍽. 최대한 피하고, 비켜서면서 링 주변을 맴돌았어요. 그러다 상대가 덤벼들었는데 도저히 벗어날 수가 없었어요.

퍽, 퍽, 퍽. 세 대 맞고 저는 링 밖으로 나가떨어졌죠. 링 밑의 그 단단한 콘크리트 바닥으로요. 무릎이 콘크리트에 부딪혔고, 다리는 완전히 풀려버렸어요. 일어나려고 했는데 다리에 감각이 없었죠. 고개를 들어보니 상대 선수는 로프에 기대어 저를 내려다보고 있었죠. 저는 갈등에 휩싸였고, 결단을 내려야 했어요. '내 무릎 어떡할 거야! 나보다 체급도 높은 새끼가!'라고 말할까, 아니면 일어나서 링으로 다시 올라갈까? 콘크리트 바닥에 앉아 주변을 둘러봤어요. 모두가 날 보고 있더군요. 아버지도 계셨고요. 전 결심했어요. '개같네, 계속 가보자.' 그러고는 다시 링으로 들어갔고 남은 두 라운드 내내 흠씬 두들겨 맞았어요 (…) 하지만 하나만 생각했어요. 3라운드를 하기로 했으니 끝까지 버티겠다고. 모두가 보는 앞에서 포기하고 링을 떠날 수는 없었죠. 거기서 포기한다면 앞으로 스스로를 견딜 수 없을 것 같았어요. 당장 그만두고 가서 잠이나 자고 싶었지만, 이대로 경기를 포기하면 잠이 오지 않았을 거예요. 그래서 다시 링에 올랐고 남자답게 맞았어요. 그 이후로 겁난 적이 없어요. 당시에는 인생 최악의 순간이었지만 지금 생각해보면 내가 무엇을 할 수 있는지 깨달았다는 점에서 인생 최고의 경험이었다고 할 만하죠. 내 안에는 포기하지 않는 힘이 있다는 것을 알게 된 거죠. 아무도 절대로 나를 그만두게 할 수 없고요. 아무도. 그 이후로도 선수 생활하는 동안 그 신념은 확고했어요.

**바틀렛**: 훌륭하네요. 지금 들려주신 말씀은 자신에 대해 스스로 써야 하는 자기 서사에 대한 내용인데, 이건 앞으로 삶을 살아가는 태도를

정하는 데 굉장히 중요합니다.

유뱅크 주니어: 맞아요. 훈련할 때 그런 일이 자주 일어나죠. 하루는 러닝머신 뛰는 중에 종아리에 쥐가 나는데, 아직 8분이나 남았더라고요. 한쪽 다리에 경련이 시작되어 절뚝거리지만 멈출 수는 없었어요. '그것도 못 버티고 내려온다면, 시합 중에 두들겨 맞고 다칠 때는 어떻게 되겠나? 상대 때문에 경기를 포기하게 될 것이 아닌가' 싶었어요. 아무리 힘든 상황에서도 스스로가 해법을 찾아낼 수 있는 사람이란 확신을 갖는 게 정말 중요하더라고요.

지켜보는 사람이 있든 말든 내가 포기한 사실을 아무도 모르든 상관없어요. 아무도 보지 않을 때도 그만둘 수는 없습니다. 포기하라고 유혹하는 기운이 내 몸으로 들어오지 못하게 해야 해요. 그 악의 기운이 스며들지 않도록 버텨내야죠. 그건 악마 새끼예요. 악의 기운이 자꾸 스물스물 들어오게 하다 보면 결국 악마에게 사로잡히겠죠!

훈련하는 매 순간이 싫었다.

하지만 나는 이렇게 말했다.

"그래도 계속 하자.

지금 고통받고 남은 삶을 챔피언으로 살자."

—무하마드 알리

## ✭ 자기 서사는 강한 정신력을 만든다

미군은 지구상에서 가장 강력한 군대다. 혹독한 훈련으로 악명 높은 미 육군사관학교West Point에는 매년 약 1300명이 입학한다. 입교 과정에는 '야수의 막사Beast Barracks'라는 극한의 훈련과정이 있다. 야수의 막사를 조사한 연구자들은 이 훈련이 생도의 정신력의 한계를 시험하기 위해 설계된 것이라고 했다.

이 연구에 대해 읽었을 때, 나는 대다수처럼 지구력, 지능, 힘, 운동 능력이 뛰어날수록 훈련을 잘 통과했을 것이라고 생각했다. 하지만 그 연구를 수행한 앤절라 더크워스 교수의 분석 결과는 달랐다. 그는 강인한 정신력, 끈기, 열정이 목표 달성에 미치는 영향을 중점적으로 연구했는데, 결과는 매우 놀라웠다.

더크워스는 생도 약 2500명의 고등학교 성적, SAT 점수, 신체적 성검사 결과 그리고 자신이 만든 그릿 척도Grit scale(끈기와 열정이 장기 목표 달성에 미치는 상관관계를 1~5단계로 측정한 값 – 옮긴이) 점수 등을 비교하며 추적 관찰했다.

그 결과 체력, 지능, 리더 자질만으로는 '야수의 막사' 훈련 통과 여부를 정확히 예측할 수 없었다. 오히려 장기 목표를 달성하고야 말겠다는 결기와 결합한 강인한 정신력이 가장 정확한 예측 인자임이 밝혀졌다. 끈기가 가장 중요했다. 그릿 척도에서 표준편차가 단 1점만 높아도 '야수의 막사' 통과율이 60퍼센트 더 높았다.

살면서 일하면서 원하는 목표를 달성하는 데 중요한 요소는 자기 서사, 정신력, 근성 그리고 회복탄력성이라고 한다. 다행이다. 타고난 신체 조건이나 재능은 어찌할 도리가 없다지만, 자기 서사를 만드는 노력은 얼마든지 할 수 있지 않은가.

안타깝게도 직접 수집한 경험적 근거만이 자기 서사에 결정적 영향을 미치는 것은 아니다. 오히려 우리를 둘러싼 고정관념이 더욱 깊게 관여한다. 예를 들어, 내가 흑인이 백인보다 열등하다는 고정관념이 지배하는 사회에 사는 흑인이라면, 열등감이 내면에 이미 자리 잡아 자기 서사 형성에 영향을 미칠 가능성이 크다. 이런 고정관념만으로도 개인의 자기 서사, 수행능력, 자아실현에 큰 지장을 줄 수 있음이 과학적으로 입증됐다.

1995년에 수행된 점화 효과 priming effect(먼저 접하는 자극이 나중에 접하는 자극을 받아들이는 데 영향을 주는 심리 현상 - 옮긴이)에 관한 연구가 있다. 내가 당했던 고정관념 위협이 자아관 정립에 어떤 영향을 미칠 수 있는지를 알아본 연구였다.

실험에서는 학생들에게 어려운 어휘 시험을 치르게 했다. 그런데 일부 흑인 학생에게는 시험 시작 전에 인종에 관한 질문을 던졌다. 그랬더니 놀랍게도 그 질문을 받았던 학생들의 시험 성적은 좋지 않았다. 이들의 점수는 백인 학생과 인종에 관한 질문을 받지 않았던 흑인 학생보다 낮았다. 인종에 관한 질문을 하지 않고 시험을 치르게 하면, 점수가 서로 비슷하게 나왔다.

부정적 고정관념은 자기 서사에 교묘하게 악영향을 끼친다. 이러한 영향은 인종과 관련된 인식에서만 관찰되지 않는다. 여성이 남성보다 수학을 못한다는 근거 없는 악의적 편견에 대한 실험을 수행한 연구도 있었다. 남녀 학부생에게 수학 시험을 치르게 하면서, 시험 시작 전에 일부 참가자들은 일반적으로 남녀 간 점수 차이가 있다는 말을 들었고, 다른 참가자 그룹은 이전 시험에서 점수 격차가 없다는 말을 들었다.

부정적 발언을 들은 여학생들은 남학생보다 아주 저조한 점수를 받았고, 더 큰 불안감을 느꼈으며, 자신이 시험을 잘 볼 것이라는 기대치가 낮았다. 실험참가자들이 자기 성별에 대한 언급에 노출되는 경우 고정관념을 통한 위협을 느껴서 수행 능력이 저하된다는 사실이 재차 확인된 것이다. 그렇다면 한 여학생이 자신의 정체성에서 벗어나서, 자기 서사를 바꾸고, 다른 사람이 된 것처럼 가장한 채로 시험을 치른다면 어떨까?

션 장Shen Zhang이 바로 그런 실험을 해봤다. 장은 여학생 110명과 남학생 72명에게 객관식 수학 문제 30문제를 풀어보게 했다. 실험에 앞서 참가자들에게 남성이 여성보다 수학을 더 잘한다는 이야기를 들려줬다. 또한 지원자 중 일부는 자기 실명으로 시험을 치르라는 지시를 받았지만, 다른 지원자들은 네 남자 이름(제이콥 타일러, 스콧 라이언스, 제시카 피터슨, 케이틀린 우즈) 중 하나로 시험을 치르라는 지시를 받았다.

시험은 남학생이 여학생보다 성적이 좋았다. 하지만 놀랍게도 남자 이름이든 여자 이름이든 가명을 쓴 여학생은 실명을 쓴 여학생보다 시험을 더 잘 치뤘다. 그리고 중요한 것은 가명으로 시험을 본 여학생의 성적은 남학생 못지않게 좋았다는 점이다!

이 실험을 통해 시험이나 인터뷰에서 실명 대신 대체 식별 장치를 사용하면 훨씬 좋은 결과가 나온다는 점이 밝혀졌다. 연구진은 이렇게 설명한다. 대체 식별자를 쓰면 "고정관념이라는 낙인이 자신을 위협하는 상황에서 벗어날 수 있게 되면서 결국 부정적 고정관념의 영향권에서 벗어나게 된다."

## ✦ 일, 삶, 건강에서 자기 서사를 강화하는 법

크리스 유뱅크 주니어의 자기 서사는 사회학·심리학 분야의 전문가들이 익히 잘 아는 자아개념self-concept 이론에 관한 것이다. 자아개념이란 '나는 어떤 사람인가'에 대한 인식이다. 신체·개인·사회적으로 자신을 어떤 사람이라 생각하고 느끼는지, 자신이 현재 어떤 능력이 있으며, 어떤 잠재적 역량과 가능성을 갖췄는지에 대한 인식을 포괄한다. 자아개념은 유년기와 청소년기에 가장 빠르게 발달하지만, 어른이 되어 살아가는 동안 더욱더 많은 경험적 근거가 쌓여가면서 자아개념은 계속 발전과 변화를 거듭한다.

### 자기 서사는 강인한 정신을 탄생시킨다

심리학자 파트와 텐타마Fatwa Tentama 박사는 긍정적 자기 서사가 개인의 회복탄력성에 영향을 준다고 말한다. 긍정적인 자아관을 가진 사람일수록 낙관적이며, 역경에 처했을 때 더 오래 견디고, 스트레스 관리를 더 잘하며, 목표를 보다 쉽게 달성한다.

> 자존감이 낮은 사람은 자신을 나약하고 무능하며,
> 환영받지 못하고 삶에 흥미를 잃고 비관적이며,

쉽게 포기하는 존재로 인식한다.

―로라 폴크(썬더버드 경영대학원 교수)

인도네시아의 연구자 에카 아리아니는 학생들의 자기 서사와 회복탄력성의 관계를 연구하고, 자기 서사가 정신력 강화에 40퍼센트가량 기여한다는 사실을 발견했다. 나머지 60퍼센트는 실제 능력, 가족 요인, 공동체 요인 등이 차지하는 것으로 밝혀졌다. 그렇다면 회복탄력성과 낙관성을 장착하고, 목표를 달성하며 역경을 잘 견딜 수 있도록 자기 서사를 강화하는 방법은 무엇일까?

**더욱 튼튼한 자기 서사 쌓기**

아마 이런 말을 들어봤을 것이다. "아무도 보지 않을 때 하는 행동을 보면 그 사람의 인성을 알 수 있다." 물론 맞는 말이다. 그러나 연구에 따르면, 한 사람의 인성은 아무도 보지 않을 때도 새로 형성되고, 구축됐다가 파괴되기도 한다.

> 누가 듣든 듣지 않든, 무엇이든 하게 되면
> 나는 어떤 사람이며 내가 무엇을 할 수 있는지
> 스스로 분명히 자각하게 된다.

'법칙 4'에서, 신념을 만들거나 바꿀 때 가장 강력한 증거는 자기 감각으로 직접 관찰한 모든 것, 즉 직접 증거라고 했다. 예를 들어

헬스장에서 혼자 웨이트 트레이닝을 하는데, 마지막 세트만 남은 상황에서 마지막 세트의 10회 중 9회째 들어올렸을 때 근육이 완전히 찢어질 듯한 느낌이 든다. 어떻게 해야 할까?

그 순간의 선택은 별것 아닌 것처럼 보일 수 있다. 하지만 살아가며 순간순간 작은 결정을 내릴 때마다 나는 누구인지, 역경에 어떤 태도로 대응하는지, 내가 할 수 있는 것은 무엇인지에 대한 강력한 경험적 증거를 자기 서사에 써나가는 건 별것일 수 있다. 나는 이겨낼 수 있는 사람이라는 확증을 얻게 되면 성취감은 헬스장에서만 국한하지 않고, 삶의 다른 영역으로 확장되어 앞으로의 행동에 계속 영향을 미친다.

힘든 상황이 오면 악마의 속삭임이 들려올 것이다. '하지 마', '그냥 포기해', '넌 못해, 알았지?' 같은 부정적 자기 확증이 있는 사람은 역경에 처하면, 인내와 극복과 승리로 가득 찬 이야기를 가진 사람보다 스트레스를 더 받고 걱정하며 불안해한다는 것이 심리학 연구로 밝혀졌다.

신념을 통해 생각과 감정이 만들어지고, 그 생각과 감정을 통해 행동을 결정하며, 그 행동은 신념의 근거로 강해진다. 그러므로 새로운 근거를 만들려면 행동을 바꿔야 한다.

아홉 번째에서 그만두고 싶겠지만 되도록이면 마지막까지 해야 한다. 어려운 대화를 하는 것보다 회피하는 것이 더 쉬울 때 대화를 택하라. 침묵하는 것이 더 쉬울 때 질문을 더 해야 한다. 스스로에게 증명하자. 아무리 사소한 순간에서도, 기회가 있을 때마다 삶이 던지는 도전들을 극복할 능력이 있음을 증명하자. 그렇게 해야 실제로 그런 능력을 가질 수 있다. 견고함, 긍정성, 근거를 모두 장착한 자기 서사를 말이다.

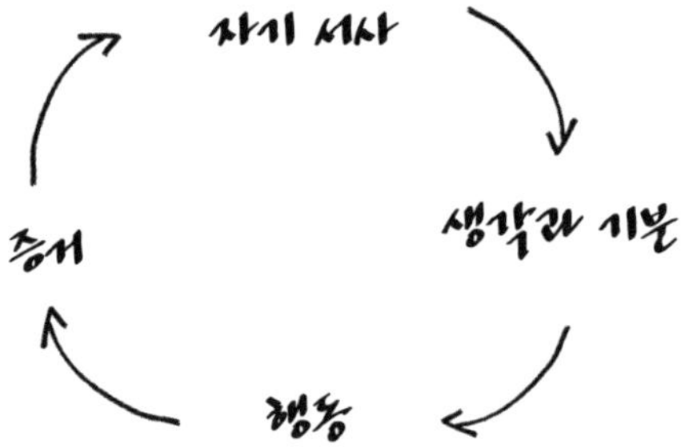


## ✯ 법칙: 자기 서사를 타협하지 말라

지속적인 성공을 위해서는 강인한 정신이 필요한데, 그 정신력은 주로 긍정적인 자기 서사에서 생긴다. 자아관을 구축하려면 근거가 필요하며, 그 근거는 역경에 처했을 때 내린 선택을 바탕으로 발생한다. 악마의 속삭임을 조심하자. 악마의 영향은 은근히 오래갈 수 있다. 여덟 살짜리 아이가 당신에게 수영을 못한다고 하면 이렇게 말하자. "꺼져!"

미래에 새로운 성취를
거둘 수 있다는
가장 설득력 있는
판단 근거는 현재의
새로운 행동이다.

## 법칙 8
## 나쁜 습관과 절대 싸우지 말라

나쁜 습관은 어쩌다 생기고 어떻게 이를 떨쳐낼 수 있을까? 여기에는 놀라운 진실이 있다. 이걸 알게 되면, 나쁜 습관과 정면승부를 하는 것은 좋은 전략이 아니며 잘못했다가는 더 나쁜 습관의 역습을 받을 수 있다는 걸 깨닫는다.

어린 시절 나는 늘 아버지의 죽음을 걱정했다. 내가 10살 때, 우리 형제는 아버지가 몰래 흡연을 한다는 걸 알게 됐다. 자식들이 따라 피우게 될까 봐 그랬던 것 같은데, 숨겨둔 미니 시가를 우리에게 들킨 후로 아버지는 대놓고 담배를 피우시기 시작했다.

하지만 아버지가 차 안에서만 담배를 피우는 게 신기했다. 파티, 집안, 직장에서도 피우지 않고 오직 자신의 차에서만 피우셨다. 몇 번 은근슬쩍 금연을 유도해봤지만 별 소용이 없었다. 그렇게 10년이 흘렀다. 그러던 어느 날 나는 무심코 어떤 행동을 했고, 아버지는 40년 묵은 습관을 마침내 끊을 수 있었다. 무슨 일이 있었는지 밝히기 전에, 먼저 습관이 고착화되는 과정을 설명할 필요가 있다.

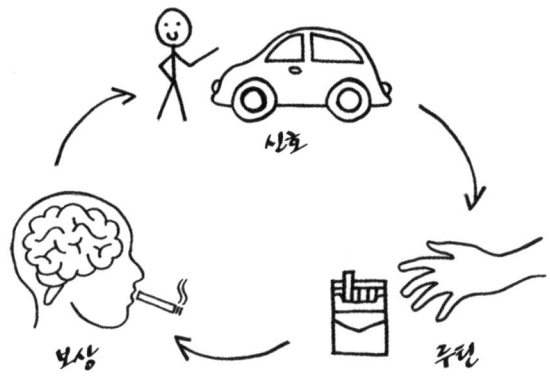

　　찰스 두히그는 『습관의 힘』에서 습관고리habit loop라는 개념을 소개하면서 습관이 형성되어 고착되고 이 고리를 깨기까지의 과정을 설명했다. 습관고리는 세 요소로 구성된다.

신호: 습관성 행동의 유발 요인(예: 빡센 회의)

루틴: 습관성 행동(예: 흡연 또는 초콜릿 먹기)

보상: 습관적인 행동의 결과나 영향(예: 안도감)

✷ ✷ ✷

　　나는 대학을 중퇴하고 창업을 준비하던 중, 니르 이얄이 쓴 『훅Hooked』을 읽었다. 거기에는 대형 소셜미디어 기업과 테크 기업이 사용자들의 습관고리에 착안해 자사 상품과 서비스에 소비자를 중독시킨 사례가 있었다. 나는 우연히 집에 들렀고, 아버지가 쓰시는 화장실에 그 책을 깜박하고 두고 왔다.

화장실 독서를 즐기던 아버지는 그 책을 읽어보셨고, 자기도 습관고리 안에 있다는 사실을 알았다. 자동차가 '신호', 자동차 문을 열고 담배를 집어 들어 불을 붙이는 것이 '루틴', 니코틴이 뇌에서 도파민을 분비하는 것이 '보상'이란 걸 깨달았다.

다음 날, 아버지는 차에 놔둔 담배를 모두 버리고 대신 막대사탕을 채웠다. 이후 다시는 담배에 손대지 않았다. 습관의 고리를 끊어낸 자리에 중독성이 덜한 새 습관을 심었고, 이후 아버지의 건강은 아주 좋아졌다. 아버지가 의식하고 한 행동이든 아니든, 관련 이론에 따르면 아버지가 가장 잘한 행동은 습관과 싸우려 않고 습관고리의 마지막 단계를 니코틴 대신 막대사탕이라는 중독성이 훨씬 낮은 보상으로 대체한 것이었다.

최근에 발표된 새로운 연구 결과들을 통해 나쁜 습관을 무작정 퇴치하려는 시도가 얼마나 헛된 일인지, 그렇게 하면 왜 항상 역효과를 보는 것인지 알 수 있다.

뭔가를 그만하려고 지나치게 애쓰다가
오히려 반대로 더하게 되고 말았다는 걸
깨달은 적이 있지 않은가?

'법칙 3'에서 언급했던 탈리 샤롯에 따르면 이는 인간이 행동 지향적 동물이라서, 다시 말해 비행동 지향적 동물이 아니기 때문이다.

그는 내게 이렇게 말했다.

> 인생에서 좋은 것을 얻으려면,
> 그것이 케이크든 승진이든
> 우리는 보통 그것을 얻기 위해 뭔가
> '해야 한다'고 생각합니다.
> 인간의 뇌는 행동과 보상을
> 묶어서 이해하도록 개조돼왔죠.
> 그래서 우리가 좋은 것을 기대할 때
> 뇌에 '실행' 스위치가 켜지면서
> 행동 가능성이 높아지고 행동의 속도도 빨라지는 겁니다.

샤롯은 한 실험에서 참가자들에게 '1달러 받기' 버튼과 '1달러 손실 피하기' 버튼 중 한 가지만을 누르게 했다. 결과는 어쩌면 당연했다. 1달러 보상을 받으려는 참가자가 버튼을 누른 속도는 1달러 손실이라는 부정적 결과를 피하려는 참가자보다 훨씬 빨랐다. 뇌는 보상을 행동과 연관시키므로, 우리는 긍정 행동에 보상을 연계시켜야만 한다.

또한 어떤 행동이나 생각을 억누르려 할수록 그 행동이나 생각을 더 하게 된다는 연구 결과도 있다. 이는 생각한 대로 이뤄진다는 발현manifestation의 좋은 증거가 되기도 하지만, 습관과 싸워 이기려는 시도나 생각하지도 않으려는 시도는 좋은 전략이 아니란 것도 잘 보여준다.

2008년 《애피타이트》에 게재된 한 연구에 따르면, 먹는 생각을 억제하려 했던 실험참가자는 억제하려 하지 않았던 참가자보다 오히려 더 많이 먹었다고 한다. 행동 반동 효과behavioural rebound effect가 나타난 것이다. 2010년 《사이콜로지컬 사이언스》에 발표된 유사 연구에 따르면, 흡연을 생각하지 않으려고 노력한 흡연자 그룹이 그런 노력을 하지 않았던 그룹보다 흡연에 대한 생각을 더 많이 했다고 한다.

18살 때 운전연수 선생님이 내게 말씀하신 조언이 생각난다. "스티븐, 차는 네가 보는 방향으로 가는 거야. 옆 차선의 차와 충돌하고 싶지 않으면 옆을 보면 안 돼. 옆을 보면 차가 점점 옆으로 가게 된단다. 정면을 멀리 응시해야 해."

이는 습관을 깨고 다시 새 습관을 형성하는 데 딱 들어맞는 비유인 듯하다. 사람은 결국 무언가에 집중하게 될 것이다. 집중해야 할 부분은 금연하겠다는 생각이 아니다. 안 하겠다는 생각과 싸울 것이 아니라, 대신에 무엇을 할 것인지에 집중하자.

오레곤대학교의 엘리엇 버크먼에 따르면, 아무리 스스로에게 금연하자고 해도 흡연자의 뇌는 여전히 '담배를 피우라'는 말로 인식한다. 반대로 담배 생각이 날 때마다 스스로에게 껌을 씹자고 한다면, 뇌는 긍정적이고 목표지향적으로 반응하며 새로운 행동에 집중한다. 그래서 아버지는 막대사탕으로 금연에 성공할 수 있었던 것이다. 차에서 담배를 치웠을 뿐만 아니라 뇌가 집중하게 만드는 새로운 행동, 즉 막대사탕 빨기로 담배 피우기를 대체해냈다.

## ✻ 습관을 고치고 싶다면, 잠을 더 자자

"잠은 언제 주무세요?" 지난 10년간 인터뷰 진행자, 패널 사회자, 기자 등 수많은 사람에게 나는 거의 매주 이 질문을 받았다. 이 질문은 잠을 충분히 자면 각 분야에서 이렇게 성공할 수 없었을 것이라는 암묵적 가정을 전제로 하는데, 나는 항상 당혹스럽다. 사실 반대이기 때문이다. 나는 항상 잠을 잘 잤으며, 오전 11시 이전에는 어떤 회의나 전화, 약속도 잡지 않고, 알람도 거의 사용하지 않는다. 잠은 성공의 방해 요소가 아니라 성공의 기반이란 걸 알기 때문이다.

스탠퍼드대학교 심리학 교수 러셀 폴드랙에 따르면, 스트레스를 받으면 하기 싫은 일을 할 가능성이 높아진다. 스트레스를 받으면, 도파민 자극 수단을 찾게 되어 설탕, 가공식품, 마약, 포르노, 알코올 등을 찾을 가능성이 커진다는 것이다.

따라서 새로운 습관을 정착하고 뇌 안의 신경세포가 강력하게 연결되기 위해서는 새로운 습관 형성의 초기 단계에서 습관 행위가 충분히 반복돼야 한다. 이때 가장 중요한 요인은 스트레스 수준을 낮게 유지하는 것이다. 새로운 습관을 길들이는 초기 단계에서는 스트레스를 덜 받는 것이 특히 중요하다.

가장 쉽고 효과적인 방법이 있다면 그건 밤에 잘 자는 것이다. 사회 생활에서든 흡연 습관이든 개선하고 싶은 것이 있다면 숙면이 도움이 된다. 운동해서 몸을 멋지게 만들고 싶다면, 충분한 수면은 필수다. 직장에서 더 나은 성과를 내려고 하는데 잠이 모자라면 생산성이 떨어진다. 수면 부족에 시달리는 관리자는 주의력, 집중력, 기분,

윤리의식마저 떨어지게 된다. 다이어트에서도 수면이 부족하면 포만감을 느끼게 하는 호르몬인 렙틴 분비량이 감소하고 반대로 배고픔을 느끼게 만드는 그렐린 분비가 증가한다. 그 결과 식욕과 체지방률이 급격히 늘고, 건강하지 않은 식단을 택하게 될 수 있다.

따라서 묵은 습관을 버리고 새 습관을 만들고 싶다면 온갖 잡다한 조언, 요령, 비법 같은 것은 모두 잊고 기본에 집중하자. 그저 좋은 기분을 유지하고, 과도한 스트레스를 받지 않으며, 밤에 숙면하는 것이다.

## ✷ 습관은 한 번에 하나씩

의지력이 성공의 관건이라는 것은 누구나 알고 있다. 그러나 25년 전까지만 해도 의지력은 한번 생기면 계속 유지되는 능력으로 인식됐다. 하지만 뉴욕주립대학교의 마크 무레이븐 교수가 박사 논문에서 '의지력은 사용할수록 소진된다는 주장'을 하면서 의지력에 대한 인식은 완전히 바뀐다.

무레이븐의 1998년 실험은 유명하다. 실험실에는 무 한 그릇과 갓 구운 쿠키 한 그릇을 놓고 두 그룹의 참가자들에게 미각 실험을 하겠다고 말했다. 한 그룹에는 쿠키만 먹도록, 다른 그룹에는 무만 먹으라고 지시했다. 5분 후 연구원이 방에 들어와 휴식시간을 15분 주고 나서 두 그룹에게 퍼즐을 풀라고 했다. 완성이 불가능한 퍼즐이었다. 쿠키를 먹은 참가자들은 아직 의지력이 전혀 소진되지 않았던 만큼 놀랍도록 편안한 상태로 계속 퍼즐을 풀었고, 30분 넘게 노력한 사람도 있었다. 쿠키를 먹은 참가자들이 퍼즐을 풀기 위해 노력했던 시간은 평균 19분 정도였다.

맛있는 쿠키를 참고 무를 먹느라 의지력이 바닥난 참가자들은 뭔가를 더 더할 여력이 없었다. 그들은 짜증을 토로했다. 절망한 듯 테이블 위에 머리를 얹는 사람도 있고, 이성을 잃고 화를 내며 사사건건 트집을 잡으며 시간 낭비라고 불평하는 사람도 있었다. 이들이 퍼즐을 풀기 위해 노력한 시간은 쿠키를 먹은 참가자의 절반에도 못미치는 8분 정도였다.

이후 다른 연구자들이 의지력 고갈에 관한 실험을 수행한 결과, 의지력은 능력이 아니라 근육에 가까워서 많이 쓸수록 피로해진다는 것이 입증됐다. 예를 들면 실험참가자들에게 무엇을 생각하지 말고 참아보라고 한 다음, 연구자들이 우스꽝스러운 모습을 보여도 웃음을 참아보라고 했을 때 피실험자들은 웃음을 참지 못했다. 또 다른 실험에서는 피실험자에게 슬픈 영화를 보여주며 슬픈 감정을 참으라고 한 다음에 신체 활동 과제를 줬더니 그들은 운 없게 무를 먹었던 참가자들처럼 과제를 더 빨리 포기했다.

그래서 이 연구의 과학적 추론이 맞고 인간의 의지가 한정적인 것이라면, 오랜 습관을 버리고 새로운 습관을 들이려 노력하는 과정에서 스스로를 더 많이 압박하고 제약하며 부담을 줄수록, 목표 달성 가능성은 낮아지고 심리적 반동이 일어날 가능성은 높아진다는 점이 분명하다.

습관과 싸우는 것은 좋은 생각이 아니다. 그럴수록 의지력이 고갈되고 요요가 와서 원래 습관으로 퇴행할 확률이 높아진다. 그래서 급격한 다이어트가 실패하는 것이다. 자신이 간절히 원하는 것을 스스로 박탈하고 있다고 느낄 때마다 이를 실패할 확률이 높다. 2014년의 한 연구에 따르면 참가자의 약 40퍼센트가 새해 결심을 지키지 못한 이유로 '지속 불가능하거나 너무 비현실적인 목표를 세웠기 때문'이라고 답했다. 반면 약 10퍼센트만 '너무 많은 목표를 세웠기 때문'이라고 답했다.

그러므로 습관은 너무 거창하지 않고 실천하기 쉬워서 계속할 수 있는 것이어야 한다. 새로운 습관을 위해 너무 큰 희생을 치른 나머지 결국 실천 의지가 고갈되지 않도록 하는 것이 중요하다. 원치 않는 습관을 한번에 버리려하지 말자. 대신 목표의 수를 줄여서 그중 하나라도 달성할 가능성을 높이는 것이 좋다. 너무 크고 비현실적이며 희생을 전제로 한 목표가 많다면, 의지력이 과도한 압박을 받고 소진되면서 결국 실패한다. 그러면 결국 심리적 반발이 오게 마련이다.

바로 그런 이유로 많은 심리학자와 과학자들은 오랜 습관과 싸워서 이기려고 하거나 보상을 없애는 것은 비생산적이라고 결론내렸다. 새로운 습관을 들이기 위한 가장 좋은 방법은 새롭고 더 건강하며 중독성이 낮은 보상책을 찾는 것이다. 실천 과정에서 스스로에 대한 보상을 멈추지 말고 계속해주는 것임을 명심하자.

## ✷ 법칙: 나쁜 습관과 절대 싸우지 말라

습관을 극복하고 싶다면 습관에 맞서 싸우지 말자. 습관의 순환고리를 끊지 않고 유지하면서 긍정적 행동으로 대체해나가야 한다. 단번에 여러 습관을 고치려고 하지 말라. 한번에 많이 바꾸려 하면 아무것도 바꿀 수 없게 될 가능성이 크다. 새로운 습관을 들이는 동안 자기관리를 잘하고 충분한 수면 시간을 확보하자.

잘 자고, 기분을 북돋우고, 움직이고, 웃고, 경청하라. 독서하고, 저축하고, 물을 많이 마시고, 금식하고, 규칙을 세우고, 창조하라. 습관이 미래다.

## 법칙 9
## 건강을 항상 1순위에 두라

우리 대다수는 삶의 우선순위를 잘못 설정하고 있다. 어서 '건강'을 제1순위로 바꿔놓자. 건강해야 나머지 것들을 즐기며 오래 살 수 있을 것이 아닌가!

한때 공식적으로 세계 최고 부자였던 투자의 귀재 워런 버핏은 오마하로 찾아온 대학생 몇 명에게 자신이 가장 중요하게 생각하는 것을 말했다.

열여섯 때 내 관심사는 두 가지, 여자와 자동차였는데, 여자 사귈 줄을 잘 몰라서 자동차에 몰두했어요. 물론 여자 생각을 안 한 건 아니지만, 자동차 쪽이 더 잘 풀렸죠. 열여섯 살 생일에 요술램프의 지니가 나타났다고 상상해봅시다. 지니는 "원하는 차를 선물로 주겠다. 그 차는 내일 아침에 큰 리본을 달고 여기 도착할 거야. 완전 신상이지. 네 거란다!"라고 말합니다. 지니의 말을 다 듣고 나는 "무슨 꿍꿍이죠?"라고 물을 거예요. 지니는 이렇게 대답합니다. "딱 하나 있는데… 이 차는 네 인생의 마지막 차야. 그러니 평생 타야 해."

차를 얻긴 했는데 평생 타야 한다는 조건을 알게 되었으니, 어떻게 해야 할까요? 사용설명서를 5번 정도 꼼꼼히 읽고, 항상 차고에 보관하고, 조금이라도 찌그러지거나 긁힌 자국이 있으면 나중에 녹슬지 않도록 바로 수리하려고 할 거예요. 평생 탈 차니까 애지중지 여겨야겠지요.

우리의 몸과 마음에 대해서도 이렇게 대해야 합니다. 우리의 몸도 마음도 오직 하나뿐이고, 평생 같이 가야 하지요. 요즘은 차 하나를 수년 동안 타는 건 어렵지 않습니다. 하지만 몸과 마음을 잘 관리하지 않으면, 40년 후 즈음에는 폐차될 정도로 망가지게 됩니다. 10년, 20년, 30년 후의 몸과 마음이 어떤 상태가 될지는 바로 지금, 현재 여러분이 어떻게 하는지에 달려있습니다. 반드시 관리하시기 바랍니다.

내 인생의 8할은 일, 여자, 친구, 가족, 반려견, 물질적 소유가 차지했다. 적어도 27살 때까지는 그랬다. 나를 비롯한 전 세계 사람들이 코로나19라는 바이러스 하나가 문명 세계를 초토화시키면서 600만 명 넘는 사람들이 죽어가는 것을 안타깝게 지켜봤다. 그전까지만 해도 젊음이라는 특권 덕분에 '건강'을 당연시했다. 솔직히 식스팩 같은 겉모습에만 신경을 썼고, 진짜 건강에 대해서는 다행히 별로 신경을 쓸 일이 없었다.

세계적인 팬데믹은 많은 사람에게 심적 트라우마를 안겼다. 불행 중 다행인 점이 하나 있다면, 힘든 시간을 겪으면서 내 삶에서 건강을 최우선시해야 한다는 진리가 머리에 확실히 각인됐다는 점이다. 한 다국적 연구팀이 약 40만 명의 코로나19 환자 데이터를 분석한 결과, 비만 질환자가 코로나에 걸리면 입원 치료가 필요할 정도로 중증이 될 가능성이 113퍼센트 더 높다고 발표했다. 평소 건강이 좋지 않을 수록 사망할 가능성이 훨씬 높았다.

나에겐 오래된 강한 신념이 있다. 우리 중 누구도 자신이 정말 죽을 거라 생각하며 살지 않는다는 것이다. 우리가 살아가는 방식, 우리가 갖고 사는 사소한 걱정, 위험을 대하는 태도를 보면 그런 것 같다. 하지만 코로나19로 우리는 집 안에서 죽음을 목격했다. 태어나서 처음으로 나는 죽음을 직접 접했고, 이 일을 계기로 나는 죽음이 주는 공포, 해방감, 불확실성에 대해 깊이 생각해볼 수 있었다.

죽음과 직면해보니 정신이 들었다. 내 삶의 우선순위가 잘못됐더라. 일, 애인, 친구, 반려견, 가족 등 내가 가진 모든 것은 언제 무너질지 모르는 건강이라는 테이블 위에 놓인 '아이템'에 불과한 것들이었다.

인생은 그중 하나를 테이블에서 치워버릴 수 있을 것이다. 그래도 나머지는 여전히 내게 남아 있을 것이다. 생각하기도 싫지만, 내 반려견 혹은 애인이 사라져버릴 수 있다. 하지만 테이블 자체가 없어진다면 어떻게 될까? 그 위에 놓아둔 모든 것들이 바닥으로 떨어진다. 나는 모든 것을 잃게 되는 것이다. 모든 것은 그 테이블에, 내 건강에 달려 있다. 건강이 가장 기초적인 토대다.

그러므로 건강은 논리적으로 볼 때 매일 그리고 영원히 1순위가 되어야 한다. 그리고 결정적으로 그런 현실을 받아들여서 건강을 최우선 순위로 삼는다면, 나의 수명이 길어지면서 후순위에 있는 모든 것들, 즉 반려견이든 동반자든 가족이든 그 누구와도 더욱 즐겁게 살아갈 수 있게 된다.

자신을 잘 돌보는 것보다 훌륭한 감사의 방식은 없다.

이 깨달음 하나로 내 삶의 궤도는 완전히 바뀌었다. 지난 3년 동안 엄격하게 식단 관리를 하며 설탕, 가공식품, 정제 곡물 섭취를 줄였다. 주 6일 운동을 엄격히 실천하고, 물·채소·프로바이오틱스 유산균 섭취량을 대폭 늘렸다.

내 삶의 모든 부분에서 엄청난 긍정적 효과를 체험한 이상, 내 삶의 기본인 건강 챙기기가 법칙에 없다면 이 책을 쓰는 의미가 없을 것이라 생각했다.

운동 할 시간이 없다고 생각하는 사람들은
조만간 질병에 시간을 내어줘야 할 것이다.
—에드워드 스탠리 경

## ✷ 법칙: 건강을 항상 1순위에 두라

자신의 몸을 돌보자. 우리가 가질 수 있는 유일한 자동차이자 세상 탐험에 쓸 유일한 배고, 진정한 안식처라 부를 수 있는 유일한 집은 오직 우리의 몸뿐이다.

건강은 항상 삶의 첫 번째 토대다.

# 2부

## 자기 서사

법칙 10

# '쓸모없는' 것이 쓸모를 정의한다

어떻게 100분의 1의 밖에 안 되는 예산으로 10배 더 멀리,
10배 더 많은 사람에게 마케팅이나 브랜드 메시지를 전달할 수 있을까?

처음으로 마케팅 회사를 차렸을 때 나는 스무 살이었다. 내 경험으로는 감당할 수 없을 만큼 회사가 빠르게 성장했고, 창업 1년 만에 최대 고객사로부터 30만 달러를 투자받았다. 경험이 부족한 20세의 초짜 CEO에게 평생 본 적도 없는 그렇게 큰돈이 생기게 되면, 정말 어리석은 짓을 할 가능성이 있다. 그리고 정말 그런 짓을 저질렀다.

그 돈으로 일단 영국 맨체스터에 있는 400평 넘는 대형 창고를 10년 계약으로 임차했다. 수백 명이 들어가고도 남을 정도로 넓은 면적인데, 우리 회사 직원은 달랑 10명이었다. 업무용 책상을 구입하기도 전에 나는 복층 공사를 했고, 그 공간에 직원들과 비디오 게임을 할 수 있는 게임룸을 만들었다. 게임룸에서 계단으로 내려오면 어쩐지 식상하단 느낌이 들어서 파란색 미끄럼틀을 타고 볼풀로 착지하도록 설치하는 데 1만 3000파운드를 들였다.

책상이 도착할 즈음까지 나는 이미 농구 골대와 맥주 탭을 설치

하고 음료와 간식으로 사내 스낵바를 충전했으며, 사무실 한가운데에 거대한 나무를 세우고 그 밖에 여러 유치한 구조물들로 사무실을 꾸몄다. 직원들의 평균 연령이 스물하나일 정도로 젊은 회사였지만 그 후 몇 년이 지나 우리는 동종 업계에서 가장 파괴력 있는 회사로도 우뚝 섰다. 매출은 수 년 연속 연평균 200퍼센트 이상 성장했다. 회사 고객은 세계 최대 브랜드였으며, 내가 스물다섯 살이 될 무렵에는 직원 수가 500명 이상으로 성장했다. 이 이야기에서 가장 획기적인 부분은 우리 회사에는 영업팀이 없었다는 점이다. 거대한 파란색 미끄럼틀 덕분이었다.

무슨 헛소리(뻥이나 과장)쯤으로 들릴 수 있다. 하지만 사실이다. 창립 초기 몇 년간 바로 그 거대한 파란 미끄럼틀이 미디어 홍보의 가장 큰 그리고 유일한 원천이었다. 우리 회사에 대한 기사를 쓴 주요 언론사, TV 채널, 블로그라면 모두 파란 미끄럼틀을 언급하거나, 관련하여 농담을 하거나 집중 조명했다. 창립 3주년이 될 때까지 기자들이 파란 미끄럼틀을 수백 번쯤 찍어갔다. 기자들이 취재를 오면 볼풀에 누워 있는 포즈를 하도 요청해서 직원들 사이에 농담거리가 될 정도였다. 인터뷰하러 기자가 리셉션에 도착하기라도 하면, 직원 중 누군가가 어김없이 외쳤다. "대표님, 어서 볼풀에 들어가세요!" 수많은 미디어에서 우리 회사를 취재하려고 줄을 섰고, 기사의 헤드라인에는 거의 항상 파란 미끄럼틀 사진이 실렸다. 어떤 기사에는 우리 사무실이 영국 내에서 '가장 쿨한 사무실'로 소개됐고, VICE 뉴스의 다큐멘터리 제작팀은 볼풀과 파란 미끄럼틀을 여러 각도에서 촬영하는 데

녹화시간 대부분을 할애했다.

돌이켜보면, 비록 한심하고 별 의도도 없었으며 유치했지만, 1만 3000파운드를 써 파란색 미끄럼틀을 구입한 것이 회사 재무와 관련해 최고로 잘한 결정 중 하나라는 사실에는 창업 멤버 모두가 동의할 것이다.

인정한다. 내가 회사를 운영한 7년 동안 누군가 이 미끄럼틀을 실제로 타는 모습은 몇 번밖에 보지 못했다. 이 미끄럼틀의 유용성을 평가하는 기준은 원래의 용도가 아니라 마케팅 메시지 전달을 위한 효과에 더 가까웠다. 파란 미끄럼틀은 '이 회사는 뭔가 다르고, 젊고, 파격적이고, 혁신적'이라는 메시지를 세상에 외치고 있었다. 우리가 했던 그 어떤 마케팅 캠페인보다 더 크고 설득력 있게 회사의 정체성을 세상에 전파했다.

"한 장의 사진이 천 마디의 말을 한다"는 말이 있듯이, 파란 미끄럼틀은 우리를 알리는 '한 장의 사진'이었던 셈이다. 그 책에는 우리의 가치관, 정체성, 신념, 행동 철학이 담겨 있다.

당장 비싼 파란 미끄럼틀을 냅다 지르라는 것이 절대 아니다. 브랜드 이미지란 것이 원래 의도한 용도를 위한 브랜드 전략보다(심지어 상품 자체보다) 브랜드와 연관되긴 했지만 쓸모없던 황당한 요소 때문에 정착되는 경우가 많다는 것을 말하고 싶을 따름이다.

친구 하나가 최근 런던의 한 헬스장에 등록했다. 그곳은 런던에서 가장 큰 고급 스포츠 시설인데, 친구는 "꼭 와봐. 너무 좋아. 입구에 30미터나 되는 실내 등반용 모형 암벽이 있다니까!"라며 내게 함께 다니자고 했다.

그 친구가 거기서 뭘 하냐 싶겠지만, 그 역시 다른 회원과 같은 것을 했다. 그런데 운동기구들이 좋은 게 아주 많다거나, 웨이트 기구도 정말 훌륭하고, 탈의실도 깔끔하게 있다거나 그런 얘기가 아니었다. 그저 헬스장의 본질적인 용도와 가장 동떨어진 특징 때문에 그 헬스장이 좋다는 것이다.

솔직히 효과는 있었다. 난 그때 등록을 해서 1년 넘게 그 헬스장을 다니고 있는데, 그동안 입구에 있는 모형 암벽 근처라도 가는 사람을 단 한 번도 본 적이 없다. 그렇지만 헬스장에 30미터 높이의 모형 암벽이 있다는 말을 듣는 사람의 잠재의식에는 이런 생각이 생겨날 것이다. '헬스장에 모형 암벽까지 있다면, 없는 게 없겠네!' 또는 '그런 게 있다면, 엄청 규모가 크겠군' 또는, MZ세대라면 '헬스장에 30미터짜리 암벽까지 있을 정도면, 재밌고 끝내주는 게 많을 것 같다. 사진 찍어 소셜 계정에 올려야지!'라고 생각할 것이다.

한 브랜드의 평판이 원래의 쓸모를 벗어난 황당한 요소 덕에 정착하는 경우가 더러 있다. 가장 터무니없는 짓으로 당신의 모든 것을 말할 수 있는 것이다.

## ✹ 테슬라의 괴짜 마케팅 전략

테슬라는 매우 빠르게 세계적인 자동차 제조사 반열에 올랐다. 모델 Y는 한때 유럽에서 가장 많이 팔렸으며, 모델 3은 미국에서 뜨거운 세단 중 하나다. 하지만 테슬라는 광고비 제로 원칙을 오랫동안 고수했다. 내가 운영하던 마케팅대행사에 영업팀이 필요 없고, 내가 다니는 헬스장에 마케팅팀이 필요하지 않듯이 이 회사도 광고를 할 필요가 없었다. 테슬라는 '괴짜' 이미지로 잘 성장한 회사다.

테슬라 전기차에는 의도적으로 장착한 이상한 기능으로 가득하다. 그 때문에 고객, 언론, 대중들은 웃음을 터뜨리며 입소문을 낸다. 기존 경쟁사들이 주행모드에 '편안한 주행', '표준 주행', '스포츠 주행' 같은 이름을 붙일 때, 테슬라는 '미친 가속', '진짜 미친Ludicrous(영화 〈스페이스볼〉에서 등장한 밈으로, '터무니 없는'보다 한 단계 더 높은 의미다 - 옮긴이) 가속', '진짜 완전 미친Ludicrous+ 가속'이라 했다. 괴짜 요소를 재미로 승화시킨 것이다.

2019년에는 자동차를 노래방으로 바꿀 수 있는 노래방 기능을 추가했으며, 그 이전인 2015년에는 생화학무기로부터 운전자를 보호하는 생화학무기 방어모드를 장착해 화제가 됐다. 그 외에도 이스터에그 기능 몇 가지를 숨겨놓았는데, 차체를 산타의 썰매처럼 보이게 하거나 전방 도로를 무지개로 바꿔주기도 한다. 심지어 승객석에 앉으면 방귀 소리가 나게 하는 방귀 모드를 장착하기도 했다.

모든 것이 우리 회사의 파란 미끄럼틀처럼 유치하고 덜 떨어진 장난처럼 보이지만, 소셜미디어 데이터 분석 결과를 보면, 주요 경쟁사의 유용한 기능을 모두 합친 것보다 테슬라의 엉뚱한 기능에 대한 대화가 훨씬 많이 생성되고 있음을 알 수 있다.

대중은 현상 유지에 관한 것을 생각하거나 말하거나 글로 쓰고 싶은 동기는 못 느끼지만, 기존의 현상을 조롱하거나 파괴하거나 대놓고 비웃는 듯 엉뚱한 것에는 공유하고 싶은 욕구를 크게 느낀다.

## ✯ 샤워할 때 맥주 마시지 말란 법은 없지

수제맥주 제조사인 브루독은 2019년 기준 영국에서 가장 빠르게 성장한 맥주 브랜드다. 이곳 역시 업계에서 경쟁자들보다 역사가 한참 짧은 신생아였고, 200년 넘는 전통의 세계적 브랜드들보다 마케팅 예산도 부족했다. 하지만 이들 역시 해냈다. 빵빵한 마케팅 예산 없이도 브루독은 전 세계로 뻗어 나갔다. 좋든 싫든 의도했던 전략이 엉뚱한 마법효과를 불러 일으켰기 때문이다.

 2021년에 이들은 브루독 호텔 체인을 선보였다. 샤워실 전용 맥주 냉장고를 설치해 투숙객들이 맥주를 마시면서 샤워를 할 수 있게 한 것이다. '미친 거 아니냐', '누가 그걸 이용하겠냐' 생각할 수 있지만, 검색해보면 호텔 샤워실에 있는 맥주 냉장고 사진이 상당수 있다. 가장 터무니없는 짓으로 브랜드의 모든 것을 말해주는 예다.

 한마디도 말하지 않은 채, 맥주 냉장고만으로 '여기는 맥주 애호가를 위한 곳이다', '우리는 펑크 브랜드다', '우리는 규범은 신경 쓰지 않는다', '우리는 파괴적이다', '우리는 유머 감각이 있다', '이곳은 남다른 고객을 위한 호텔이다', 특히 젊은 세대에게는 이 호텔에 소셜미디어 채널에서 다룰 만한 매력적인 콘텐츠가 있다고 소리 없이 외치는 것이다.

✳ ✳ ✳

그렇게 효과적인 전략이라면, 왜 모두가 선택하지 않는 것일까? 대부분의 경영자, CFO, 재무회계 관리자들은 마케팅, 브랜드, 상품 등의 전략 실행 결과에서 투자수익률ROI을 산출하고 싶어하기 때문이다. 괴짜성 같은 것은 성과를 측정하거나 정량화하기가 매우 어렵다. 마케팅, 스토리텔링 및 브랜딩의 많은 부분과 마찬가지로 믿음이 없으면 강행할 수 없는 전략이다.

지난 10년간 세계적인 브랜드에 마케팅 자문을 제공하며 나는 이런 현상을 봤다. 고용된 CEO들은 일반적으로 위험 회피 성향이 강하고, 재무 장악력이 떨어지며, 자사 브랜드 가치에 대한 확신이 약하다. 오직 극소수의 경영자들만이 괴짜 마케팅의 힘을 믿고 실행했는데, 그들은 거의 모두 회사 설립자였다.

그들이 집행하는 마케팅 비용의 효율은 경쟁사 대비 항상 10배 이상 높으며, 장기간 지켜보면 언젠가는 업계 경쟁자들을 항상 앞질러 나가는 것 같다. 무엇보다 가장 중요한 건, 그들과 일하는 것이 훨씬 더 재미있다. 주변을 둘러보자. 가장 강력한 브랜드 스토리텔링은 부조리함, 비논리성, 비효율성, 비합리성의 효과를 활용하고 있지 않은가! 관습적인 것, 이미 나온 것과 유사한 것, '합리'적인 것은 아무리 실용적일지라도 브랜드의 고유한 정체성 또는 차별성을 전달하지 못한다.

의미는 단기의 이익이 아닌 우리가 한 일,

쓴 비용, 감수한 위험을 통해 전달된다.

―로리 서덜랜드(오길비 광고 그룹 부회장)

## ✷ 법칙: '쓸모없는' 것이 쓸모를 정의한다

온갖 일 중에 가장 어이없는 일로 이름이 알려질 수 있다. 그 터무니없는 것 하나가 당신에 대한 모든 걸 설명해줄 테니, 굳이 한마디 덧붙일 필요가 없을 수 있다. 이상한 짓은 더 효과적이고 재미있지만, 마음 약한 자는 감행하지 못한다. 위험을 감수하는 자, 바보와 천재만이 할 수 있는 짓이다.

평범한 것은
관심 받지 못한다.
이상한 것은 대체로
매력적인 법이다.

법칙 11

# 무언가의 배경화면이 되지 말라

내가 제작한 모든 것에 세상 사람들의 관심을 끌려면 어떻게 해야 할까?
이 법칙은 유명한 스토리텔러, 마케터, 크리에이터라면 모두 아는 비법이다.

"내 팔을 자르겠어."

애런 랠스턴은 6일의 사투 끝에 살아남았다. 불굴의 의지, 경이로운 희망, (인간이라면 누구에게나 있는) 인간 본연의 강인한 생존력 덕택에 자신의 팔을 잘라내야 하는 극악의 고통을 견뎌냈다.

2003년 어느 봄날, 그는 홀로 유타의 모압으로 차를 몰았고, 산악자전거를 타고 슬릭록 트레일을 넘어다녔다. 며칠 동안 혼자서 유타의 협곡을 등반했다. 4월 26일 그는 홀로 블루존협곡에 들어갔다. 8킬로미터쯤 올라가자 협곡의 벽 사이에 거대한 바위가 있는 구간이 나왔다. 천천히 길을 헤쳐나가는 와중에 약 370킬로그램의 바위가 굴러떨어졌고, 그의 오른팔은 바위와 협곡 벽 사이에 끼어버렸다. 그의 손은 피투성이가 됐고, 바위는 움직일 수조차 없었다. 그는 꼼짝도 할 수 없었다. 물 한 병과 스낵바 몇 개만 가지고 말없이 왔기에 며칠 동안 조난돼 있어도 아무도 실종 신고를 하지 않을 터였다. 그는 덫에 걸려든 것이다.

그는 어떻게든 팔을 빼내려고 안간힘을 쓰기도 하고, 현실을 부정하다가 충격에 휩싸였다. 절망의 바닥을 찍고 그는 마침내 평정심을 찾았다. 싸구려 휴대용 칼을 갖고 온 것이 생각났다. 당장 떠오르는 탈출 수단은 그것뿐이었다. 그는 며칠 동안 팔과 닿아 있는 바위 표면을 깎아내려고 했지만 소용없었다. 협곡 벽면도 깎아보려 했지만 역시 소용없었다. 시간이 얼마 남지 않았다. 물도 1리터밖에 남지 않았다. 랠스턴의 회상에 따르면, "고통도, 두려움도 극복했지만, 갈증만은 극복할 수 없었다"라고 한다.

협곡에 갇힌 채 5일이 흘렀다. 이제 마땅한 방법이 없었던 그는 상상할 수 없었던 일을 결심한다. 팔을 자르기로 한 것이다. 움직일 수 있던 반대 팔로 소지품을 정리한 후 심호흡을 했다. 더러운 칼날을 잠시 쳐다보고는 자신의 팔을 찔렀다. 한 시간이 넘게 걸려 다 잘라냈다. 성공이다. 아직 의식이 있고, 살아 있고, 이제 자유다. 피투성이에 탈진 상태였지만 안도감과 아드레날린의 힘으로 그는 협곡을 빠져나와 하산했다. 10킬로미터 정도 내려갔을 때 관광객들을 만나 안전한 곳으로 이송됐다.

실화를 바탕으로 한 그의 책과 영화 〈127시간〉을 보면, 그런 역경 속에서 어떻게 그렇게 감정을 절제하며 집중력을 잃지 않고 침착하게 대처할 수 있었는지 경이로울 뿐이다. 그는 이렇게 말했다. "고통, 구조 요청, 사고 생각 등은 다 사라지고, 저는 그 상황을 해결하고 있었죠."

랠스턴의 조난 사례는 극단적이긴 하지만, 이 사례는 인간의 뇌에 장착된 여러 생존 기제 중 하나를 부각한다. 인간의 뇌에는 쓸모없는 정보를 걸러내고 생존과 안위에 더 중요하고 새로우며 낯선 정보에 집중하는 능력이 있다. 비록 랠스턴처럼 그 과정에서 상상할 수 없을 정도의 고통, 끔찍한 상황, 절망감을 함께 겪게 되더라도 우리의 뇌는 그렇게 할 수 있다.

랠스턴은 그때 당한 부상에 대해 이렇게 적었다. "가장 이상한 건 부상으로 인한 통증을 별로 못 느꼈다는 것이다. 다른 문제가 너무 많은 상황이라서 팔을 다친 것쯤은 나의 뇌가 신경 쓸 만한 일이 아니었던 것 같다." 랠스턴은 바로 습관화habituation라는 놀라운 심리 현상을 말한 셈이다.

## ✯ 습관은 어떻게 무기가 되는가

습관화는 중요한 것에만 집중하고 집중할 필요가 없는 문제는 걸러낼 수 있게 하는 뇌신경 장치다. 제2차 세계대전 당시 아우슈비츠와 부헨발트에 수감됐던 홀로코스트 생존자 엘리 위젤의 회고에 따르면, 수감자들은 수용소 내의 끔찍한 소리와 냄새, 폭력과 죽음의 위협에 끊임없이 노출됐다고 한다. 시간이 흐를수록 그들의 뇌에서는 습관화가 진행되면서 수용소의 위험, 소리, 냄새, 고난 등에 점차 둔감해졌다. 나치가 통제하던 테레지엔슈타트 게토에 도착한 체코의 시인 파벨 피스홀은 사람들이 끔찍한 낯선 환경에 빠르게 적응하는 과정을 이렇게 묘사했다.

우리는 모두 막사 복도에서 나는 발자국 소리에 익숙해져 갔다. 막사들을 둘러싼 어두운 벽들에도 익숙해졌다. 우리는 아침 일곱 시, 정오, 오후 일곱 시에 소금이나 커피 맛이 나는 데운 물을 받거나 감자 몇 알을 얻기 위해 그릇을 들고 긴 줄을 서는 데 익숙해졌다. 침대 없이 잠을 자고, 라디오, 레코드 플레이어, 영화, 극장이 없는 삶을 살며, 보통 사람들의 일상적인 걱정거리도 없이 살아갔다. 우리는 사람들이 흙더미 속에서 죽어가는 것을 보고, 더러움과 혐오감 속에서 병든 사람들을 보는 것에 익숙해졌다. (…) 우리는 한 장의 셔츠로 일주일을 버티는 것이 습관이 됐고, 모든 것에 익숙해져 갔다.

약간 윙윙거리는 소리가 계속 나는 방에 있다면 처음에는 거슬릴 수 있지만 몇 분 지나고 나면 그런 소리가 나는 지도 모르게 된다. 뇌가 그 소리에 적응해 더는 소리 정보를 처리하지 않기 때문이다.

**습관화란 반복되는 자극에 뇌가 그 중요성을 무시하거나 경감시켜 적응하는 현상이다.**

이런 인지 현상은 생존에 이로운 일에 필요한 정신력을 배분하는 것이며, 두뇌가 있는 모든 동물에서 관찰할 수 있다. 한 연구에서 연구자들은 미로 끝에 초콜릿을 숨겨놓고 쥐를 미로에 넣은 다음 쥐의 두뇌 활동을 관찰했다. "미로에 처음 들어갔을 때 쥐가 공기 냄새를 맡고 벽을 긁었으며, 새로운 냄새, 시각, 소리를 분석하는 듯 두뇌 활동이 폭발적으로 증가하는 모습을 보였다. 겉모습은 평온해 보였지만 쥐의 뇌 속에서는 모든 정보가 맹렬한 속도로 처리되고 있었던 것이다."

하지만 두 번째 초콜릿을 찾게 하기 위해 같은 쥐를 미로에 한 번 더 넣었을 때 뇌 활동은 완전히 사라졌다. 쥐는 곧바로 '자동항법 모드'에 들어갔다. 미로에 습관화된 쥐는 더는 사물 정보를 처리할 필요가 없었고, 익숙하게 곧장 초콜릿을 향해 이동했다. 익숙한 환경 정보에 대해서는 생각하거나 처리하거나 신경 쓰지 않고 습관화된 생활을 하는 것, 즉 직장, 헬스장 또는 집의 익숙한 공간을 문제없이 돌아다니는 것과 같다.

쥐의 뇌는 자동항법 장치로 작동했기 때문에 다른 것을 생각할 인지 능력을 확보했다. 따라서 이론적으로 그 쥐는 초콜릿을 쉽게 찾아가는 동시에 그날 있었던 다른 복잡한 문제를 생각할 수 있었을 것이다. 우리가 환경에 습관화되지 않고 살아간다면, 뇌가 처리해야 할 감각 자극이 너무 많아 뇌가 안에서 폭발했을 수 있다.

## ✦ 의미포화

아버지. 아버지. 아버지. 아버지. 아버지. 아버지. 아버지. 아버지. 아버지. 아버지. 아버지. 아버지. 아버지. 아버지. 아버지. 아버지. 아버지. 아버지. 아버지. 아버지. 아버지. 아버지. 아버지.아버지. 아버지. 아버지. 아버지. 아버지. 아버지. 아버지.

어떤 단어를 계속 반복해 말하면, 그 단어가 그저 소리로만 들리기 시작한다는 사실을 아는가? 앞의 '아버지'처럼 같은 단어가 계속 나열된 것을 볼 경우에도 뇌는 결국 그 의미를 추출하지 않게 된다. 그렇게 단어의 익숙함이 사라져버리면, 그 단어는 외국어처럼 보일 수 있다. 오래 쳐다보면 그냥 글자가 모여 있는 것으로만 보일 수 있고, 더 오래 보면 종이 위에 있는 의미 없는 표식으로 보일 수 있다.

아마 여러분도 어떤 단어를 반복하다 그 단어가 갑자기 이상하고 낯설고 혼란스럽게 느껴졌던 경험이 있을 것이다. 즉 어떤 단어를 너무 많이 말하다가 잠시 멈추고 그게 맞는 말인지 다시 생각해보는 상황 같은 것 말이다.

이는 의미포화semantic saturation라는 습관화의 한 형태다. 이는 하와이대학교 심리학 교수인 레온 제임스가 만든 용어로, 특정 단어나 구를 반복하면 자원 투입이 불필요한 곳에 집중하지 않는 두뇌 기전으로 그 의미를 일시적으로 파악할 수 없게 되는 현상을 말한다. 우리의 시각에서도 이런 현상을 실험해볼 수 있다. 환자에게 눈 근육을 마비시키는 약물을 투여하면, 몇 초 후 시야가 흐려지기 시작한다. 잠이 든 것도 아닌데 눈 근육을 움직일 수 없게 된다. 이는 눈 뒤쪽의 수용체에 똑같은 패턴의 빛이 떨어진다는 것을 의미한다. 모든 신체 감각은 특정한 자극이 일정하게 입력되면, 습관화 과정을 통해 점차적으로 그 상수, 이 실험의 경우 환자의 시야를 상쇄해버린다. 환자의 얼굴 앞에서 손을 흔들거나 아무거나 움직이기만 해도 환자의 시각은 돌아온다.

## ✤ 습관화는 어떻게 발생하는가

신경과학자 유진 소콜로프에 따르면, 신경계는 말, 소리, 신체적 감각 등의 자극을 경험하면, 자극의 원인, 실체, 반응 방식에 대한 '모델'을 만든다. 대부분의 자극에는 반응이 필요하지 않으므로, 중요하지 않은 자극이 발생하면 그 자극이 향후 발생할 경우 그 모델에 무시하라는 지침이 설정된다고 한다.

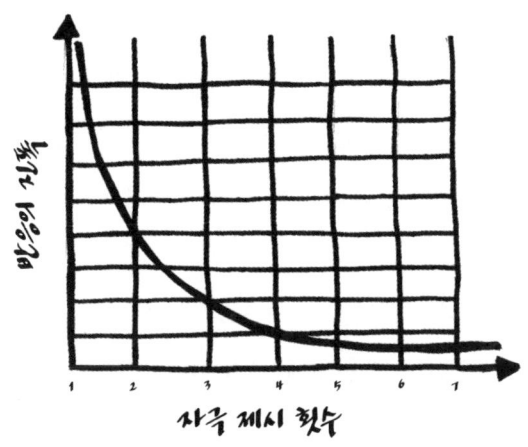

• 반복 자극에 대한 가상의 습관화 곡선 •

## ✤ 두려움은 습관화를 늦춘다

경고. 경고. 경고. 경고.

경고. 경고. 경고. 경고.

경고. 경고. 경고. 경고.

경고. 경고. 경고. 경고.

경고. 경고. 경고. 경고.

흥미롭게도 모든 단어가 의미포화 효과의 영향을 받을 수 있지만, 의미상실이 시작되기까지 걸리는 시간은 단어에 따라 다르다. 예를 들어 감정을 표현하는 단어나 '경고' 같이 극적인 함축성을 품은 단어는 우리 뇌에 강력한 연상작용을 촉발시켜 의미포화가 발생하지 않게 되며 따라서 의미상실이 일어나지 않는다.

모든 표정 중에서 위협과 관련된 표정이 가장 큰 영향을 미치는 것으로 보인다. 생존 지향적인 명백한 이유 때문에 위협받은 표정과 평온한 표정을 구별하는 것은 중요하다. 생후 7개월 아기에게 여러 표정을 보여주자 아기는 중립적이고 행복한 얼굴보다 겁먹은 얼굴에 더 많이 주목했다.

지난 2년간 나는 운영 중인 유튜브 채널에서 200개가 넘는 섬네일을 비교한 결과, 생동감 있고 위협적이거나 무서운 표정이 담긴 섬네일일수록 클릭 수가 증가하는 현상을 확인했다. 섬네일에 중립적 표정이 들어간 영상은 모든 채널에서 클릭 실적이 현저히 떨어졌다. 사람들의 뇌는 그것을 익숙한 것 혹은 '배경화면'정도로 간주하고 넘어갔을 것이다.

## ✬ 소리와 음악에도 습관화된다

레온 제임스는 의미포화가 단지 우리가 읽는 글자에만 영향을 미치지 않고 시각, 향기, 소리 등 생활 속 모든 자극에도 작용하는 현상임을 수년에 걸쳐 밝혀냈다.

고양이나 개를 키우는 사람이라면 알 수 있다. 넷플릭스를 보거나, 대화를 나누거나, 시끄러운 음악을 틀어놓아도 개와 고양이는 쉽게 잠든다. 모두 습관화 과정 덕분이다. 어떤 연구에서 잠든 고양이에게 큰 소리를 들려줬더니 고양이가 즉시 깼다. 그러나 그 소리를 반복해 들려줄수록 고양이는 점점 더 천천히 깼고, 나중에는 그 소리가 들려도 아예 깨지 않았다. 하지만 소리의 톤에 작은 변화를 주자 고양이는 바로 깼다.

제임스는 또한 라디오 방송에서 더 자주 나오는 노래일수록 스트리밍 인기차트에서 빠르게 퇴출된다는 것을 알아냈다. 습관화 때문이다. 반면 차트 순위를 서서히 올라가면서 정상권까지 올라갔던 곡들은 내려갈 때도 천천히 내려갔다. 천천히 타올랐기에 빨리 재가 되지 않았던 것이다.

그렇다면, '우리는 왜 어떤 노래를 여러 번 듣고 싶어하는 것인가'라는 합리적 의문이 생긴다. 이에 대한 답을 얻기 위해서는 단순노출 효과 *mere exposure effect*라는 또 다른 현상을 알아야 한다. 이는 어떤 사물이나 사람에게 반복적으로 노출되면 이에 익숙해져서 그 대상에 대한 호감도가 상승하는 현상을 말한다.

사회심리학자 로버트 자욘츠는 한 실험에서 참가자들에 다양한 단어를 각각 1회, 2회, 5회, 10회, 25회씩 노출했다. 참가자들은 5회, 10회, 25회 노출된 단어를 1회 또는 2회 노출된 단어보다 더 긍정적으로 평가했다. 단순노출 효과는 이후 몇 차례의 추가 실험을 통해 입증됐다. 새로운 것이 우리의 관심을 끌지만 익숙한 것도 좋다면, 우리의 뇌를 자극할 만큼 새로운 것과 우리가 좋아할 만큼 오래된 것 사이에 존재하는 적절한 노출 수준이 있을까? 있다. 과학자들은 이를 '최적의 노출 수준'이라고 부른다.

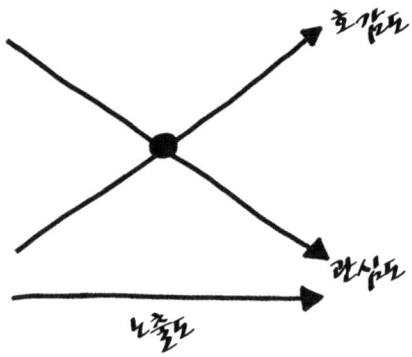

사람들의 관심을 끌 만큼 새롭지만 사랑받을 만큼 친숙한 최적의 지점에 있는 작품을 만드는 것이 음반사와 프로듀서들의 고민거리다. 그래서 히트곡 리믹스를 여러 개 만들고, 신곡에 클래식 곡 일부를 삽입(혹은 샘플링)하는 것이며, 대부분의 노래에 후크, 사운드, 멜로디를 넣어 '어디서 많이 들어본 느낌'이 나게 만드는 것이다.

## ✷ 냄새에도 습관화된다

우리의 뇌는 냄새에도 습관화된다. 사람들이 종종 옆에 있는 친구에게 자신에게서 냄새가 나는지 묻는 이유는 콧속의 수용체가 습관화되어 자신의 악취를 맡지 못하고 코의 수용체에서 뇌로 신호가 전달되지 않기 때문이다. 향수 샘플 여러 개를 연속으로 시향해본 적이 있다면 잘 알 것이다. 직원이 고객에게 사이사이 커피 원두 냄새를 맡게 하는 이유가 바로 코의 습관화를 막기 위해 그러는 것이다.

한 습관화 연구에서는 참가자들의 침실에 3주간 상쾌하지만 강렬한 방향제를 매일 같은 양 뿌렸다. 보고서에 따르면, 날이 지날수록 참가자들이 그 향에 둔감해졌고, "방향제가 아직 나오고 있는 것이 맞나요?"라고 묻는 횟수가 증가했다.

## ✷ 마케팅에서의 습관화 및 의미포화

아이러니하게도 의미포화에 대한 기고문, 보고서, 영상 등 수천 건의 연구를 하도 많이, 오래 찾아 읽었더니 이 용어가 서서히 의미를 잃어가더니 내 머리에서 식상해졌다. 이번 법칙에 대해 자료 조사를 하고 글을 쓰다 몇 번이나 중단하고, 과연 내가 맞는 문구를 사용하고 있는지를 두 번, 세 번 확인해야 했다. 뇌가 점점 둔감해져서 이 개념이 낯설어졌기 때문이다.

의미포화에 대한 새로운 연구 덕분에 마케팅 담당자들도 판매 전략을 다시 짜고 있다. 요즘 딱 들어맞는 예시 중 하나가 블랙프라이데이 불감증이라는 현상이다. 그동안 너무 많이 남발되어 이제 '블랙프라이데이'란 문구가 예전처럼 참신하고 구매를 유발하지 않는다. 과도한 반복으로 많은 사람에겐 마치 자기 방의 벽지처럼 식상해졌다. 마케팅에서는 아무리 효과적인 단어나 문구라도 오남용되면서 결국 그 효과가 없어지고 만다. 작가이자 저널리스트인 재커리 프티는 이렇게 말했다.

> (…) 또 다른 흥미로운 예가 '혁명'이라는 단어다. 1995년, 나는 동료 기자와 함께 언론 광고에서 '혁명/혁명적'이라는 단어의 빈도를 추적하는 프로젝트를 시작했다. 한 신문을 정해놓고 1950년부터 1995년까지 인쇄된 다양한 판형을 스캔해 살펴본 결과 '혁명'이라는 단어는 1960년대 후반까지 주로 정치적인 맥락에서만 드물게 사용되었다는 사실을 발견했다.
>
> 그러나 1960년대 후반에 이르면 좌파와 우파 양쪽 진영의 주류 정당, 심지어 청소년 단체에서도 이 단어를 자주 반복해서 사용했다. 그러던 중 1970년대 중반 신문에서 '혁명적인 스웨덴 기술'로 사무용 의자를 제작했다는 한 가구 브랜드의 광고 문구를 찾아냈다. 그 이후 나온 광고에는 전자제품, 의약품, 초콜릿, 우유, 식용유, 세제까지 너 나 할 것 없이 모두 '혁명적'이라는 문구를 썼다. 20년쯤 지나자 '혁명'이라는 단어는 너무 남발되어 정치적으로나 마케팅 관점에서나 그 의미가 퇴색됐다. 이 단어의 효력은 사실상 사라진 것이나 다름없었다.

## ✹ 습관화 필터 우회하기

오남용되어 효과가 없어지면 곤란하니 여기서만 비밀을 공개하겠다. 유튜브에서 〈다이어리 오브 CEO〉를 시작했을 때 채널의 월간 조회수는 수백만 회에 달했지만, 주시청자들 중 약 70퍼센트가 구독을 하지 않고 있었다. 구독 유도를 위해 도입부에 "좋아요와 구독 부탁드려요"

라는 문구를 추가하는 정도의 안일한 시도를 해봤다. 내가 본 모든 유튜브 크리에이터가 그렇게 하고 있다.

그러나 조회수 대비 구독률에는 거의 영향이 없었고, 신규 구독자 증가 속도는 너무 느렸다. 원인을 깊이 생각해보니 '좋아요와 구독'은 모든 크리에이터들이 기본적으로 쓰는 문구다 보니 습관화가 진행돼 시청자들에겐 별 자극이 되지 않았을 것 같았다. 식상할 정도로 반복되는 말은 시청자들에게 아무 의미도 없었을 것이다.

그러한 습관화 현상을 감안해 나는 진행 멘트를 새롭게 바꿨다. 영상의 오프닝에서 나는 "이 채널을 시청하시는 분들 중 74퍼센트는 구독하지 않습니다"라는 멘트를 했다(이 멘트는 너무 구체적이고 사실을 있는 그대로 공개하며 생각을 자극해, 시청자들의 습관화 필터를 우회하여 주목을 이끌어낸다). "이 영상을 재미있게 보셨다면, 구독 버튼 부탁드려도 될까요?"(시청자가 내게 얻은 것이 있다 느끼면 나를 위해서 뭔가를 해줄 것이라는 기대 심리를 반영해 상부상조를 상기시켰다.) "여러분의 구독은 생각보다 채널에 많은 도움이 됩니다. 채널이 커지면, 게스트도 많아집니다"(구독하면 게스트 섭외로 보답하겠다는 향후 보상에 대한 약속이다.) 그 결과는? '행동 촉구' 문구를 단 한 번 방송했을 뿐인데, 시청자 대 구독자 비율이 무려 430퍼센트나 증가했다! 10만 명이었던 구독자 수가 몇 달 만에 수백만 명으로 늘어났다.

내가 '배경화면'이라 부르는 것이 있다. 사람들의 뇌에 습관화가 진행되어 외면받을 정도로 뻔하고 익숙해진 특정 단어·문구·카피를 말한다. 그렇게 하면 스토리텔링과 마케팅이 효과를 보거나 성공하기 매우 어렵다. 마케팅팀이 통상적인 문구를 선택하는 경향이 있다면, 그들은 게으르거나 모험하는 것을 매우 싫어하거나 창의성이 부족한 사람들이다. 이번 법칙을 통해 알게 됐듯 중요한 메시지가 사람들의 사고 회로에 침투해 의미 있게 저장되기를 바란다면, 허를 찌를 수 있고 비범하며 식상하지 않은 용어를 골라야 한다.

## ✷ 반복이 능사는 아니다

우리는 마케팅에서 반복이 핵심이라고 배웠다. 고객이 광고를 더 많이 볼수록 고객이 그에 따라 행동할 가능성이 높아진다는 것이 대중 매체 광고에서 중요시되는 원칙 중 하나다. '원칙적으로는' 맞다. 자극을 얼마나 반복해 제시했는지에 따라 모든 학습의 성과가 달라지기 때문이다. 하지만 조건에 따라 자극의 효과가 달라질 수 있다는 점을 이해하는 것이 중요하다. 반복적 자극이 학습에는 건설적 효과가 있는 반면, 포화 상태에서 자극을 반복하면 부정적 효과가 나오기 때문이다.

여러 연구를 통해 광고 메시지의 노출 빈도와 의미전달 효과 사이의 상관관계는 '역U자' 곡선으로 표현된다는 사실이 밝혀졌다.

곡선의 기울기가 올라가는 구간, 즉 의미전달률이 증가하는 구간에서 '의미생성'이 일어났다고 보고, (의미상실이 발생하는) 기울기가 하락하는 구간은 의미포화 상태다. 광고주에게 가장 좋은 지점은 이 곡선의 변곡점, 즉 정점이다. 정점에서 광고의 용어, 메시지, 문구가 고객에게 최적으로 전달되고 의도한 효과가 나온다.

이 임계점에 도달하면, 광고가 여전히 기억에 남긴 하지만 더는

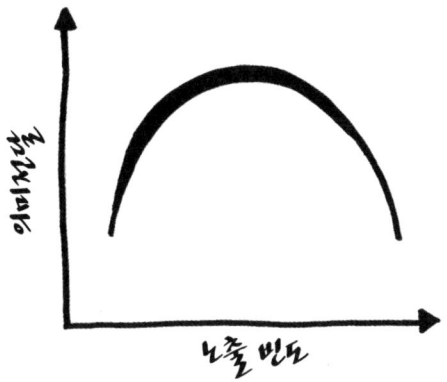

효과가 없다. 더는 고객의 행동이나 감성을 유발하거나 판매를 촉진하지는 못하게 된다. 이 시점에서 문구·단어·소리 등을 통해 고객 행동을 유발하려는 의도였다면, 다시 창의력을 발휘해 뇌의 습관화 필터를 뚫을 수 있는 참신한 방안을 생각해내야 한다.

잘된 마케팅은 불편한 것이다.
잠든 뇌신경을 흥분 상태로 튀게 만드는 것이다.

효과적인 마케팅은 의견, 반응, 감정 표현을 요구한다. '좋아요'만으로는 성에 차지 않는다. 사랑 아니면 증오를 원한다. 습관화되어 사람들에게 익숙해질 즈음에는 모습을 바꿔 관객을 다시 한번 사로잡는 것이다.

## ✷ 법칙: 무언가의 배경화면이 되지 말라

말은 정말 중요하다. 아이디어, 정치인, 브랜드의 운명을 말이 결정할 수도 있다. 비범하게 주의를 끌면서 동시에 습관화 필터를 뚫을 소통 능력이 있다면, 성공할 수 있는 차별화된 무기를 가진 것이다. 인간에겐 선사시대부터 뇌에 깊이 새겨져온 '습관화 필터'라는 막강한 도구가 있다. 그래서 아무리 고통스럽고 짜증이 나며 냄새나는 자극에도 적응해 둔감해질 수 있다. 그러므로 기존의 관습에서 벗어난 색다른 방식으로 스토리텔링을 해야 전달하려는 메시지의 효과가 높아진다.

사람들에게
'느낌'을 불어넣어야
한다.
긍정이든 부정이든
어느 쪽의 느낌이든
말이다.

### 법칙 12

# 사람들의 감정을 흔들어라

브랜드 가치를 올리려면 왜 사람들을 화나게 해야 하는지,
사람들의 습관화 필터를 피하는 방법은 무엇인지 알아보자.

이 책을 준비하면서 출판계 동향도 알아볼 겸 나는 서점에 들렀다가 충격을 받았다. 수많은 자기계발서의 표지가 저주의 말로 도배된 추세가 확연히 눈에 띄었다.

책 표지에 욕설을 넣는 유행은 2016년 마크 맨슨의 『×도 신경 안 쓰는 법의 섬세한 기술 The Subtle Art of Not Giving A F*ck』(한국어판은 『신경 끄기의 기술』)이 베스트셀러가 되면서 폭발적으로 증가했다. 이미 포화 상태에 이른 장르에서 경쟁하는 작가들이 의미포화를 피하고 독자들의 관심을 사로잡고자 습관화 필터를 우회하려고 했음이 역력했다. 나는 이 책을 쓰면서 마크 맨슨과도 인터뷰했는데, 그의 책은 1500만 부 이상 팔렸다고 한다.

2018년 아마존 베스트셀러 상위 25위에는 『×도 신경 안 쓰는 법의 섬세한 기술』을 비롯해 『씨× 저녁 뭐 먹지? What the F*@# Should I Make for Dinner』, 『엿 되고, 엿된 걸 바로잡고, 존× 진정하는 50가지 방

법50 Ways to Eat Cock, Unf*ck Yourself and Calm the F**k Down』이라는 제목을 단 책이 있었다. 통계에 따르면, 10년 전에는 베스트셀러 상위권에 오른 책 중 제목에 욕설이 들어간 책은 없었다. 욕설로 뒤덮인 제목으로 베스트셀러가 된 『존× 진정하기Calm the F**k Down』(한국어판은 『걱정이 취미세요?』)의 편집자 미하엘 슈체르반은 이렇게 말했다.

> 출판사와 작가는 독자들의 관심을 끌기 위해 어떤 식으로든 튀려고 하죠. 누가 어떤 방법으로 성공했다는 소문이 퍼지면 다른 곳들도 다 따라 합니다. 이런 책을 싫어하시는 분들도 계세요. 제목에 욕이 들어간 책은 취급하지 않는 서점도 있고요. 그래도 장점이 더 많습니다.

"그래도 장점이 더 많다"라는 편집자의 말은 마케팅의 기본 중의 기본 원칙인 '의미포화를 피하고 메시지 전달하기'에 대한 이야기다. 내가 이끌었던 모든 마케팅팀에서 10년 이상 우려먹고, 설교하며, 실행해온 원칙이 바로 그것이다. 회사 사무실 벽에도 "사람들이 느끼게 만들어야 한다. 어느 쪽이든"이라고 써붙여 놓았을 정도다.

> 사람들이 좋아하지도 싫어하지도 않는 상태,
> 즉 무관심은 마케터에게 최악의 결과다.

광고 문구, 메시지, 표어에 대한 대중의 무관심은 직전 법칙에서 봤던 그 무시무시한 습관화 필터로 가는 가장 확실한 길이다. 나는 더

말로지카와 국제피부연구소를 창립한 제인 워원드 회장을 인터뷰했다. 워원드는 뷰티 업계에서 가장 인정받고 존경받는 권위자 중 하나고, 더말로지카는 그의 리더십하에 100개국 이상에서 10만 명 이상의 피부관리 전문가들이 사용하는 스킨케어 브랜드로 성장했으며, 그 결과 그는 뷰티 업계 최고 부자 대열에 합류했다.

그는 고객들의 습관화 필터를 피하는 가장 중요한 마케팅 비결은 '사람들을 열 받게 하는' 말과 행동이라고 했다. 그는 이렇게 설명했다.

80퍼센트를 열받게 할 준비가 되어 있지 않으면 20퍼센트를 확보할 수 없습니다. 그렇게 안 하면 평범하고 평균적인, '괜찮긴 한데 막 좋지는 않은' 정도로 끝나는 것이죠. 한 제품이 그럴 순 있어도 브랜드는 그러면 안 됩니다. 브랜드란 감정을 일으켜야 합니다. 그래서 '80퍼센트를 화나게 하고 20퍼센트를 열광시켜야 한다'는 것이 우리 회사 마케팅의 표어가 됐죠. 모두가 우리를 좋아할 필요는 없어요. 조금이라도 거슬리지 않게 한다면, 모두 우리를 좋아하긴 하겠지만 사랑하지는 않을 거예요. 우리를 싫어하는 사람이 있어야 우리를 사랑하는 사람도 있는 것이죠.

하지만 조심할 점이 있다. 감정 유발 전략에는 모두 유통기한이 있다. 감정에 호소하는 반복적 메시지는 뇌가 습관화되고 그 의미가 퇴색되면 효과가 떨어진다. 2018년부터 지금까지 제목에 욕설이 들어간 책들의 판매 순위 점유율을 비교해보면, 욕설 전략의 효과가 점점 줄고 있음을 알 수 있다. 감성 메시지를 효과 있게 만들어 대중의 인기를 가져다줬던 어떤 요소가 습관화 회로를 타고 식상한 배경화면 신세로 전락해버렸다.

## ✸ 법칙: 사람들의 감정을 흔들어라

감성적이고 대담하고 심지어 분열을 조장하는 마케팅 전략으로 사람들을 소외시키는 걸 두려워하지 말자. 대중의 20퍼센트는 열광하고 80퍼센트를 화나게 만드는 편이 100퍼센트를 무관심하게 만드는 전략보다 훨씬 가치 있을 수 있다.

어떤 사람은 당신을
사랑하지만, 또 어떤 사람은
미워할 것이다.
관심 없는 사람도 있다.
당신은 싫든 좋든
감정을 표현하는 사람과
연결될 것이고,
아무런 감정이 없는
사람과는 연결되지 않을
것이다. 무관심은 가장
수익성이 낮은 결과물이다.

## 법칙 13
# 우선 혁신적 사고를 실행하라

아주 조금, 어쩔 때는 비용을 쓰지 않고 겉으로 드러나는 것만 조금 바꿨을 뿐인데, 고객은 엄청나게 큰 걸 받았다고 생각하게 만드는 비법이 있다면? 약간의 시도로 고객의 심리를 건드는 법을 알아보자.

어쩐지 지난 3년간 미용사에게 속아왔다는 기분이 든다. 매주 같은 요일, 같은 시간에 미용사 한 분이 우리 집에 와 똑같은 머리를 해주고 간다. 최고 수준의 섬세함과 완벽주의가 맘에 들었기에, 나는 오랫동안 내 머리를 믿고 맡겨왔다.

어느 날, 늘 그렇듯 정해진 시간에 커트를 하러 왔고, 나는 처음으로 문제를 느꼈다. 커트를 끝낸 후 그는 앞치마를 벗겨주며 "다 됐습니다"라고 말했다. 본능적으로 뭔가 잘못된 거 같다는 느낌이 들었다. 구체적으로 설명할 수 없지만, 그날은 왠지 서둘러서 대충 자른 것 같았고 평소처럼 세심한 주의를 기울이지 않은 것처럼 느껴졌다.

나는 "벌써요? 금방 끝났네요!"라고 답하며, 찜찜한 기분으로 거울 앞에 가서 머리를 살펴봤다. 혹시 어디 빼먹은 부분은 없는지 찾아봤지만, 놀랍게도 커트는 평소처럼 완벽했다. 그래도 여전히 그가 서둘러 끝낸 것 같은 느낌이 없지 않아 시간을 봤지만, 걸린 시간도 평소와 같았다.

혼란스러웠다. 설명하기 힘들지만 왠지 홀대받은 느낌이 들었다. 오늘 왠지 평소보다 서둘러 한 느낌을 받았다고 말하자, 그는 황당하다는 표정으로 나를 잠시 쳐다보더니, 너무 웃긴 농담이라도 들은 듯 미친 듯이 웃어댔다. 그리고는 너무 미안하다며, 나와 수다를 떨다가 '마무리 루틴'을 깜박했다고 했다.

마무리 루틴이라고? 그는 지난 10년 동안 고객의 머리를 만지며 항상 '마지막 터치' 동작을 하며 고객의 심리를 만족시켜왔다고 설명했다. 커트는 완성됐지만, 혹시 덜 된 부분은 없는지 확인하는 시늉을 하면서 마지막으로 한번 헛가위질을 해주면 고객은 항상 커트가 더 잘 된 것처럼 느낀다고 한다.

그래서 항상 "다 됐습니다"라고 말하기 전에 바리캉을 끄고, 한 템포 쉬고, 다시 한 바퀴를 돌면서 머리를 자세히 들여다보며 확인하는 척을 하다가, 마지막으로 한 번 더 자르는 척하는 '마무리 루틴'을 하고서 다 됐다고 한다는 것이다.

그런데 그는 오늘 이 작은 루틴을 깜빡했고 나는 그걸 눈치챘다. 그래서 평소보다 커트가 별로인 것 같다고 생각하면서 그가 시간에 쫓겼거나 성의 없다고 느낀 것이다. 단 10초간의 눈속임 행위가 생략됐다고 그렇게 느꼈다니! 그 동작 때문에 나는 그를 엄청 세심한 전문가라고 무의식적으로 확신했던 것이다.

그의 마지막 가위질은 눈속임이다. 실제 커트 결과는 더 좋아지지 않는다. 하지만 실제로 머리카락은 자르지 않았는데도 고객의 인식은 더 좋아진다고 한다. 고객에게 그가 일을 철두철미하게 하는 인상을 준다. 이것이 바로 오길비 부회장 로리 서덜랜드가 창안한 심리적 '문샷(단순히 생각하는 단계에 머무르지 않고 이를 곧바로 실행하는 능력, 불가능해 보이는 혁신적 사고를 실제로 만들어 나가는 것을 '문샷 싱킹moonshot thinking'이라 일컫는다 - 옮긴이) 효과'다.

> 문샷이란 비교적 적은 투자로
> 어떤 것에 대한 인식을 크게 개선한다는 것이다.

이 개념은 현상 그 자체보다는 인식을 개선하기 위해 투자하는 것이 비용과 노력이 덜 들면서 효과는 더 클 수 있음을 시사한다.

## ✖ 택시가 왜 이리 안 잡히는 거야?

"휴대폰으로 뭔가를 요청할 수 있다면 어떨까?" 우버Uber 창업자인 트래비스 캘러닉과 개릿 캠프는 꽁꽁 얼어붙은 파리에서 서로에게 이 질문을 했다. 둘은 컨퍼런스 참석차 파리에 왔는데 추운 밤 언제 올지 모르는 택시를 기다리는 것이 끔찍했다. 그런 불확실성과 좌절감 속에서 던진 그 질문 하나로 현재 65개국 600개 도시에서 매달 1억 명 넘는 사람들이 사용하는 우버가 탄생했다.

행사에 늦어 극도의 스트레스를 받는 상황에서는 1초가 1분처럼, 1분이 1시간처럼, 1시간이 하루처럼 길게 느껴지게 된다. 그런 상황에서 생기는 불안감에 우리 모두 공감할 수 있는데, 고객은 불확실성을 느낄 때도 그런 끔찍한 불안감을 느낀다. 우버는 고객의 심적 불안감을 줄이는 것을 핵심 과제로 삼고, 행동(데이터)과학자, 심리학자, 신경과학자로 구성된 우버랩을 만들었다.

우버랩이 찾아낸 고객 만족도와 서비스 전반에 대한 고객 인식에 영향을 미치는 요인은 피크-엔드 규칙, 심심한 걸 싫어하는 성향, 운영 투명성, 불확실성에 대한 불안, 목표 가속화 효과였다. 이 다섯 가지 강력한 심리적 동인을 이해함으로써 우버는 택시 산업 구조를 완전히 재편했고, 시총 1200억 달러 규모의 비즈니스로 우뚝 서게 되었다.

### 1. 피크-엔드 규칙: 제일 중요한 두 순간

피크-엔드 규칙은 인지적 편향의 하나로, 사람들이 경험이나 사건을 기억하는 방식을 설명하는 개념이다. 간단히 말해, 우리는 경험의 모든 순간을 완벽하게 집계한 평균이 아니라, 그 경험이 절정에 달했을 때와 끝났을 때 느꼈던 감정에 따라 경험을 판단한다. 결정적으로 이는 좋은 경험과 나쁜 경험 모두에 해당한다! 기업과 브랜드가 주목해야 할 점은 고객들은 단 두 순간, 즉 최고의(또는 최악의) 순간과 마지막 순간을 기준으로 전체 경험을 판단한다는 것이다.

이걸 알고 나면 왜 휴가를 떠날 때의 끔찍한 비행보다 휴가에서 돌아올 때의 끔찍한 비행이 더 끔찍하게 느껴지는지가 이해된다. 근사한 저녁 외식 후 예상치 못한 금액이 추가되면 불쾌한 이유, 분위기

좋았던 부부의 저녁 데이트가 마지막 2분 말다툼으로 끝나버리면 데이트 시간이 다 좋지 않은 기억으로 남는 이유가 여기 있다.

그래서 우버는 기사들에게 승객이 만족도를 평가하고 팁을 주는 하차 시점에 더욱 친절하게 대하도록 교육한다.

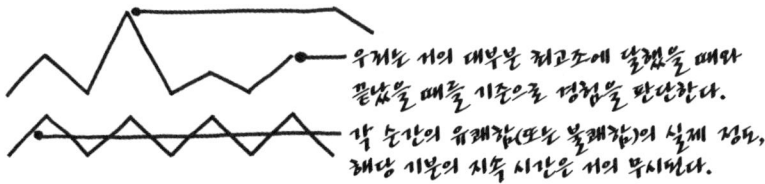

## 2. 심심함을 싫어하는 성향: 바쁠 이유를 찾는 욕구

우버랩 보고서에 따르면, 사람은 자의가 아닌 누가 시킨 일을 하느라 바쁘더라도, 바쁜 것을 한가한 것보다 더 행복하게 느낀다고 한다. 사실 허위 정당화, 즉 가짜 이유로도 사람들은 무엇을 하고 싶다는 동기를 느낀다. 오락과 활동에 대한 욕구가 그렇다. 이 연구의 시사점은 우리가 '목표'로 설정한 많은 일이 실제로는 모두 바쁘게 살기 위해 만든 구실일 뿐이라는 것이다.

사람들의 이런 욕구는 우버에 대기 고객에게 볼거리나 할 거리를 제공해 심심하지 않게 만든다면 고객 만족도가 상승하고 콜 취소율이 낮아지는 것을 의미했다. 또한 우버랩은 사용자에게 단순히 기사 도착 예정 시간을 알려주는 대신, 고객이 기다리는 동안 기사의 위치를 실시간으로 조회할 수 있도록 하는 지도 등 흥미로운 시각화 기능을 탑재해 고객이 심심함을 느낄 여지를 없애려고 했다. 우버의 인용 연구는 손님 대다수가 배차를 기다리는 동안 무언가를 할 수 있다면 짧은 대기 시간보다 긴 대기 시간을 선호한다는 의외의 결과를 보여줬다.

그래서 식당에서 사람들이 기다리는 동안 사은품을 주고, 넷플릭스나 유튜브 같은 스트리밍 사이트에서 동영상 위에 마우스를 올리면 미리보기가 재생되고, 인터넷 접속이 끊어지면 구글 크롬에 티라노사우루스 미니게임이 뜨는 것이다. 한 연구에서는 고객이 지루할 틈을 주지 않으면 고객 만족도, 유지율, 구매 전환율이 25퍼센트 이상 개선될 수 있다는 결과도 나왔다.

### 3. 운영 투명성: 유리 상자처럼 훤히 다 보이도록

예전에는 택시를 잡을 때 불확실성이 엄청 많았다. 택시가 언제 올지, 설사 오더라도 누구를 태울지, 타고나면 왜 그렇게 시간이 오래 걸리는지 알 길이 없었다. 당시에 미터기가 없는 택시를 타면 기사는 감으로 택시 요금을 불렀다. 미터기가 있는 택시를 타더라도 택시 요금이 더 나오도록 기사가 고의적으로 먼 길을 돌아가는 것이 아닐까 걱정해야 했다.

이러한 투명성 결여는 고객 경험에 독이 된다. 불투명성은 불신으로, 불신은 브랜드에 대한 회의, 분노, 배반으로 이어진다. 이런 통찰을 바탕으로 우버랩은 운영 투명성이라는 심리를 이용했다. 고객이 대기하는 동안 서비스의 진행 단계별로 자세한 내용을 공유하도록 했다. 예를 들어 도착 예상 시간 계산, 요금 정산법에 대한 자세한 분석, 모든 항목에 대한 합리적 추정치, 경로 변경 시 빠른 업데이트 등이다. 개선조치 효과로 서비스 요청 후 콜 취소율은 11퍼센트 감소했다. 우버가 소화하는 운행 건수가 연간 70억 건에 달하므로 이는 수십억 달러 매출 증가로 이어졌다.

### 4. 확실성에 대한 불안

2008년 도미노피자는 운영과 고객 경험 영역에서 흥미로운 문제에 직면했다. 피자 주문 후 배달이 예상보다 늦어지면 고객들은 전화를 걸어 피자가 언제 오는지 묻는다. 전화 받은 직원이 피자 만드는 직원에게 늦어지는 이유를 물어보게 되고, 고객에게 돌아가는 대답은 모호하고 명확하지 않았다. 그런 식으로 피자를 만드는 과정에 문제가 생겼다. 고객은 전화 때문에 자신도 모르게 피자 배달을 지연시키고 있었는데, 이는 운영 투명성이 부족했던 탓이었다.

체인점별로 보온가방에 넣어 피자를 따뜻하게 배달하거나 직원과 배달기사를 더 쓰거나, 배달 지연 시 환불 또는 사이드 메뉴를 서비스로 제공해보기도 하고 여러 방면으로 노력했지만 고객의 항의 전화는 멈추지 않았다. 문제의 핵심에는 심리적 좌절감이 있는데 이걸 모두 놓치고 있었다. 고객이 원했던 것은 배달 시간 단축보다는 배달 시간의 예측 가능성이었다.

이런 문제점을 알아낸 도미노는 기존 주문관리 소프트웨어를 기반으로 주문현황 추적 앱을 개발했다. 지금은 이를 통해 고객은 자기 주문이 어디까지 진행되어 있는지 조회할 수 있다. 사소한 심리에 대한 통찰과 혁신으로 도미노는 달라졌다. 고객 항의 전화는 급격히 줄고, 고객 만족도와 고객 유지율은 급상승했으며, 비용 절감 및 수익 창출 효과는 수억 달러에 달한다.

《네이처》에 발표된 연구에 따르면, 피자의 현재 위치를 전혀 모르는 불확실한 상황에서 받는 스트레스가 피자 배달이 30분 늦어지는 불상사를 미리 알게 되는 스트레스보다 훨씬 크다. 이는 우리가 불확실한 상황에 직면하면, 결과 예측을 담당하는 뇌의 영역이 가장 활성화되기 때문이다. 즉 신경이 가장 곤두선다는 말이다. 로리 서덜랜드가 쓴 『잘 팔리는 마법은 어떻게 일어날까?』에 따르면, 항공편 지연 알림을 받았을 때 '50분 지연'보다 그냥 '지연'이라고 있을 때 훨씬 더 많은 짜증을 느낀다고 한다.

※ ※ ※

일본 도쿄역의 4개 플랫폼에서는 매일 300편 이상의 신칸센 고속열차가 약 4분 간격으로 도착하고 출발한다. 신칸센은 10분 정차하며, 하차에 2분, 탑승에 3분 정도 소요된다. 매일 40만 명이 이용하는 신칸센 열차의 내부 청소와 소독을 맡은 곳은 테세이TESSEI라는 업체였다. 짧은 시간 내에 과연 열차 청소가 제대로 될 수 있는지를 의심하는 고객들이 열차 청결 상태에 불만을 제기했다.

테세이 대표 야베 테루오는 고객의 인식을 바꾸고 싶었다. 실제로 열차는 매우 깨끗하지만 청결 상태를 의심하는 고객이 있는 이유는 시각적 요소가 충분하지 않기 때문이라고 그는 생각했다. 정답은 청소 인력을 충원하는 대신 기존 청소 인력을 눈에 띄도록 만드는 데 있었다. 그래서 유니폼을 교체했다. 연한 파란색 셔츠 대신 강렬한 빨간색 재킷으로 바꾸고 직원들에게 일종의 쇼를 시켰다. 테세이는 세계적으로 '7분 신칸센 극장'으로 유명해졌는데, 이 쇼를 하면서 테세이의 직원들은 승하차 고객들을 유쾌하게 배웅하고 맞이한다.

열차가 플랫폼에 들어서면 청소원들이 문 옆에 줄지어 서서 인사를 한다. 이들은 쓰레기 봉투를 들고, 도착하는 승객들에게 인사하며 쓰레기를 버려주셔서 감사하다고 말한다. 그런 다음 청소부들은 열차 안을 돌아다니며 쓰레기를 줍고, 쓸고, 소독하며, 청소가 끝나면 열차 옆에 도열해 출발하는 열차와 탑승객들에게 깍듯하게 다시 한번 인사한다.

열차 위생에 대한 불만이 급감했을 뿐만 아니라, 승객들로부터 예우를 받게 되니 직원들의 자부심 또한 높아져 더욱 철저하고 즐거우며 열심히 청소에 임했다고 한다. 일명 '7분의 기적' 덕분에 신칸센은 세계적으로 깨끗한 열차로 재탄생했다. 위생에 대한 승객의 불안조차 심리적 문샷 처방으로 해결할 수 있다는 것을 보여준 신칸센 사례를 보면, 현상 그 자체보다는 인식을 개선하기 위해 투자하는 것이 비용과 노력이 덜 들이면서도 더 큰 효과를 낼 수 있다.

## 5. 목표 가속화 효과: 결승선에 가까우면 속도를 낸다

1932년, 미국 행동과학자 클라크 헐은 미로 속 쥐의 행동을 관찰하기 위해 쥐에 센서를 부착했다. 쥐가 먹이를 향해 달리는 속도를 모니터링한 결과 쥐들이 미로 끝에 가까워질수록, 동시에 그에 따른 보상에 가까워질수록 움직임이 더 빨라지는 것을 발견했다. 헐 박사는 그 원리를 목표 가속화 효과 *goal-gradient effect* 라 칭했다.

> 목표 달성에 얼마나 가까운지가
> 가장 큰 동기부여 요인임은 이미 여러 차례 입증됐다.
> 성공에 가까워질수록 더 속도를 내게 된다.

카페 사은 행사에 응모하려고 스탬프를 찍는 이용자는 무료 음료 혜택에 가까워질수록 커피를 더 자주 사 먹고, 노래에 평점을 매기는 사이트 이용자는 상품권이라는 보상에 가까워질수록 더 많은 노래를 평가하며, 링크드인 사용자는 프로필 완성도 막대그래프를 볼 경우 프로필 정보를 추가할 가능성이 더 높아진다.

우버랩은 이 문제를 지도 디자인으로 해결했다. 차량 픽업 장소와 도착 목적지까지 얼마나 남았는지를 고객이 볼 수 있도록 자세하고 세심하게 시각화했다. 다각적 심리 분석을 통해 우버는 세계에서 가장 유명한 택시 회사가 됐고, 세계 택시 시장에서 지배적 위치로 발돋움했다. 우버랩의 심리 전문가들 덕분에 우버 이용자는 약 2.7회 정도 이용 후 충성 고객이 된다고 한다.

## ✹ 심리적 문샷의 효과

문샷moonshot이라는 개념은 1969년 인류 최초로 인간을 달에 착륙시킨 아폴로 11호 프로젝트에서 따온 것이다. 달 표면을 최초로 밟은 닐 암스트롱은 이 사건을 '인류를 위한 거대한 도약'이라고 표현했다. 심리적 문샷은 심리의 힘을 이용한 거대한 도약을 뜻한다. 로리 서덜랜드는 인터뷰에서 이렇게 말했다.

> 기차를 10배 더 빠르게 만드는 것보다 인간 심리를 활용해 기차 여행을 10배 더 즐겁게 만들면 고객 만족도를 훨씬 더 쉽게 높일 수 있다. 영국 정부는 기차를 이용하는 동안 무선인터넷이 더 잘 터지도록 하기만 하면 된다. 굳이 500억 파운드(한화로 약 80조 원)를 투자해 고속열차를 도입할 필요가 없다. 향후 50년 가장 크게 발전할 분야는 과학기술이 아니라 심리학과 디자인 사고design thinking 분야일 가능성이 높다.

놀랍게도 엘리베이터 대부분은 안전 및 법적 이유로 일정 시간이 지나면 닫히도록 설계돼 있고, 승객이 '닫힘' 버튼을 누른다고 해서 닫히는 것이 아니라고 한다. 내셔널엘리베이터인더스트리의 임원이었던 캐런 페나피엘에 따르면, "엘리베이터의 닫힘 버튼을 조작해 문을 더 빨리 닫히게 할 수는 없"다. 닫힘 버튼은 일종의 위약 효과다. 탑승자가 문 개폐에 대한 통제권을 갖고 있다 생각하게 만들고, 언제 닫힐지 모를 불확실성에 대한 불안감을 낮춰주며 더 안전하다는 인상을 주기 때문에 결국 사용자의 만족도가 높아진다고 한다.

어떤 비누 제조업체들은 순전히 손에 시원한 느낌을 주기 위해 멘톨, 페퍼민트 또는 유칼립투스 성분을 넣는다. 이는 의약품이나 건강보조식품 제조사도 마찬가지다. 사용자가 뭔가를 느낄 수 있다면, 효과가 있다고 쉽게 생각하는 심리를 잘 활용한 것이다.

맥도날드는 최근 '심리적 문샷' 여러 대를 쐈다. 셀프 주문 키오스크와 주문 진행 상황을 보여주는 대형 스크린을 설치하고, 주문을 마친 고객에게 목표 가속화 심리가 작용하도록 티켓을 발행했다. 그 과정에서 불확실성, 대기 시간, 고객 불만이 감소했다. 이러한 변화를 통해 맥도날드는 엄청난 성과를 거뒀다.

맥도날드 전 CEO 돈 톰슨은 "사람들은 눈으로 먼저 먹는다"라고 했다. 메뉴판을 읽으라고 하는 것보다 모든 메뉴를 시각화하는 쪽이 식욕을 더 자극할 수 있는데, 매장 내에 모든 메뉴를 전시한다는 것은 공간의 제약 때문에 불가능했다. 연구 결과, 터치스크린 사용을 신기하고 재미있다 느끼면서 결과적으로 소비자들이 자기 의지대로 구매하는 것을 선호하는 현상도 나타났다. 또한 다량을 주문하면 창피할 수도 있는데, 계산원에게 직접 일일이 말하지 않아도 되니 먹고 싶은 대로 맘 편히 주문할 수 있어 고객의 심리적 안정감이 높아졌다.

작은 변화였지만 이는 수십억 달러의 성과로 이어졌다. 판매율은 약 10퍼센트 상승하고, 고객 만족도도 높아졌다. 햄버거 제조 공정은 달라진 게 없는데도, 맥도날드라는 패스트푸드점의 서비스 제공 속도에 대한 소비자들의 인식이 개선된 것이다.

## ✷ 법칙: 우선 혁신적 사고를 실행하라

문샷을 쏘면, 아주 작은 변화로도 브랜드에 대한 인식을 크게 개선할 수 있다. 브랜드에 대한 가치 혹은 환상을 만들고 싶은 기업가, 마케터, 크리에이터라면 가장 먼저 살펴봐야 한다.

현실을 바꾸려 분투하지 말고, 인식을 만드는 데 투자하라. 눈앞에 보이는 것이 진실이 아니다. 우리가 믿기로 선택한 이야기가 진실이다.

법칙 14

# 가치는 마찰에서 탄생한다

고객이 안 좋은 경험을 하게 만들면, 때때로 당신의 상품을 더 원할 수도 있다.
일반적인 직관에 반하는 진실을 알아보자.

마케팅대행사 CEO 시절 고객사 중 하나였던 코카콜라와 브랜드 마케팅 회의를 수도 없이 했다. 당시 코카콜라 마케팅 관련 임원들은 레드불을 비롯한 에너지 음료의 성공에 당혹해하고 있었다.

달달한 음료의 판매량은 곤두박칠치던 반면, 건강에 안 좋은 건 매한가지인데 맛도 없는 에너지 드링크의 판매량은 치솟고 있었기 때문이다. 한 카테고리가 다른 카테고리보다 그렇게 많이 성장한 이유는 무엇이었을까? 이런 의문에서 출발한 우리의 조사는 카테고리별로 고객의 기대 수준이 상이한 만큼, 각기 다른 기대에 대해서는 그에 부합하는 다른 심리적 문샷을 쏴야 한다는 결론을 내렸다.

나와 대화를 나누던 로리 서덜랜드 부회장은 핵심을 짚었다. 마시면 마치 날개를 달아준 것처럼 몸이 가벼워지고 운동 능력을 향상시켜줄 것처럼 생각하는 소비자의 기대감을 충족시키기 위해 레드불은 의도적으로 맛 없게 만들었다는 것이다. 상쾌한 탄산음료가 아니라 약 같은 맛이 나기 때문에 이 음료에는 뭔가 몸에 아주 좋은 성분이 들어 있을 것이라는 설득력이 생긴다는 말이다. 음료를 '더 맛있게' 만드는 것이 소비자가 기대하는 것이 아니라면 소비자의 외면을 받을 수도 있었다.

기능성 식품 제조사를 경영하는 친구가 있는데, 이 회사는 현재 유럽 업계에서 가장 빠르게 성장하고 있다. 친구는 한때 제품이 너무 맛있어서 건강에 해로운 게 아닌지 의심하는 소비자가 있다는 고충을 털어놓은 적이 있다. 매출을 늘리기 위해 맛 없게 만들어볼까 진지하게 고민했던 때도 있었다 한다. 이 사례는 더 편하게 해준다고 심리적 문샷으로 가는 길이 반드시 열리는 것이 아니며, 때로는 반대로 접근할 필요도 있음을 말해준다.

때로는 고객을 더 불안하게 하고,

더 기다리게 하고, 더 불편하게 만든 만큼

고객은 더 높은 가치를 부여하기도 한다.


글로벌 식품회사 제너럴밀스는 1950년대에 유명했던 베티크로커라는 브랜드로 케이크 믹스 여러 종류를 출시했다. 물을 넣고 섞은 다음 굽기만 하면 되는, 누구나 쉽게 만들 수 있는 케이크 믹스였다. 우유와 계란 분말이 들어 있어 간편하게 케이크를 만들 수 있었다. 많은 기대를 받으며 출시됐으나 시장 반응은 미지근했다.

제너럴밀스는 문제를 이해할 수 없었다. 바쁜 주부들의 시간 절약을 위해 출시한 제품이 알 수 없는 이유로 '폭망'했던 것이다. 원인을 찾고자 회사는 심리학자들로 구성된 팀을 만들어 조사 분석을 실시했다. 그 결과는 충격적이었다. 베티크로커는 처음부터 케이크 반죽 배합을 직접하는 것에 비해 시간과 수고를 덜어줬으나, 미국의 주부들은 이 제품을 쓰면 식사빵을 구울 때 들여야 할 시간을 들이지 않게 된다는 점 그리고 쉽고 빠르게 만들면 정성이 부족할 것 같다는 점에 죄책감을 느꼈다. 그래서 다시 전통적인 베이킹으로 돌아갔다는 사실을 제너럴밀스는 깨달았다.

이런 심리 분석을 기반으로 제너럴밀스는 다른 방향으로 움직였다. 기존의 마케팅 통념과는 반대 방향으로 심리적 문샷이 있는 방향으로 간 것이다. 문제 해결을 위해 광고 캠페인을 할 수도 있었지만 그러지 않았다. 케이크 가루에서 계란을 빼고 포장지 전면에 '계란을 추가하세요'라는 문구를 적었다. 이러한 '빼기 기법'으로 고객 불편이 증가하고, 편의성이 저하되며, 조리 시간이 길어졌기에 객관적 기준으로 볼 때는 제품 가치가 떨어진 것인데 케익을 만드는 소비자들 사이에서는 제품 가치가 올라갔고 자연스레 매출이 급증했다.

마찬가지로, 레스토랑에서 스테이크용 고기와 불판을 주면 그 의도가 뻔히 보인다. 의도했든 아니든 그것은 강력한 심리적 문샷을 발사하는 행위다. 스테이크 취향은 사람들마다 천차만별이다. 그만큼 최고급 레스토랑에서도 가장 많이 반품되는 메뉴라고 한다. 손님이 자신의 스테이크를 직접 굽게 되면 만족도가 올라가고, 식사 경험 전체에 대한 느낌이 더 좋아진다는 것은 비논리적으로 느껴질 수 있겠지만, 뜨거운 돌판이 테이블에 나오면 정말 그런 일이 일어난다.

고기를 굽지 않고 바로 갖다주니 대기 시간이 줄고 주방장의 시간도 절약되며, 스테이크를 내 취향대로 직접 구울 수 있으니 만족도가 올라가고, 식사 준비 과정에 자기도 참여했다는 느낌을 주니 불만과 반품 가능성이 낮아지고, 손님에게 심심할 틈을 주지 않았다. 이러한 심리적 문샷을 통해 모든 요소를 충족할 수 있다!

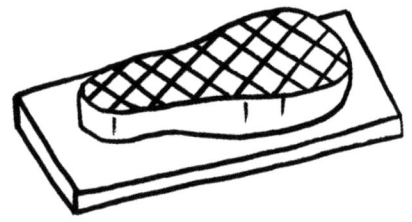

항공, 호텔, 보험 가격비교 웹사이트 운영사들은 마찰이 가치를 창출할 수 있다는 것을 잘 안다. 이들은 웹사이트에서 검색 시간이 빨라지면 판매량이 줄어드는 경우가 많다는 사실을 발견했다. 검색 시간을 인위적으로 늘리고 사용자가 검색 중인 모든 사이트를 보여줌으로써 검색을 철저히 했다는 확신을 심어주면서 다른 사이트를 찾아볼 필요가 없도록 한다. 이런 전술적 접근을 통해 매출, 고객 유지율, 고객 재방문율이 모두 증가했다.

## ✯ 법칙: 가치는 마찰에서 탄생한다

마찰에서 가치가 나올 수 있다는 것은 난센스 같겠지만, 심리적 문샷 기법을 활용하는 기업들은 인간은 그렇게 논리적이지 않다는 점, 즉 기본적으로 인간은 비이성적, 비합리적, 비논리적으로 의사결정을 하고 행동한다는 것을 이해한다. 따라서 사람들에게 영향을 미치려면 때로는 난센스를 만들고 생산하며 이야기해야 한다.

'가치'는
실존하지 않는다.
그것은 우리가
기대들을 충족하면
생기는 하나의
인식이다.

## 법칙 15

## 콘텐츠보다 프레임이 더 중요하다

상품이 어떻게 연출되는가에 따라 소비자의 가치 판단이 달라질까?

사소한 실수 하나로 나의 최애 브랜드에 대한 애정이 산산조각 난 적이 있다. 나는 한때 머리부터 발끝까지 한 브랜드로 도배하고 다녔었다. 몇 년 전 나는 이 브랜드 창립자의 이야기를 알게 됐는데, 그의 비전, 극한의 세심함, 창의성, 미적 감각, 작품마다 무슨 마법을 부린 것 같은 매력에 완전히 빠져버렸다. 일상복인데도 디자인은 세상에 하나뿐일 것 같은 느낌을 줬고, 가격은 조금 비싼 편이었다.

운명의 날은 다가왔다. 여느 때처럼 소셜미디어를 산책하던 중 나는 그 브랜드의 창업자가 올린 영상을 봤다. 영상 속 그는 중국 현지 생산공장 투어를 하며 자기 작품이 탄생되는 과정을 보여주고 있었다. 얼마나 많은 상품이 어떻게 제작되는지, 어떤 프로세스로 생산 관리를 하는지 등 대규모 생산 역량과 급부상한 브랜드의 위세를 과시하려는 의도가 역력했다. 바로 그 순간이었다. 마법은 사라지고, 브랜드에 대한 환상도 홀연히 사라져버렸다.

나를 뜨악하게 만든 것은 옷이 중국에서 생산된다는 사실도, 옷을 만들던 근로자의 얼굴도, 생산 라인의 환경도 아니었다. 그 순간 내가 신던 것과 똑같은 신발 수천 켤레를 괴물 같은 기계가 엄청난 높이의 같은 신발 더미에 뱉어내는 광경은 충격적이었다. 내가 입던 것과 똑같은 티셔츠 수천 장이 거대한 쓰레기통처럼 생긴 컨테이너에 아무렇게나 쌓여 있고, 그 가장자리에도 마치 흘러넘친 쓰레기처럼 티셔츠가 수북이 널려 있었다.

이 브랜드에서 대놓고 그렇게 말한 적은 없지만, 환상에 빠져 있던 나는 늘 그 브랜드의 모든 상품을 헌신적인 창립자가 손수 제작한 독특한 예술품처럼 인식했다. 논리적으로는 당연히 어느 공장에서 대량 생산되는 상품이라고 생각해야 하지만, 애초에 브랜드라는 것이 눈에 보이는 모습에 대해 우리가 믿기로 선택한 이미지인지라 이 인식을 논리만으로는 설명하기 어렵다. 이 브랜드가 그동안 구축해놓은 서사는 예술성, 고급스러움, 낭만이었다.

> 어떻게 포장되어 있느냐가 인상에 큰 영향을 준다.
> 브랜드를 어떤 인식의 프레임에 넣는지에 따라
> 소비자가 느끼는 인식과 가치는 달라진다.
> 그 운명의 순간, 가장 좋아하는 브랜드에 대한
> 인식의 프레임이 영원히 달라져버렸다.

이런 유형의 소비자 행동은 최근의 일이 아니다. 1970년대의 펩시 챌린지 캠페인은 유명한 사례다. 캠페인 참여자들은 눈을 가리고 흰색 컵에 담겨 있는 펩시콜라와 코카콜라를 각각 시음하고, 브랜드가 표시된 캔과 병에 담긴 것들도 시음했다. 눈을 가리고 컵으로 마실 때는 참가자들이 펩시콜라를 선호했지만, 병이나 캔으로 마실 때는 코카콜라를 더 선호하는 놀라운 결과가 나왔다. 다른 틀에 넣어주니 음료 취향이 실제로 바뀌어버린 것이다.

동네 철물점이나 전자제품 매장에 가보면 전선, 기기, 배터리가 바닥부터 천장까지 겹겹이 정글처럼 얽혀 있는 모습을 볼 수 있다. 상품은 보이는 곳에 많이 진열할수록 판매율이 높아진다는 것이 일반적인 진열 상식이다. 지극히 논리적인 사고 방식이다.

하지만 애플은 인간이 절대 논리적이지 않으며 논리를 이기는 다른 심리 작용을 잘 알고 활용한다. 전 세계 애플스토어에는 아이폰 같은 작은 전자 기기에 수천 달러를 투자하는 것이 그만한 가치가 있다고 무의식적으로 구매자를 설득하는 프레이밍 효과 power of framing 가 작동한다.

애플스토어는 고급스러운 미술관처럼 꾸며져 있다. 각종 제품이 빼곡하게 진열된 동네 매장과는 거리가 멀다. 애플의 행동과학 전문가들은 미술관 형식의 프레임을 설정해 매장에 전시된 기기들의 가치를 미술작품 수준으로 격상하도록 의도했다. 매장 진열 제품이 별로 없으면 희소성의 프레임이 작동된다. 수요보다 공급이 부족한 것 같은 착시효과를 유발함으로써 제품 가치가 더 높게 인식된다. 우리는 모두 동네 점포의 공간 비용이 높다는 것을 직관적으로 안다. 애플은 그런 비싼 공간을 여유롭게 사용함으로써 제품 가치를 표현한다. 우리 인식에 여백의 가치까지 함께 투영돼 전자 기기가 마치 예술품처럼 느껴지는 것이다. 이것이 바로 소비자의 심리를 공략하는 애플의 프레임 전략이다. 프레이밍 효과로 우리의 인식이 얼마나 잘 바뀔 수 있는지 잘 보여주는 시각적 이미지가 있다.

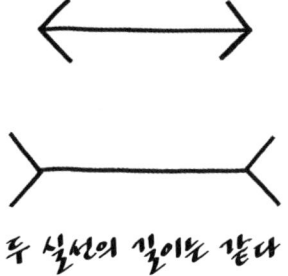

두 실선의 길이는 같다

우프WHOOP는 주요 건강 지표를 추적하는 건강 모니터링 웨어러블 기기 우프의 제조사다. 우프가 애플, 핏빗, 가민 등 막대한 마케팅 예산으로 무장한 거대 기업들이 진을 치는 전장에서 선전하는 데에는 프레이밍 전략에 집중한 천재적 마케팅도 일조했다.

우프 CEO는 손목밴드에 시간 표시 기능을 추가하는 것은 어렵지 않았지만 그 요청을 계속 거부했다고 한다. 우프는 업계에서 유일하게 스크린이 없고 시간 표시 기능이 없는 피트니스 트래커다. 왜 그렇게 했을까? 스크린을 추가하면 이 기기가 엘리트 스포츠 선수들이 쓰는 웨어러블 기기가 아니라 평범한 시계처럼 인식될 수 있다는 우려 때문이었다. 객관적 가치가 있는 시간 표시 기능을 추가하면 제품의 심리적 가치가 떨어질 수 있다고 판단한 것이다. 심리적 문샷 관점에서 보면, 빼기가 더하기가 되는 경우가 종종 있다. 말 한마디, 작은 변경 또는 결정 하나가 제품 가치에 대한 소비자의 인식에 큰 차이를 불러올 수 있다.

2019년 나는 한 글로벌 B2B 기업에 '영업사원'이라는 직함을 금지하고 '영업sales'이란 용어 대신 '파트너십'으로 대체할 것을 조언했다. 그 결과 고객의 이메일 응답 건수가 증가했고 매출은 31퍼센트 상승했다. 직책에 '영업'이라는 단어가 있는 사람이 연락한다면 원하지 않는 물건을 사도록 귀찮게 할 것 같다는 선입견이 있지만, '파트너'라는 용어를 쓰면, 소비자들의 경계심이 누그러지고 구성원에게는 팀 의식 같은 것이 생길 수 있다.

몇 년 전 일론 머스크는 테슬라 자동차에 더는 가죽 소재를 사용하지 않겠다고 동물보호 단체에게 약속했고, 그는 약속을 지켰다. 테슬라 모델 3부터 차량 내부를 '비건 레더'라는 신기한 소재로 제작했다. 심리적 문샷이라는 말을 만든 로리 서덜랜드에 따르면, 테슬라는 심리적 문샷이 가치 인식에 큰 영향을 미친다는 것에 대한 본능적으로 이해하고 있다. 새로운 카시트 소재인 비건 레더는 사실 플라스틱이지만 이를 '플라스틱'이라 부르지 않았다. 대신 고급스러운 뉘앙스를 풍기는 '레더'라는 단어를 계속 사용해 테슬라 내장재에 대한 소비자 인식을 유지시켰다. 이처럼 프레임을 형성하는 것은 제품이나 고객 경험을 바꾸지 않으면서도 소비자 인식을 개선할 수 있는 가장 흔한 기법 중 하나다.

프레이밍 기법은 거짓말이나 속임수가 아니다.
가장 사실적이고 설득력 있는 렌즈를 통해
상품이나 서비스를 보여주는 능력이다.

예를 들어, 어떤 식품에 지방이 10퍼센트 들었다고 하는 것보다 기름기를 90퍼센트 뺐다고 표현하는 것이 더 효과적이다. 둘 다 맞는 사실이지만 어느 한 프레임이 구매 욕구를 더 자극한다. 이제까지 공유한 사례들은 브랜딩, 마케팅, 비즈니스에서 중요하지만 너무 자주 망각하는 원칙, 즉 현재 인식되는 모습보다는 맥락이 중요하다는 점을 잘 보여준다.

## ✷ 법칙: 콘텐츠보다 프레임이 더 중요하다

마케팅의 언어는 그대로 전달되지 않는다. 메시지, 상품, 서비스에 어떤 인지적 맥락이 형성되어 있느냐에 따라 그 언어의 의미가 결정된다. 프레임을 바꾸면 메시지도 바뀐다. 말하지 않은 의미까지도 고객은 모두 듣는다. 마케팅 언어 자체에만 신경 쓰지 말고, 의도하는 메시지를 둘러싼 프레임 때문에 그 메시지가 긍정적 또는 부정적으로 다르게 읽히는 건 아닌지에 집중해야 한다.

똑똑한 틀에 넣으면
평범한 것도
특별한 것이 된다.

## 법칙 16
## 골디락스 효과를 기억하라

가격을 바꾸지 않아도 내 물건이 더 좋은 물건으로 보이게 만드는,
간단하지만 효과적인 기술이 있을까?

"왜 내가 관심 없는 매물까지 보여주겠다는 건가요?" 나는 다음 날 부동산 중개인 클라이브와 함께 집을 보러 다니기로 약속했다. 비서는 일정표를 읽어주고는 "잘 모르겠는데, 다양한 옵션을 보셔야 된다고 하네요"라고 답했다. 며칠 후, 나는 클라이브가 보여준 세 곳 중 두 번째 집을 구매했다. 몇 개월 후, 나는 브랜드와 마케터들이 소비자 행동에 영향을 주기 위해 활용하는 심리적 기법을 조사하다가 골디락스 Goldilocks 효과를 알게 됐다. 골디락스 효과란 정박 효과 anchoring (인지적 편향의 일종으로, 의사 결정을 내릴 때 관련 없을 것 같은 정보('닻')에 의존하는 심리를 말한다 – 옮긴이)의 일종이다.

　골디락스 효과가 작용하는 맥락에서는, 판매하려는 옵션을 '극단적인' 옵션 사이에 배치하면 중간 옵션이 더 매력적이거나 합리적으로 보이게 만들 수 있다. 대부분의 상황에서 '진정한' 가치는 의견에 불과하기 때문에, 우리는 결정에 도움이 되는 단서를 상황과 가격

에서 찾는다. 골디락스 효과가 작용하면, 최고가는 과한 사치라고 인식하고 최저가는 위험하고 불충분하며 품질이 낮다고 생각한다. 그래서 양극단의 가운데 지점에 둘의 장점을 모두 갖춘, 안전하고 '가성비'가 좋은 최선의 옵션이 있을 것이라고 믿는 것이다.

클라이브와 함께 매물을 봤던 때를 떠올려보니, 내가 두 번째 매물만 보겠다고 했는데 그는 굳이 세 번째 매물까지 다 보여주겠다고 고집했다는 걸 뒤늦게 깨달았다. 첫 번째 집은 너무 좁고 가격도 비쌌다. 두 번째로 본 집은 넓었는데 처음 본 매물보다 살짝 더 비쌌다. 하지만, 세 번째로 본 집은 너무 비싸서 가격이 터무니없다고 생각했다. 마치 부동산 중개인의 조종대로 움직이는 꼭두각시처럼 나는 재빨리 두 번째 매물을 선택했다.

클라이브가 정말 의도적으로 내 선택을 유도했는지 궁금해서 문자로 물어봤다. 혹시 골디락스 효과를 알고 있었냐고. 그는 웃는 표정과 윙크 이모티콘을 보내고는 이어서 "사람들에게 한 가지 선택지만 주면 안됩니다!"라는 답을 보냈다. 젠장, 당했네⋯.

클라이브만 그러는 건 아니다. 골디락스 효과를 이용해 소비자 행동에 영향을 주려는 사람, 브랜드, 조직은 많다. 1992년 파나소닉 Panasonic은 전자레인지 제품 라인에 179.99달러짜리와 109.99달러짜리 제품이 이미 있었지만 199.99달러짜리 고급 전자레인지를 출시한다. 골디락스 효과를 노린 것이다. 중저가 옵션이 된 179.99달러짜리 전자레인지를 판매량은 급증했고, 파나소닉의 전자레인지 시장점유율은 무려 60퍼센트에 육박하게 된다.

✵ ✵ ✵

한 실험에서 참가자들에게 모든 비용을 지원해준다면 파리와 로마 중 어디에서 휴가를 보내겠느냐 물었고, 이때는 파리가 로마를 이겼다.

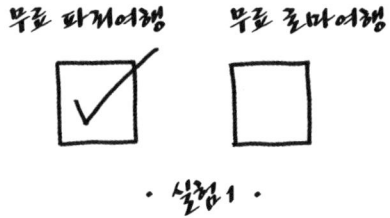

그러나 두 번째 설문조사를 실시하면서 '(커피 불포함) 무료 로마여행' 옵션을 추가했다. 그랬더니 '무료 로마여행'에 대한 인기가 '(커피 불포함) 무료 로마여행'보다 더 높아졌고, 심지어 '무료 파리여행'보다도 선호도가 높았다.

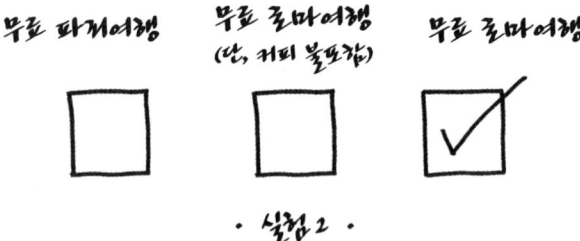

정보가 거의 제공되지 않은 상태에서, 우리의 뇌는 세 가지 선택지의 가치에 대한 맥락 단서를 찾기 시작할 것이다. '커피 불포함'로

마 옵션은 하나의 단서를 제공하는데, 세 옵션을 동일 조건에 두면서 커피까지 나오는 무료 로마 여행은 매우 큰 가치를 주는 선택지라는 암시를 건네는 것이다.

골디락스 효과를 보기 위해, 제조사들은 보통 중저가 상품의 가격을 최저가 상품보다는 높지만 최고가 상품보다는 훨씬 낮게 책정한다. 예를 들어, 어떤 항공사는 뉴욕행 왕복 항공료를 이코노미석 약 105만 원, 비즈니스석 약 264만 원, 퍼스트클래스석 약 1000만 원으로 책정한다. 그렇다면 비록 최적의 가격은 아니겠지만, 많은 고객이 비즈니스석에 최고의 가치를 부여할 것이다.

'심리적 문샷' 법칙에서 봤듯이 우리가 이야기를 전달하고 경험을 제공하는 방식에 근본적인 오류가 있음이 확실하다. 즉 우리는 스스로를 이성적이라고 믿기 때문에(합리적 결정을 내리지 않았다는 말을 들을 때마다 발생하는 인지부조화가 그 증거다) 마케팅 전략을 수립할 때 우리는 고객도 이성적일 것이라 가정하고 현실을 개선하려는 어려운 길을 가기 쉽다. 소비자의 심리를 공략할 수 있는 더 쉬운 방법이 있는데 말이다.

우리는 상식적으로 결정하지 않고,

사회적 맥락, 비이성적 공포, 생존 본능 때문에 생긴

비상식적 사고를 기반으로 결정을 내린다.

위대한 마케터, 스토리텔러, 브랜드 관리자라면, '심리적 문샷'

을 발사하는 것이 악의적이거나 비윤리적이거나 거짓된 방법은 아니라는 것을 안다. 이 방법은 공평하다. 그런 식으로 형성된 심리적 인식은 불리하게 작용해 비호감으로 가는 지름길이 생길 수 있다. 반대로, 같은 동력을 사용해 단어, 맥락, 낙인, 인식 등을 호감으로 바꿀 가능성도 있다. 그렇게 만들어지는 지름길을 타고 형성되는 인식을 통해, 세상은 당신이 만들어낸 것의 실제 아름다움, 실제 가치, 실제 중요성보다 더 아름답고, 더 가치 있고, 더 중요하게 인식할 수 있게 된다. 심리적 문샷에서는 모든 것이 공평하다.

## ✶ 법칙: 골디락스 효과를 기억하라

사람들은 맥락에 따라 가치를 판단하는 경향이 있어서, 고객에게 (알뜰 상품-가성비 상품-고가 상품처럼) 가격대를 세분화해 선택지를 제공하면, 가성비 상품에 대한 스토리텔링도 가능해지고 잠재 고객의 인식에도 긍정적인 영향을 줄 수 있다.

맥락은
가치를
창조한다.

법칙 17

# 체험시키고 구매로 이끌라

고객이 상품과 첫눈에 사랑에 빠지게 만드는 가장 쉬운 방법은 무엇일까?

"안 돼, 스티븐 삼촌! 내 거야!" 조카가 눈물을 글썽거리며 외쳤다. 내가 방금 준 크리스마스 선물을 되돌려달라고 부탁했기 때문이다. 조카들 선물을 포함해 온 가족의 선물을 다 포장하느라 정신이 없다 보니 초보자의 실수를 하고 말았다. 선물별로 받는 사람의 이름표를 붙여둔다는 걸 깜빡했다. 그 결과 남자 조카가 가장 좋아하는 버즈 라이트이어 피규어가 여자 조카에게 갔고, 이제 남자 조카는 여자 조카가 제일 사랑하는 엘사 인형이 들어 있는 선물 포장을 뜯으려 하고 있다.

사태 수습을 위해 무슨 말을 할지 고민하는 동안 거실에는 침묵이 흘렀다. 이 아이가 버즈 라이트이어를 가슴에 꼭 안고 결의에 찬 눈빛을 보냈다. "아… 그… 저 있잖아…." 나는 더듬거리며 말했다. "작은 실수가 있었어. 선물이 바뀌었지 뭐람!" 여자 조카는 내 얼굴과 자신의 소중한 장난감 선물을 번갈아 뚫어지게 쳐다봤고, 실내를 가득 채운 긴장감이 느껴졌다. 일이 터진 것을 눈치챈 남자 조카는 포장을 풀다 말고 목을 쭉 빼고 우리를 바라봤다. 나는 패배를 인정했다.

"그래, 네가 가져." 눈물을 글썽이는 세 살 여자 아이의 고집과 협상할 준비가 되어 있지 않았다. 놀랍게도 새 엘사 인형의 포장을 뜯은 조카 녀석도 만족스러워 보였다. 남자 아이는 불평도 하지 않고 바꾸려고 하지도 않았으며, 여자 아이가 버즈 라이트이어 피규어를 받았을 때와 마찬가지로 좋아하며 손에서 놓질 않았다. 둘 다 자신이 받은 선물을 좋아라 했지만 만일 장난감 가게에 데려가 선택권을 줬다면 아마도 반대로 택했을 것이다.

나는 행동주의 심리학에서 소유 효과 endowment effect 라고 부르는 현상을 이번 크리스마스 선물 포장 실수를 통해 아주 제대로 배웠다. 소유 효과는 객관적 가치와 상관없이 단순히 자기가 소유하고 있다는 이유만으로 그 물건을 과대평가하게 되는 인지적 편향 중 하나다. 즉 우리 개개인은 아무리 비슷한 물건이라도 자신이 소유하지 않은 것보다 자기 것이라고 생각하는 물건에 훨씬 더 큰 애착을 갖는 경향이 있다. 이 역시 브랜드들이 항상 소비자에게 사용하는 효과적인 유인책이다.

애플도 그중 하나다. 모든 매장에서 모든 제품을 진열하고 써볼 수 있게 해서 고객에게 직접적인 체험 기회를 제공한다. 또한 매장에

있는 모든 기기를 전원에 꽂아 놓고, 앱을 깔고 인터넷도 연결해놓았다. 기기의 화면을 모두 정확히 같은 각도로 기울여 놓고 더 많은 사용자 체험을 유인한다. 애플 매장의 직원은 판매 수수료를 받지 않기에 실적 압박을 받지 않는다. 철저한 교육을 통해 그들은 고객에게 구매 부담을 주거나, 사지 않을 사람을 내보내지도 않는다. 그래서 매장 방문 고객은 원하는 만큼 체험할 수 있다.

애플의 '일대일 응대' 원칙은 고객이 스스로 해결책을 찾을 수 있도록 하는 것이다. 애플 매장의 직원은 고객의 허락 없이는 체험 중인 컴퓨터에 손을 대지 않는다. 애플 직원의 그런 태도는 친절이나 호의로 보일 수 있으나, 훨씬 더 계산된 행동이다. 애플은 '법칙 11'에서 살펴본 것처럼 소비자에게 제품 노출을 늘려 호감도를 상승시키는 단순노출 효과와 소비자에게 제품의 체험 기회를 줘 더 큰 가치를 부여하도록 유도하는 소유 효과, 이 두 가지 마법을 동시에 노린 것이다. 간단히 말해 단순노출 효과는 제품을 더 좋아하게 만들고, 소유 효과는 제품을 더 높이 평가하게 만든다.

애플은 소유 경험을 선사하는 것이 구매 압박을 하는 것보다 더 큰 효과가 있다고 생각한다. 애플스토어에 설계돼 있는 다채로운 체험은 바로 소유 경험을 제공하는 장치다. 그 효과는 매우 강력하다. 실제로 일리노이주 검찰총장이 2003년 연휴 기간 쇼핑몰에서 물건을 자신의 소유물인 것처럼 만지지 말라는 경고를 발표할 정도였다. 무슨 그런 이상한 경고를 했을까 싶지만, 한 연구에서 그 근거를 찾아볼 수 있다. 2009년 위스콘신대학교에서 두 그룹의 학생들에게 용수철 모양의 슬링키 장난감과 머그잔에 대한 상품 평가를 해보라고 했다. 첫 번째 실험에서 한 그룹은 제품을 만져도 된다고 했고 다른 그룹에 겐 안 된다고 했다. 다음 실험에서 한 그룹은 해당 제품을 자기 것이라 상상하도록 하고 다른 그룹은 자기 것이 아니라 상상하도록 했다. 놀랍게도 물건을 만지거나 자기 것이라고 생각하는 것만으로도 참가자가 부여하는 가치 점수가 높아졌다.

고객이 매장 내에서 시간 제한 없이 마음껏 체험하도록 놔두는 것은 제품을 더 오래 체험한 고객일수록 구매 의향이 더 강해진다는 연구 결과에 기반한 애플의 의도적인 전략이다.

전 세계 400개 매장을 운영하는 글로벌 기업 빌드어베어는 다채로운 감각 체험, 참여, 상호작용 제공에 역점을 둔다. 매장에 놀러온 어린이 고객들은 인형을 직접 선택하고 디자인하며, 만들어볼 수 있다. 빌드어베어는 매장을 '공방'이라 부르며, 아이들이 곰을 만지도록 유도하기 위해 모든 곰 인형에는 '옷 입혀줘, 안아줘, 말을 들어줘, 쓰다듬어 줘, 날 택해줘!' 같이 노출 효과와 소유 효과를 불러일으키는 말들이 붙어 있다.

1984년의 한 연구에서도 소유 효과 사례를 찾아볼 수 있다. 연구자들은 실험참가자들에게 복권 또는 2달러를 무작위로 나눠준 다음, 서로 맞바꿀 수 있는 기회를 줬다. 그런데 맞교환 의사가 있는 사람은 극소수였다. 실제 상황에서는 어떨까? 행동경제학자 댄 애리얼리와 지브 카몬은 일상에서 볼 수 있는 소유 효과를 조사했다. 듀크대학교에서 가장 인기 있는 스포츠는 농구인데, 농구 코트의 공간이 협소했다. 농구 경기를 보려는 모든 사람을 다 수용할 수가 없어서 학교 측은 무작위 추첨 시스템을 개발해 경기가 있을 때마다 표를 배포했다. 결정적으로 애리얼리와 카몬은 3월의 광란 March Madness이라 불리는 미국 대학 농구 토너먼트 중 평소보다 관람 수요가 많은 결승에서 실험을 진행했다. 설문에 응한 학생들은 추첨에 참가하기 위해 대학 운동장에서 모두 참을성 있게 대기했다.

추첨이 끝난 후, 당첨자들에게 표를 사겠다는 사람이 있다면 얼마에 팔겠느냐고 물었다. 낙첨자에게는 표를 살 수 있다면 얼마까지

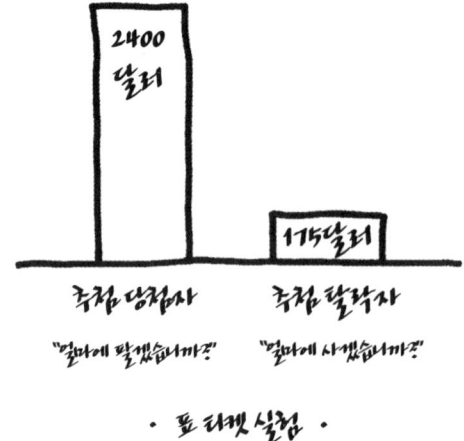

낼 의향이 있는지 물었다. 평균적으로 추첨 탈락자들은 최대 175달러까지 지불할 의사가 있었던 반면, 당첨자들은 2400달러 밑으로는 팔지 않겠다고 답했다. 표를 가진 사람들은 표 없는 사람들보다 약 14배나 더 높은 가치를 부여했다.

## ✹ 소유욕이 생기는 이유

소유욕은 인류 역사에서 수천 년 전으로 거슬러 올라갈 수 있으며, 오늘날 몇몇 영장류 무리에서도 관찰된다. 2004년 에리얼리와 카몬은 과일 맛 펜슬바(쮸쮸바)과 튜브에 담은 땅콩버터로 침팬지 실험을 했다. 두 음식을 고른 이유는 너무 빨리 먹을 수 없어야 하고, 물물교환을 위해 오랫동안 유지할 수 있어야 했기 때문이다. 선택권을 주자 침팬지 중 58퍼센트가 펜슬바보다 땅콩버터를 선호했다. 땅콩버터를 받은 침팬지 중 거의 79퍼센트가 펜슬바와 교환하지 않으려 한 것은 당연하다시피 했다. 그러나 펜슬바를 받은 침팬지 중 58퍼센트가 땅콩버터와 교환하기를 거부했다.

두 경제학자는 소유 효과가 초기 인류에게 뿌리내렸을 것이라고 결론지었다. 그렇다면 초기 인류는 왜 자신이 가진 것을 그토록 지키려 하고, 자기 것을 거래하거나 아직 자기 것이 아닌 것에 대한 대가 지불을 꺼렸을까? 거래와 관련된 위험, 특히 상대가 사기라도 칠 가능성이 강력한 억제 요인으로 작용했던 것 같다. 우리 선조들은 거래 조건을 이행시킬 수 있는 믿을 만한 장치가 없었기에, 거래 결과로 아무것도 받지 못하거나 받아야 할 것보다 더 적게 받을 위험이 있어 그에 대한 보상책으로 지불 용의 가격(즉 거래 가치)을 낮춘 것이다.

## ✷ 법칙: 체험시키고 구매로 이끌라

고객이 제품을 직접 만져볼 수 있게 하는 것은 판매자, 마케터, 브랜드에게 매우 효과적인 마케팅 수단이다. 사람들이 제품을 좋아하게 만들고 기꺼이 좋은 가격을 지불하도록 하게 한다면, 그 제품이 얼마나 좋은지 말로만 광고하면 안된다. 소유 효과를 활용하고, 애플 매장처럼 해야 한다. 만지게 하고, 가지고 놀게 놔두고, 시운전하고, 사용해보도록 해야 한다. 그렇게 하면 내 조카처럼, 자기 손아귀에 들어온 것은 돌려주려고 하지 않을 테니까.

소유라는 렌즈를
통해서 보면,
평범한 것도
특별해 보인다.

## 법칙 18
## 5초 안에 승부를 보라

마케팅, 사업, 영업의 성패가 5초 만에 결판나는 경우가 종종 있다.
그 5초를 제대로 잡으면 성공할 수 있고, 못 잡으면 실패로 이어진다.

10초간의 어색한 정적, 객석을 바라보던 어두운 내 눈빛…. "학교를 관둔단 거도 바로 그것 때문이지. 마음이 가질 않으면 끝까지 하는 법이 없으니 말야. 또 항상 네가 더 잘 안다고 생각하지? 복학하기 전까지는 이 집안 누구에게도 연락할 생각마라!" 어머니는 이렇게 전화를 끊으셨다. 내가 자퇴하고 창업을 하겠다며 어머니께 전화를 드린 날 어머니는 이렇게 화를 내셨다. 나는 2015년부터 2020년까지 세계 각지에서 300회 이상 강연을 했고, 강연을 시작할 때 늘 어머니와의 일화를 말한다.

내 소개도 하지 않고, 이름이나 직함이나 회사명도 밝히지 않는다. 어머니 이야기를 하는 5초 동안 청중이 '습관화 필터'를 작동해 내게 주파수를 맞추고 관심을 기울일지, 아니면 식상한 '배경화면'이라 판단하고 주파수를 돌려 채널을 나갈지가 결정된다. 이처럼 모든 이야기의 승패는 처음 5초 만에 결정된다.

앞서 말했듯 내가 운영했던 마케팅대행사에는 대외영업팀이 없었지만, 아마존, 애플, 삼성, 코카콜라 등 세계 최고 브랜드 가치를 지닌 기업들을 고객으로 유치했으며, 1000억 원대 매출을 달성했다. 성공 비결을 단 한 가지 꼽으라면, ('법칙 10'에서 소개한 파란 미끄럼틀도 유력하긴 하지만) 우리가 가장 매력적이고, 참신하고, 감성적인 이야기를 했다고 주저 없이 말할 수 있다. 발표 자료를 그래프, 통계, 데이터만으로 도배한 적도 없다. 내가 발표할 때는 해리포터 같은 이야기로 시작해 해리포터 같은 이야기로 끝난다.

대다수와 마찬가지로 나는 지루함을 못 참는다. 지루하면 절대 오래 집중하지 못하고 수업 시간에 자거나 수업을 아예 빼먹었다. 바로 이런 경험 때문에 나는 관심을 사로잡는 이야기를 하는 것이 얼마나 중요한지를 자연스레 알게 됐다. 장시간 단조로운 목소리로 하는 말을 들으면 내 머리속 졸음 스위치가 켜진다.

그러나 그런 이유 말고도 강연자들의 이야기가 여전히 끔찍하게 지루한 이유가 있다. 수년간 피, 땀, 눈물을 흘리며 무언가를 만들어낸 사람은 자기중심적인 망상에 빠지기 쉽다. 자신이 만들어낸 것은 너무나 혁신적이고 매력적이며 중요하므로 세상 사람들이 당연히 대단히 관심 있어 할 것이라고 착각한다.

그런 왜곡된 자기중심적 관점에서 볼 때, 자기 이야기를 세상에 알릴 때 창작자가 빠질 수 있는 가장 흔하고 위험한 함정 중 하나는, 누가 무엇을 만들었으며 얼마나 노력하고 혁신했는지에 대해 세상 사람들은 그다지 관심이 없다는 것을 모른다는 것이다. 이런 경우 그들의 이야기는 논리적이며, 길어지고, 재미가 없다.

　반대로, 세상 사람들이 우리 비즈니스에 아무 관심 없다는 것을 알고 있다면, 예를 들어 우리 회사 치약의 민트향이 좀 더 강한지, 우리 마케팅대행사가 더 과감한지, 우리 의류 브랜드는 핏이 더 좋은지 사람들은 정말 아무 관심 없다는 것을 이미 이해하고 접근하면, 오히려 감성적이고 매력적이며 재미있는 이야기를 할 수 있게 되고 사람들은 한마디도 놓치지 않으려고 집중하게 된다.

　미스터 비스트를 아는가? 그는 전 세계에서 가장 유명한 유튜버다. 2025년 기준 3억 8500만 명 이상의 구독자를 보유하고 있으며, 총 조회수는 791억 회에 달하고, 매년 수억 달러의 수익을 내는 것으로 알려졌다. 최근 그는 자신이 최초의 억만장자 유튜버가 될 것이라고 발표했고, 나는 그 말을 믿는 편이다.

　그는 어떻게 해냈을까? 그는 모든 영상의 처음 몇 초가 가장 중요하다 했다. 모든 영상의 처음 5초 동안 그는 마치 사람들의 관심에 갈고리를 걸듯, 영상을 봐야만 하는 이유를 설명하며 시청자를 붙들어맬 만큼 확실한 약속을 하며 유혹한다. 시청자의 뇌 속에서는 습관화 필터가 작동되지 않으면서 '쟤가 지금 뭐라는 거니?'라고 생각하며 채널을 고정하게 된다.

　다른 말은 필요 없다고 한다. 자기소개나 과도한 설명을 하거나 대부분의 크리에이터들이 선택하는 음악이 깔린 전형적인 B롤 영상도 필요 없다. 그는 시청자의 면전에 솔깃한 공약을 던져 시청자를 붙잡아둔 다음 그 약속을 이행한다. 그가 영상의 초반 5초간 어떤 멘트를 하는지 한번 보자.

[동영상 1]
"〈오징어 게임〉의 모든 세트를 현실로 재현해봤습니다. 여기 456명 중 끝까지 살아남는 분께 우승 상금 45만 6000달러를 드립니다!" (조회수: 7억 6000만 회)

[동영상 2]
"거대한 원 안에 100명을 들어가게 한 다음, 마지막까지 원에 남아계신 분에게 50만 달러를 드립니다!" (조회수: 5억 회)

[동영상 3]
"이 제트기를 250만 달러 주고 샀는데요, 11명이 지금 제트기에 손을 얹고 있습니다. 마지막까지 손을 떼지 않는 분에게 제트기를 드리겠습니다!" (조회수: 2억 1000만 회)

지난 10년 동안 나는 어떤 가상의 시나리오를 자주 써먹는 것으로 유명해졌다. 자기중심적 착각에 빠진 마케팅팀을 만나게 될 때면, 즉 자사 브랜드 인지도를 과대평가하는 착각에 빠진 마케팅팀을 만날 때마다 내가 들려주는 이야기다.

상상해보라, 지금 광고 타겟으로 제니라는 고객이 있다. 그녀는 밤새

잠을 설쳤는데 남편과 다투고 지금 출근을 위해 막 집을 나섰다. 젠장, 비도 세차게 내리는데 타이어가 펑크나는 바람에 고속도로 위에 차가 퍼져버렸다. 그녀는 이제 회사에 지각하겠고, 화가 나고 지치고, 시간에 쫓기고 있다. 갓길에서 AS 서비스센터에 전화하기 위해 휴대폰을 꺼내는데, 귀사의 마케팅 광고 메시지와 콘텐츠를 제일 먼저 보게 된다. 그 순간, 그녀의 관심을 끌어낼 수 있으려면 과연 어떤 메시지여야 할까? 어떻게 만들어야 제니가 광고를 클릭하고, 구매 버튼을 누르게 될까? 그 메시지가 무엇이든, 바로 그것을 모든 고객에게 도달하게 해야 한다. 그런 상황에 처한, 고속도로변에 서 있는 그녀의 마음을 사로잡을 수 있는 것이라면 다른 모든 사람에게도 먹힐 것이다.

스토리텔링 감성 마케팅을 고려할 때는, 가장 무관심할 고객층을 먼저 공략해야 한다. 눈치 빠르신 분은 아실지도 모르겠는데, 바로 그런 이유로 이 책의 모든 법칙 서두에 왜 이 법칙을 알아야 하는지에 대한 설득력을 얻고자 5초짜리 짧은 문구를 배치했다. 독자들이 모든 법칙을 다 읽지 않을지 몰라도, 그렇게 관심을 끌고 약속을 하면 해당 법칙을 읽을 확률이 최소 25퍼센트는 증가할 것이라 생각했다. 복리 수익이 발생하는 사업 분야에서 25퍼센트라면 사업의 판도를 완전히 바꿔놓을 만한 숫자다. 내가 강연을 300회 하는데, 그때마다 문의가 25퍼센트 증가한다면, 향후 10년 동안 수억 달러의 잠재수익 발생가능성이 있다는 뜻이다. 단지 처음 5초를 신경 썼을 뿐인데 말이다.

## ✗ 금붕어 모욕은 이제 그만

'당신의 집중력은 금붕어 수준이다.'

이는 집중력이 짧은 사람을 조롱할 때 항상 쓰는 표현인데, 최근 연구 결과가 정확하다면 이 말은 이제 칭찬이 될 수도 있다. 2015년 마이크로소프트가 주도한 연구에서 실험참가자 2000명의 뇌 활동을 모니터링한 결과, 인간의 집중력 지속 시간이 평균 12초에서 15년 사이 8초로 떨어진 것으로 나왔다. 이게 무슨 뜻일까? 같은 연구보고서에 나온 금붕어의 집중력 지속 시간은 9초다. 인간보다 1초 길다. 그럼 이제 누군가가 당신의 집중력이 금붕어 같다고 하면, 이제는 감사해야 하지 않나?

> 우리는 점점 더 산만해지고 있다.
>
> 평균적으로 직장인은 휴대전화를
>
> 일주일에 1500회 이상 확인하는데,
>
> 시간으로 환산하면 하루에 3시간 16분 이며,
>
> 이메일 수신함도 시간당 30회 이상 열어본다.

사람들이 한 웹 페이지에 머무는 시간은 평균 10초 정도라고 한다. 영국의 통신 규제 기관 오프컴이 2018년 8월에 발표한 보고서에 따르면, 사람들이 깨어 있는 시간 동안 거의 10분마다 스마트폰을 확인한다고 한다. 인간의 집중력 감소에 관한 책으로 베스트셀러가 된 『도둑맞은 집중력』의 저자 요한 하리는 나와의 인터뷰에서 이렇게 말했다.

저는 어쩌다 세계 일주를 하게 됐어요. 주의력과 집중력 분야에서 세계 최고의 전문가 250명을 만나 인터뷰하기 위해 모스크바에서 마이애미까지, 주의력이 특히 처참하게 붕괴된 리우데자네이루의 빈민가에서 뉴질랜드의 사무실까지 안 가본 곳이 없습니다. 진짜 위기라고 봐야 해요. 사람들의 집중 시간은 현저히 줄어들고 있습니다. 삶의 방식에 일어난 변화가 사람들의 집중력을 갉아먹고 있죠. 우리는 '주의력 결핍형' 문화를 갖고 있습니다. 그러니까 깊은 집중력을 키우고 유지하는 것이 매우 어려운 문화 속에서 살아가고 있다는 말이죠. 그렇기 때문에 독서처럼 깊은 수준의 집중을 요하는 활동이 지난 20년간 급감한 거죠.

지난 10년 동안 내가 제작한 수천 편의 동영상을 분석했다. 시청 지속 시간 그래프에서 예측하긴 했지만 실망스러운 현상을 읽을 수 있었다. 모든 소셜플랫폼에서 5분을 초과하는 영상 대부분에서 공통적으로 오프닝 멘트 중 시청자의 40~60퍼센트가 이탈했다.

5초 이후의 운명은 영상마다 달랐다. 이는 소셜미디어 콘텐츠, 연설, 동영상 등 사람들의 관심을 끌기 위해 경합하는 모든 매체에 해당한다. 5년 전 우리 회사는 한 캠페인의 홍보를 맡았다. 제작에 수십만 달러가 소요된 2분 30초 분량의 재미 위주의 동영상이었는데, 영상 노출율을 높이는 것이 우리의 임무였다.

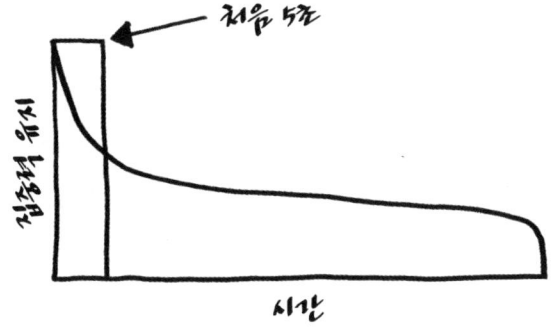

고객사로부터 배포 예정 영상을 받고 나서, 우리는 첫 5초를 더 매력적으로 만들기 위해 영상 재편집을 제안했다. 이전에는 영상 시작 후 5초 동안 브랜드 로고로 도배된 한 장소의 설정샷이 있었다. 하지만 수정 없이 그대로 배포하라는 지침이 내려와 하는 수 없이 그대로 실행했다. 다양한 소셜미디어 채널에 업로드했으나, 결과는 실망스러웠다. 고객사는 이유를 물었고, 나는 첫 5초가 문제라고 답했다. 그래서 우리는 다시 재편집을 제안했고, 그 5초만 고치면 2분 30초의 운명이 분명히 바뀔 것이라며 고객사를 설득했다.

이번에는 우리의 의견을 들어줬다. 재편집 영상은 확산세를 타면서 일주일 만에 소셜미디어 채널에서 300만 회 이상의 조회수를 기록했다. 처음 5초를 살짝 수정한 효과로 150퍼센트 더 많은 사람들이 10초 구간선을 돌파했고 시청을 오래 지속하면서 영상을 재밌게 보고, 알고리즘이 해당 영상을 띄워주게 만드는 활동을 하고, 시청자 본인의 계정에 직접 공유하기도 했다.

## ✷ 법칙: 5초 안에 승부를 보라

처음 5초가 성공의 관건이었음을 입증하는 사례는 이 외에도 수없이 많다. 사람들의 관심을 끌려면 그 5초를, 공격적이고 열정적이며 도발적으로 설계해, 시청자가 클릭을 멈출 만큼 매력적이고 짜증나는데 또 끌리는 식으로 감정을 이입하게 해야 한다. 마음 따뜻한 도입부, 유쾌한 인사말, 음악이 흐르는 B-롤 영상은 과감히 버리고, 가능하다면 빨리 가장 솔깃한 약속을 던지며 정곡을 찌르고 도발하자. 어떤 매체를 무대로 하든, 5초 내로 관심을 끌어낼 수 있어야만 한다.

집중은
우리가 줄 수 있는
선물 중에서
가장 후한 선물이다.

# 3부

# 삶의 철학

법칙 19

# 작은 일 하나에도 신경 써야 한다

이 법칙은 훌륭한 기업가, 운동 선수, 감독이라면 본능적으로 알고 있다.
성공은 작은 일을 대하는 태도에 달려 있다.

2022년 애플에서 집계한 순위에 따르면, 내가 진행하는 〈다이어리 오브 CEO〉가 영국에서 가장 인기 있는 팟캐스트로 선정됐다. 우리가 팟캐스트를 시작한 것은 비교적 최근이다. 매주 동영상으로 팟캐스트를 제작하기 시작한 지 겨우 5년 남짓 됐고, 사실 진행자인 나 덕분에 성공했다고 생각하지 않는다. 내가 질문을 정말 잘해서도 편집이 최고여서도 심지어 세계적으로 유명한 게스트가 출연해서도 아니다. 각각의 이유에서 우리보다 더 잘하는 팟캐스트들도 많다.

내 생각에는 이제까지 본 그 어떤 팀들보다
작은 일 하나에도 신경 쓰는 것이 성공 비결이다.
사람들이 대부분 사소하거나 미친 짓이거나 시간 낭비라고 치부할 수 있는 수많은 사소한 것에 집착할 정도로 신경을 쓴다.

몇 가지만 예를 들어보면, 우리는 게스트의 음악 취향을 미리 파악해 촬영장에 잔잔하게 틀어놓는다. 음악을 언급했던 게스트는 아직 없지만, 그는 더 편안하고 개방적인 분위기에서 촬영을 했을 것이다. 너무 덥지도 춥지도 않고 대화를 나누기에 가장 편안한 실내 온도를 설정했다. 팟캐스트를 공개하기 몇 주 전에 인공지능과 소셜미디어에서 광고를 활용해 각 팟캐스트의 제목, 섬네일, 프로모션에 대한 시안 두 버전을 제작하고 선호도를 테스트한다. 데이터과학자도 정규직으로 고용해 팟캐스트 다중언어 번역 AI를 개발했다. 가령 프랑스에서 유튜브용 팟캐스트를 클릭하면 나와 게스트의 대화를 모두 프랑스어로 번역해준다. 우리는 데이터 기반 모델을 구축하고 이를 바탕으로 게스트 선정, 해당 게스트의 이전 방송에서 가장 좋은 반응이 나왔던 주제 파악, 최적의 대화 길이 및 영상 제목 등을 결정한다.

우리 팀은 어느 한 분야에서 최고라서가 아니라 가장 사소한 것도 끈질기게 집중한 덕분에 성공했다고 할 수 있다. 별로 중요하지도 않고 정말 하찮아 보이는 개선점까지도 찾아내려는 의지는 마치 종교적 신념과 같다. 내가 경영하는 회사라면 어디든 디테일에 집중하는 경영철학을 실천하고 있고, 이는 세계에서 가장 혁신적이고 빠르게 성장하는 소위 '파괴적' 브랜드들의 공통된 특징이기도 하다.

## ✵ 카이젠

제너럴모터스GM는 77년간 성장과 부진을 반복하면서도 매년 세계에서 가장 자동차를 많이 판매하며 자동차 업계 선두를 지켜왔다. 하지만 최근 몇 년 전부터 도요타Toyota에게 왕좌를 빼앗겼다. 도요타만의 독특한 차량 생산 방식, 기업 경영, 문화가 그 요인이었다.

도요타는 2020년부터 2024년까지 5년 연속 글로벌 판매량 1위를 기록하고 있다. 2022년에는 전년 대비 9.2퍼센트 성장률을 기록하며 2위 폭스바겐 대비 거의 200만 대를 더 판매한 것으로 집계됐는데, 이러한 성과를 바탕으로 경쟁사 폭스바겐과의 격차는 전년도보다 엄청나게 벌어졌다.

도요타 성공의 중심에는 '도요타 생산 시스템'이 있다. 제2차 세계대전 이후 일본이 재건하던 당시, 인력과 장비가 부족했던 어려움을 극복하기 위해 도요타의 엔지니어 오노 타이이치가 만든 시스템으로, 각 부품·기계·직원으로부터 최대한의 잠재력을 끌어낼 수 있는 경영 철학을 바탕으로 한다. 이러한 도요타 철학은 '카이젠'(개선改善의 일본식 표현. 제조업 용어로 공장 작업자들이 중심이 되어 수행하는 개선 활동을 뜻한다 - 옮긴이)이라 알려진 경영 원칙으로서 '지속적인 개선'을 의미한다. 카이젠 철학에서 '혁신'은 점진적인 개선 과정을 의미한다. 한 번에 큰 도약을 이루려고 하기보다, 가능한 모든 부분에서 작은 것들을 매일 조금씩 개선하자는 것이다.

> 카이젠 철학은 '조직 내 일부 구성원만이 혁신을 책임진다'는 개념을 단호히 거부하며, 혁신은 모든 직급의 모든 직원이 매일 수행하는 업무이자 관심사여야 한다고 주장한다.

카이젠 철학을 바탕으로 도요타는 매년 새로운 아이디어를 무려 100만 건이나 실행하고 있으며, 대부분은 공장 현장 근로자가 제안한 것이다. 일본 본사 공장 직원들의 제안 건수는 도요타 미국 현지 공장보다 약 100배 많다. 주로 어떤 제안들인지 보면, 업무 중 수분 섭취량을 높이기 위해 물병을 큰 것으로 교체하자, 공구 선반 높이를 낮춰서 쉽게 잡을 수 있게 하자, 안전사고 주의 문구를 1포인트 정도 크게 해서 안전사고 발생률을 낮추자는 식의 소소한 것들이다.

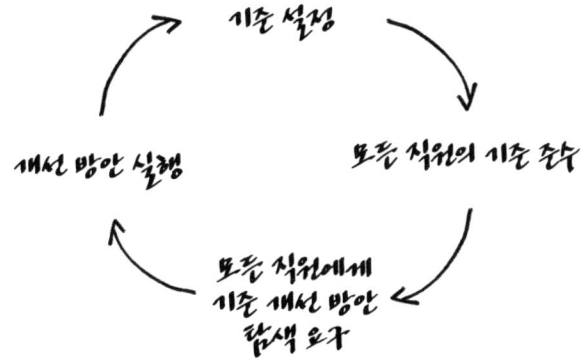

사소해 보일 수 있는 내용이지만, 카이젠 철학의 신념은 작은 개선 하나하나가 모여서 기업을 이끌어나가다 보면 작은 일에 신경 쓰지 않는 경쟁사를 앞서 나가리라는 믿음에 기반한다. 카이젠 철학은 기준 설정, 모든 직원의 기준 준수, 모든 직원에게 기준 개선 방안 탐색 요구 순으로 진행되며, 이 과정은 계속 순환 및 반복돼야 한다.

## ✳ 카이젠 대 전통 방식

도요타는 세계적으로 성공한 일본 기업이다. 이런 도요타의 성공 요인을 일본식 문화, 급여 체계, 업무 자세로 꼽는 사람들이 많다. 하지만 사실은 그렇지 않다.

로널드 레이건이 재임하던 1980년대 초반 미국의 도로에는 일본 수입차가 깔려 있었고, 이로 인한 미·일 무역 갈등이 고조되고 있었다. 당시 미국의 자동차 산업은 불황이었다. 캘리포니아 프리몬트 지역의 제너럴모터스 공장은 '낙후된 공장'의 대표격으로, 품질과 생산성 기준에서 제너럴모터스 공장 중 최하위였다. 타 공장 대비 차량 조립 시간이 훨씬 더디고 완성차 결함률이 두 자릿수에 달할 정도였다. 직원들의 자긍심은 실종된 터라 직원 주차장에 프리몬트 공장에서 생산된 차를 찾아볼 수 없었다. 공장 노조에 접수된 직원 불만은 약 5000건이나 누적돼 있었고, 전미자동차노동조합UAW이 주도하는 파업과 '병가'가 빈번했다. 노동 여건은 열악했으며 지속 가능성이 낮았다. 결근율이 무려 20퍼센트가 넘으면서 매우 많은 임시 인력이 필요했다. 심지어 근무 교대 때마다 주차장에 버려진 술병과 마약 용품을 치우기 위해 특수 청소 인력을 써야 했다.

본사는 이 공장을 회복 불가 상태로 진단하고, 2월에 공장을 폐쇄한 후 전 직원을 해고했다. 도요타에는 기회였다. 광범위한 무역 마찰을 해결하고 경쟁사의 본거지에서 카이젠 철학을 시험해볼 수 있겠다고 생각한 도요타는 1983년 제너럴모터스에 합작투자를 제안했다. 그렇게 프리몬트 공장은 누미NUMMI: New United Motor Manufacturing Inc.라는 새 간판을 달고 재가동을 시작해 도요타 코롤라와 지오(쉐보레) 프리즘을 주력으로 생산했다.

도요타가 제안한 것은 자금 투입, 공장 관리 감독, 카이젠 철학 구현이었다. 고용 승계, 노동조합 유지, 시설 및 장비 재사용 또한 약속했다. 불과 1년 전 그 공장을 망하게 했던 자원들을 그대로 다 인수한 것이다. 도요타 에이지 전 도요타그룹 회장은 합작투자를 북미에 도요타가 완전자회사wholly owned 형태의 제조공장을 보유하기 위한 첫 단계이며, 또한 도요타 생산 시스템의 상업적 성공 가능성과 이전 가능성을 테스트할 완벽한 방안이라고 생각했다.

도요타는 프리몬트 공장 시간제 노조 인력의 약 90퍼센트를 재고용하고 '해고 금지 정책'을 시행하여 누구도 해고하지 않았다. 또한 300만 달러가 넘는 비용을 들여 그룹장 및 팀장급 직원 450명을 도요타시티로 보내 고유의 '도요타 생산 시스템'에 대한 카이젠 철학 교육을 실시했다. 도요타의 경영철학에 따라 직원들은 적극적인 목소리를 내며 공장 운영에 참여하도록 했다. 100줄에 달하는 직무 설명서도 '팀원'이라는 단 두 글자로 수정됐고, 14단계였던 관리직 직급체계를 3단계(공장 경영진-그룹장-팀장)으로 단순화했다.

그리고 마법이 일어났다. 회사에 환멸을 느껴 사사건건 반대편에 섰던 직원들이 업무와 관련된 의사 결정에 참여하기 시작했고, 문제 해결, 카이젠 철학 실천에 대한 교육을 통해 그들은 이제 각자의 분야에서 진정한 전문가로 거듭났다. 업무 범위에 대한 시각도 근본적으로 달라졌다. 직원들은 단순히 주어진 일만 하지 않고, 능동적 사고를 통해 개선이 필요한 곳을 찾아내 업무를 수행해간다.

팀원에게 개선 아이디어가 있다면 신속하게 구현해볼 수 있도록 했고, 실제로 그 효과가 입증될 경우 모범 사례로 인정하고 사내에 공유했다. 팀원 누구라도 문제 해결을 위해서라면 어느 위치에 있든 언제든지 코드를 당겨 전체 생산 라인을 멈출 수 있도록 했다.

1985년 가동을 시작한 누미 공장은 1년 만에 전 세계 제너럴모터스 공장 중 품질과 생산성 면에서 최고 수준으로 올라섰다. 차량 한 대당 평균 12건 발생하던 결함이 단 한 건으로 줄었고, 조립 시간도 불만이 많았던 시절 대비 절반으로 단축됐다. 3퍼센트로 떨어진 결근률은 근로자의 만족도와 참여도가 그만큼 좋아졌음을 시사했다. 경영 혁신도 이어졌다. 직원의 90퍼센트 이상이 개선 제안에 참여했고, 경영진은 그 중 약 1만 개를 채택해 시행했다.

1988년 즈음 누미 공장은 여러 상을 수상했고, 1990년경 도요타 생산 시스템과 카이젠 철학은 제조업 분야의 세계 표준이 되었다. 모든 것이 2년 안에 이뤄진 성과다. 동일한 건물, 인력, 장비에 새로운 경영 철학을 적용하자 완전히 다른 결과가 나왔다.

## ✦ 1퍼센트가 당신의 미래를 바꾼다

조금씩 개선해나가자는 카이젠 철학을 간과하는 이유는 우리의 삶과 일에서 작은 것은 단지 사소한 것에 불과하다고 생각하는 큰 착각 때문이다. 객관적으로는 맞는 말이다. 하지만 작은 일이 많이 모이면 큰 효과를 가져올 수 있다. 여러 작은 일을 개선하는 것이 더 쉽고, 모든 팀원의 참여를 이끌어낼 수 있으며, 결과적으로 목표 달성률을 높일 수 있다. 큰 것을 찾아 개선하자고 직원을 독려하기가 더 힘든 법이다.

실로 안타까운 현실이지만, 살면서 쉽게 할 수 있는 일은 포기하기도 아주 쉽다. 1달러를 저축하는 것도 쉽지만, 1달러를 저축하지 않는 것도 쉽다. 양치질하는 것도, 하지 않는 것도 쉽다. 하는 것도 안 하는 것도 쉬운 그런 일은, 했을 때와 안 했을 때의 결과가 당장 눈에 보이지 않기 때문에 쉽게 흘려보내기 십상이다. 하지만 수학과 경제학에서의 여러 연구 결과는 우리가 내리는 사소한 결정 하나가 우리의 미래를 얼마나 바꿀 수 있는지 명확히 보여준다.

시간이 경과할 수록 매일 1퍼센트씩 상황이 악화되도록 방치하는 것과 매일 1퍼센트씩 개선되도록 하는 것은 실로 큰 차이를 불러온다. 다음을 보자.

연초에 100파운드로 시작해 1년 동안 매일 1퍼센트씩 그 가치를 개선한다면, 연말에는 그 가치가 37배나 증가한다. 10년 동안 매일 같은 비율로 1퍼센트씩 개선한다고 가정하면 그 가치는 1경 5000조 파운드로 불어난다! 반대로 100파운드가 매일 1퍼센트씩 가치가 떨어지도록 놔두면 1년 후에는 2.55파운드, 2년 후에는 6페니(파운드의 1/100), 그 이후에는 0페니로 빠르게 감소한다.

| 연도 | 연초 | 연말: 매일 1%씩 개선 | 연말: 매일 1%씩 악화 |
|---|---|---|---|
| 1 | 100 | 3,778 | 2.5517964452291100000 |
| 2 | 3,778 | 142,759 | 0.0651166509788394000 |
| 3 | 142,759 | 5,393,917 | 0.0016616443849302700 |
| 4 | 5,393,917 | 203,800,724 | 0.0000424017823469998 |
| 5 | 203,800,724 | 7,700,291,275 | 0.0000010820071746445 |
| 6 | 7,700,291,275 | 290,943,449,735 | 0.0000000276106206197 |
| 7 | 290,943,449,735 | 10,992,842,727,652 | 0.0000000007045668355 |
| 8 | 10,992,842,727,652 | 415,347,351,332,000 | 0.0000000000179791115 |
| 9 | 415,347,351,332,000 | 15,693,249,374,391,300 | 0.0000000000004587903 |
| 10 | 15,693,249,374,391,300 | 592,944,857,206,937,000 | 0.0000000000000117074 |

(단위: 파운드화)

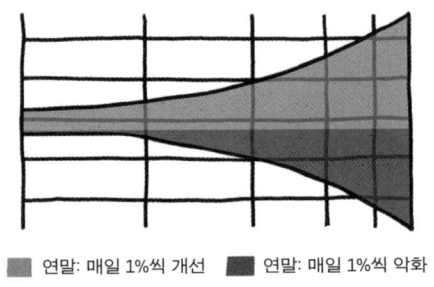

■ 연말: 매일 1%씩 개선   ■ 연말: 매일 1%씩 악화

오늘 하루 양치질을 건너뛴다 해도 별다른 일은 없다. 이번 주에 양치질을 매일 하지는 않는다면 입 냄새가 조금 날 순 있어도 큰 탈은 없을 것이다. 그런데 5년간 매일 이를 닦지 않고 치아 관리를 게을리 하는 사람이라면? 아마도 그는 치과에서 신경치료를 하다가 소리를 지르고 있을 것이다. 그렇다면 그 치아 문제는 언제 생겼다고 할 수 있을까? 바로 오늘이다. 하기도, 안 하기도 쉬운 어떤 일을 간과한 오늘부터 말이다.

도요타의 카이젠 문화는 하루아침에 생겨난 것이 아니다. 평범한 직원 1인당 1년에 두 건씩 제안하는 것이 업무 전반에 걸쳐 표준으로 정착하기까지 20년이 걸렸다.

카이젠 철학을 실천하기 위해서는
시간, 투자, 엄청난 믿음이 필요하다.

## ✵ 제안하게 만드는 기술

직원들이 제안할 수 있도록 비치된, 윗면에 작은 투입구가 있고 자물쇠로 잠겨 있으며, 보통은 방치된 것처럼 보이는 상자, 즉 건의함은 어디에서나 찾을 수 있다. 원래는 좋은 의도로 시행됐던 건의함이 유명무실해지는 이유는 보통 두 가지다. 첫째, 많은 '제안'이 대부분 도요타의 기준에서 볼 때 '창의적인 아이디어'가 아니라 익명의 불만, 비건설적인 비판 또는 회사 운영 방식에 대한 수동적인 공격이다. 둘째, 일부 적극적 제안도 있겠으나 그 제안이 비현실적인 탓에 실행하지 않거나 실행할 수 없는 경우다. 직원들의 불만 제기에 대한 경영진의 후속 조치 미이행은 슬픈 파국을 초래한다. 노사간 신뢰는 사라지고 건의함에는 먼지만 쌓이게 된다.

그렇다면 일본 기업의 '테이안', 즉 제안 시스템은 뭐가 다른가? 다른 시스템은 잘 안 되는데, 테이안은 왜 먹히는 것일까? 직원들이 더 똑똑하거나 더 현명해서? 수많은 무용한 제안 중에서 관리자가 그래도 열린 마음으로 쓸만한 것들을 잘 골라내서? 일본 문화와 관련 있을까? 답은 훨씬 간단하고 어떠한 국가의 문화와도 무관하다.

아이디어 코치idea coach라는 제도가 그 답이 될 수 있다. 어떤 회사도 이 제도의 장점을 활용해 볼 수 있다. 도요타의 홍보 담당자 론 헤이그에게 개선안의 채택율이 어떻게 99퍼센트나 될 수 있는지 물었다.

론의 설명에 따르면, 직원이 제안을 올리면 담당 관리자는 개별 면담을 통해 제안을 함께 검토하고 자문한다. 해당 제안의 실현 가능성, 범용성과 효과성 증진을 위한 방향 설정 및 지원을 통해 제안의 채택율을 높여가는 방식이다. 이런 접근법은 관리자가 '된다' 또는 '안 된다'(안 된다는 경우가 더 많을 것이며)고 답한 다음, 해당 제안이 '절대 안 될' 이유를 설명하는 방식으로 진행되는 서구식 건의함 제도와는 완전히 다르다.

카이젠 시스템에서는 관리자가 아이디어 코치 역할을 한다. 제안의 원안자는 인정해주되, 아직 가능성 상태인 제안을 현실화시킬 수 있는 혜안과 분석력을 갖춘 경험자를 붙여 협업시킴으로써 제안의 99퍼센트가 채택돼 실행될 수 있도록 한다.

도요타에서는 모든 직원이 최소 한 달에 한 개씩 제안하는 것이 핵심 업무 중 하나다. 또한 모든 팀원이 한 달에 한 개 이상을 확실하게 제안할 수 있도록 돕는 것이 관리자의 역할이다. 이런 제도적 장치를 통해 팀원과 팀장이 한 배를 타고 같은 방향으로 노를 저어가게 하고, 제안된 아이디어가 성공적으로 실행되도록 노력하는 것이 최선의 공동 이익이 된다.

아이디어 코치 위에도 코치가 있어서 각 관리자가 매달 충분한 아이디어 개발을 지도할 수 있도록 지도한다. 이렇듯 모든 구성원이 상부에서 하부까지 연결되어 긍정적인 동기부여가 되면서 새로운 제안이라면 모두 경청하고 개선하며 지원한다.

중요한 것은 아이디어 실행자는 처음 아이디어를 낸 사람이어야 한다는 것이다. 이 원칙만으로도 사람들이 제안하는 유형이 달라지게 된다. 예를 들어 '사무실 음악이 싫다' 같은 단순 비판은 제안이 될 수가 없다. 모든 아이디어는 실용적이고 생산적이며 문제에 대한 해결책이어야 한다. 마지막으로 도요타의 모든 직원은 카이젠, 도요타 생산 시스템, 제안 절차에 관한 교육을 받는다. 서구권 기업에서 점진적 개선에 대한 철학, 적절한 제안 도출 방법, 경영철학의 취지에 대해 팀 단위 교육을 실시하는 경우는 극히 드물다.

## ✵ 금융 치료가 능사는 아니다

미로 끝에 치즈를 두고 쥐를 넣어 쫓게 하는 것처럼 기업은 강화하고자 하는 행동에 금전적 보상을 결부하는 경향이 있다. 간편하지만 효과가 적고 단발적이고 비용이 많이 드는 방법이다. 어렵지만 효과적이며 비용이 덜 드는 방법은 문화를 만드는 것이다. 회사가 하는 일에 관심을 더 쏟고, 적극적으로 개선안을 내고 싶게 만들고, 회사의 발전을 위해 열심히 하면 인정받는 분위기를 조성하는 것이다.

카이젠 철학에 따르면, 오랜 기간에 걸쳐 의미 있는 진전을 이루기 위해서는 많은 아이디어가 자주 나와야 한다. 그렇게 되려면 직원들의 자발적인 호기심, 동기부여, 관심이 있어야만 한다. 이에 잘 들어

맞는 유명한 우화가 있다.

옛날에 혼자 사는 노파가 있었다. 매일 오후 집 앞 길거리에서 시끄럽게 노는 아이들 때문에 노파의 평화와 고요가 깨졌다. 시간이 지날수록 점점 더 시끄러워졌고, 노파는 점점 더 화가 났다. 그러던 어느 날 노파에게 좋은 생각이 떠올랐다. 아이들을 집으로 불러와 동네 아이들이 즐겁게 노는 소리를 듣는 것이 하루 중 가장 큰 낙인데, 늙고 혼자 살다보니 귀가 점점 안 좋아진다고 인자하게 말하며 자신을 위해 더 크게 떠들어줄 수 있냐고 물었다. 그리고 한술 더 떠, 더 크게 떠드는 아이에겐 25센트씩 주겠다고 했다. 다음날 아이들은 너도나도 찾아와 부탁받은 대로 집 밖에서 떠들썩하게 놀고서 25센트씩을 받았고, 다음날 또 놀러오라는 부탁을 받았다. 하지만 노파는 다음 날엔 20센트만 주고, 그다음 날에는 15센트만 줬다. 그리고는 이제는 돈이 없어 앞으로 하루에 5센트씩 밖에 못 주겠다고 했다. 그러자 아이들은 수입이 며칠 새 5분의 1로 떨어졌다는 사실에 화가 났고, 하루에 겨우 5센트 받자고 할 일은 아니라면서 다시는 오지 않겠다고 가버렸다.

노파의 생각은 아이들이 그저 좋아서 대가 없이 하던 일에서 즐거움을 빼앗아버리는 묘책이었다. 그러나 여기에 더 큰 교훈이 있다. 자발적 동기를 인위적 동기로 대체하는 것이 가능하다는 것이다. 이런 심리 현상은 동기동환성 motivation crowding 으로도 알려진 개념인데, 제안에 금전적 보상을 결부하면 제안을 하고 싶어하는 자발적인 창의력과 의욕이 줄어들거나 완전히 없어질 수도 있다는 뜻이다.

노파의 이야기는 우화가 아니라 인간 심리에 대한 과학이다. 나는 동기부여 전문가이자 작가인 다니엘 핑크와의 인터뷰에서 금전적 보상이 동기부여에 미치는 영향에 대해 질문했다. 그에게 재미로 하던 일에 돈을 받으면 그 일의 본질적인 즐거움을 잃게 된다는 많은 연구 결과를 들었다. 취미가 직업이 되면 동기부여가 약해진다.

성과급 제도에 관한 연구 51건을 검토한 런던정치경제대학교가 내린 결론은 단순한 금전적 보상이 성과 전반에 부정적 영향을 미칠 수 있다는 것이다. 연구자들은 성과급으로 회사 구성원들의 내재적 동기가 약화되고 공정성과 같은 직장 내 규범을 준수해야 한다는 윤리적 또는 기타 동인이 저하되는 현상을 발견했다.

## ✵ 왜곡된 혁신

혁신은 선택받은 소수의 천재성이나 행운이 따른 기적 같은 사건으로 오해받곤 한다. 전구, 찍찍이Velcro, 페니실린, 포스트잇의 발명 또는 발견의 예들이 잘못된 통념이 굳어진 것에 불과하다.

발명에 관한 이야기가 되풀이되다 보면 중대한 발견에 이르기까지 오래 진행된 고통스럽고 점진적인 과정은 대부분 묻혀버리고 최종 결과물만 주목받는다.

> 포장된 신화에 속지 말라. 진정한 혁신은
> 대부분 경이로운 불굴의 의지를 가진 개인과

올바른 문화와 철학으로 결속된 위대한 팀의
무수한 땀과 결단으로 만들어진다.
어느 '유레카'의 순간, 우연한 행운,
천재의 의도에서 탄생하는 것이 아니다.

내가 설립한 회사들 중 업계에서 지배적인 위치에 오른 회사들은 모두 단 한 번의 결정, 발명, 혁신으로 그 자리까지 간 것이 아니다. 나는 '경쟁자보다 더 세심하게'를 강조했다. 인정, 축하, 근거가 중심이 되는 문화를 만들고, 그런 환경 속에서 가장 작은 일, 즉 가장 쉽고 바로 실행할 수 있는 일이 결국 가장 큰 영향력을 만들어내는 초석이 된다는 것을 구성원들 모두가 직접 보고 깨달을 수 있었다.

우리 회사에서 가장 많이 쓰는 말은 '1퍼센트'다. 회사 어느 곳에라도 있을 수 있는 1퍼센트의 발전 기회를 찾아내려 노력하고 그런 과정을 독려하는 것이 CEO인 내가 하는 일 중 가장 중요한 일이다.

## ✖ 법칙: 작은 일 하나에도 신경 써야 한다

나는 남들에겐 없는 암호를 갖고 있다. 경쟁자들은 일관된 큰 성과 덕에 내가 현재의 위치까지 오를 수 있었다고 생각할지도 모르겠다. 하지만 내게는 확신이 있다. 작은 부분에 계속 신경 쓰고 잘해보려고 노력하며 조금이라도 나아지기 위해 애쓰다보면 길이 보인다는 사실.

작은 일에 신경 쓰지 않으면
좋은 결과를 얻을 수 없다.
작은 성과가 쌓여
좋은 결과를 만든다.
성공한 사람들은 모두
이를 소홀히 하지 않았다.

## 법칙 20
## 생존하고 싶다면 변해야 한다

많은 사람이 인간 관계와 일에서 실패하는 이유는 무엇일까?
간단하지만 인생을 관통하는 강단의 원칙을 간과했기 때문이다.

타이거 우즈가 어떻게 골프 역사에 이름을 남긴 골퍼로 성장했는지 물어보면 사람들은 대부분 쉽게 대답할 수 있을 것이다. 그는 골프 신동으로 두 살 때부터 확실한 재능을 보였고, 훈련만 하고 살며 자신의 경기 영상을 분석하는 데 많은 시간을 썼으며, 그의 아버지는 우즈를 '선택받은 아이'라 불렀을 정도로 아들의 잠재력을 확고하게 믿었다는 등의 사실을 줄줄이 읊을 수 있을 것이다.

하지만 타이거 우즈를 잘 아는 사람은 조금이라도 더 잘하기 위해 고집스럽게 실천한 그만의 철학이 있었기에 위대한 골퍼가 됐다고 말할 것이다. 1997년 마스터스 토너먼트가 끝난 후 프로로 전향한 지 7개월 만에 타이거 우즈는 코치인 부치 하먼에게 스윙을 완전히 바꾸고 싶다고 했다. 스윙을 효율적으로 다시 가다듬겠다는 취지였다. 코치는 지름길은 없으며, 시간이 많이 걸릴 것이고, 스윙이 좋아지기 전까지는 대회 성적이 훨씬 더 나빠질 것이라고 경고했다.

친구, 동료 선수, 전문가들도 모두 코치와 생각이 같았지만, 우즈는 자기 스윙이 조금이라도 더 나아질 수 있다고 생각했기에 이에 개의치 않았다. 그는 스윙 교정을 경기에 위협이 되는 것이 아니라 경기력을 점진적으로 개선할 수 있을 기회로 여겼다. 그래서 그는 위험을 감수하며 지난한 '카이젠'의 여정을 시작한 것이다. 우즈는 코치와 함께 카이젠식 훈련 순서를 수립했다. 반복해서 치고, 스윙 영상을 다시 보면서 교정할 부분을 찾아내고, 체육관과 골프장에서 그대로 실행해본다. 그리고 반복한다.

코치가 예상했던 대로 기나긴 여정이었다. 우즈는 18개월 동안 우승하지 못했고, 선수 생명이 완전히 끝났다는 악평이 전문가들 사이에 나돌기 시작했다. 하지만 우즈와 코치들에겐 좀 더디겠지만 좋아질 것이라는 믿음이 있었다. 비평가들에게 우즈는 "우승이 언제나 실력 향상의 가늠자인 것은 아니다"라고 말했다.

타이거 우즈의 카이젠 추구는 결실을 맺었다. 그의 새로운 스윙은 치명적인 무기로 성장했다. 그 어느 때보다 더 정교하고 정확하며 이전보다 더 다재다능한 선수가 됐다. 1999년 말 6연속 우승이라는 신기록 수립을 시작으로 PGA투어 우승 82회라는 그 누구도 이루지 못한 위업을 달성해가면서 타이거 우즈는 역사상 가장 위대한 골프 선수 반열에 오른다.

찰스 다윈의 진화론과 적자생존론에 따르면, 환경에 조금씩 적응하지 않으면 멸종에 이르게 되나 조금씩 돌연변이를 하면 생존에 유리해진다. 찰스 다윈의 이론처럼, 천재성 하나만으로 한 개인의 성

타이거 우즈는 완벽 추구란 강단의 문제지
영웅 의식의 발로가 아니란 것을 몸소 보였다.

공이 결정되는 것이 아니다. 오히려 생물의 어떤 또는 모든 면에서 오랜 기간에 걸쳐 진행되는 점진적 진화, 돌연변이, 적응을 추구하는 철학의 결과물 같은 것이 성공이다.

항공 분야에는 '1/60 법칙'이라는 것이 있다. 비행 경로상의 목표 지점을 1도 이탈하면 약 96킬로미터 경과할 때마다 최종 목적지에서 약 1.6킬로미터씩 벗어난다고 한다. 우리의 삶, 경력, 인간관계, 개인적 성장에도 적용할 수 있는 개념이다. 최적의 경로에서 약간씩만 이탈해도 시간과 거리가 경과할수록 목표에서 크게 멀어진다. 지금은 작은 차이가 나중에 큰 격차로 벌어질 수 있다.

그래서 실시간 경로 수정과 조정의 필요성이 더욱 확연해진다. 삶의 모든 측면에서 내가 가는 경로를 자주 점검하고 미세 조정을 할 수 있도록 도와주는, 간단하고 규칙적인 자기만의 의식이 있어야 성공적인 삶을 이끌어갈 수 있다.

부부관계 전문가로 유명한 심리학자 존 가트맨은 수십 년에 걸친 연구를 통해 서로 경멸하는 부부가 나중에 이혼할 가능성이 높다는 결론을 내렸다. 경멸은 상대를 미묘하게 무시하고 무례하게 대하는 감정이다. 마치 항공기가 항로를 단 1도라도 벗어나면 종착점에 도달하지 못하는 것처럼, 서로 경멸하는 부부는 시간이 흐르면서 관계가 점점 무너지고 소통이 힘들어지거나 아예 불가능해져 갈등을 해결할 수 없게 된다.

그래서 나는 관계를 위한 나만의 의식을 만들었는데, 그중 가장 중요한 의식으로 여자친구와 매주 소통하는 시간을 정했다. 이 시간에 둘이 마주 앉아 솔직하게 대화하며, 크든 작든 아무리 사소한 문제라도 고치고, 조정하며, 남아 있는 문제를 어떻게든 해결하려고 노력한다.

이 같은 원칙을 나는 일, 우정, 스스로에게도 똑같이 적용한다. 나는 매주 임원들과 회의하고 친구들과 대화하며, 다이어리에 적어놓은 메모까지 검토한다. 이런 식으로 나는 모든 것이 정상 궤도에 있는지, 잘 조율되어 있는지, 수정 사항은 파악했는지 그리고 실행했는지를 확인한다.

내 이메일의 받은편지함에는 경력, 사업, 인간관계, 친구관계 때문에 고민 많은 분들이 보낸 메시지로 가득하다. 사소한 문제를 오랫동안 방치한 결과로 그렇게 된 경우가 거의 대부분이다. 그분들은 자기 자신 그리고 타인과 소통하거나, 문제에 대한 목소리를 내거나, 어려운 대화를 해본다거나, 살면서 마주칠 수 있는 사소한 문제들을 제때 해결하지 못했다. 그 결과 1도씩 아주 미세하게 경로를 이탈하게 됐고 결국 원치 않는 목적지에 도착해버린 모양새다.

## ✤ 법칙: 생존하고 싶다면 변해야 한다

이는 비즈니스, 효율성 또는 개선에만 국한된 이야기가 아니다. 당신이 바른 길을 가고 있는지, 의도한 대로 원하고 소망하는 그 목적지로 맞게 가고 있는지를 계속 확인하자는 삶의 철학이다.

오늘 소홀히 여긴
작은 씨앗이
내일 큰 후회로
자라날 것이다.

## 법칙 21
# 경쟁자보다 더 많이 실패하라

실패율이 높아질수록 성공률도 높아진다.
이를 알게 되면 지금보다 훨씬 빠르게 실패를 시도하고 싶어질 것이다.

토마스 왓슨은 무려 38년간 IBM의 회장을 역임했으며, 헨리 포드와 함께 20세기 미국에서 저명하기로 손꼽히는 기업가 중 한 사람이다. IBM에서의 엄청난 성공으로 당대 최고 부자 반열에도 올랐다. 그가 주도한 혁신의 핵심 원칙을 한마디로 요약하면 이렇다. "성공률을 높이려면 실패율을 두 배로 높여라." 그는 또한 "IBM이 한 걸음씩 전진할 때에는 조직 내 누군가가 기꺼이 모험을 감수하고, 모든 것을 내걸면서 새로운 시도를 한 덕분"이라고도 했다. 한 번은 회사에 60만 달러나 손해를 끼친 직원을 해고할 것이냐는 질문을 받자 왓슨 회장은 "아니다, 그 직원을 교육하는 데 60만 달러를 쓴 것인데, 그런 경험을 왜 다른 회사가 가져가게 놔두겠는가?"라고 즉답했다.

그는 실패가 발전의 기회이며 실패를 경험하지 못하는 IBM에게 닥칠 것은 몰락뿐임을 본능적으로 이해하고 있었다. IBM이 업계 최고의 자리에 올랐을 때에도 왓슨 회장은 현실에 안주하지 말라고 경고했다. 그는 "개인이나 기업이 성공을 거뒀다고 판단할 때마다 성장은 멈춘다"라고 말했다.

왓슨 회장과 실패에 대한 그의 혁신적 관점을 알기 전, 내게는 팀의 실패를 장려하고 실패율을 측정하고 끌어올리기 위해 노력한 10년간의 경험이 있었다. 우리 팀원 모두는 안다. 실패는 피드백이 되고, 피드백이 곧 지식이며, (진부한 말이지만) 지식은 곧 힘이라는 것을. 따라서 실패는 곧 힘이며, 성공 가능성을 높이려면 실패율을 높여야 한다. 끊임없이 실패하지 못하는 사람은 영원한 추종자일 것이다. 경쟁자보다 더 실패하는 자는 언제나 선두에서 달리게 될 것이다.

## ✶ 실패율을 높이는 방법

부킹닷컴Booking.com은 세계 최대 호텔 예약 사이트이다. 하지만 다른 업계 선두주자들이 그랬던 것처럼 출발선상에서는 작고, 엉망진창이며, 뒤처진 후발주자였다. 부킹닷컴 전 CEO 길리안 탄스는 이렇게 말했다. "시작부터 좋은 상품을 갖추고 전 세계에 마케팅하는 회사들이 많다. 하지만 부킹닷컴은 반대로 했다. 우리는 기본 상품만을 갖춘 채로 일단 시작해 고객의 니즈를 파악하기 위해 열심히 노력했다. 수많은 실패를 거듭했다."

2004년 부킹닷컴의 개발자가 어떤 컨퍼런스에서 로니 코하비 전 아마존 디렉터의 강연을 듣게 된다. 강연의 주제는 시행착오의 중요성에 관한 것이었고, 그는 이날 배운 내용을 회사에 적용한다. 창업 후 몇 년된 시점이었지만, 부킹닷컴에서는 사업의 다음 단계, 구현할 기능, 사업 방향을 정하지 못한 채 의견 대립 속에서 시간만 낭비하던 중이었다.

이에 감명받은 후 간단한 실험을 통해 고객이 원하는 것이 무엇인지 파악하기 시작했고, 그 결과를 바탕으로 오늘날 부킹닷컴이라는 세계적인 상품이 탄생한 것이다. 길리안은 말했다. "우리는 마케팅이나 홍보 없이 성장했다. 고객이 무엇을 좋아하는지 계속 시험하고 실험해나가면서 말이다."

많은 시행착오를 바탕으로 성공을 체험한 결과, 부킹닷컴은 2005년에 자체 실험 플랫폼을 개발해 가동했고, 시험 및 실험의 규모를 대폭 확대할 수 있었다. 부킹닷컴의 상품개발 담당 고위 임원인 아드리엔 엥기스트는 이렇게 회상했다.

나는 CEO가 6개월마다 대대적으로 제품을 재설계하는 작은 회사들에서 일한 적 있다. 제품을 출시할 때가 되면 제품의 기능과 성능을 파악하기 어려웠다. 하지만 부킹닷컴은 아주 소규모로 모두 한 층에서 같이 일할 정도였다. 모두 위험을 감수하며, 실패하고, 소소한 수정사항들을 신속히 반영한 후 결과 측정을 위해 실험하는 모습을 보는 것이 무척 흥미로웠다.

부킹닷컴은 '실험 담당' 임원을 임명하기까지 했고, 대중에게 실험과 실패의 전도사 이미지를 각인했다. 더 자주 실패하고, 실험 결과를 측정하는 것의 중요성을 강조하면서, "통제된 실험이 고객이 원하는 상품을 구현하는 가장 성공적인 접근 방식이라고 믿는다"라고 그는 말했다.

현재 부킹닷컴의 직원은 약 2만 명이며, 연매출은 100억 달러에 달한다. 웹사이트는 43개 언어로 검색이 가능하며, 세계 곳곳에 있는 2800만 개가 넘는 숙소가 등록돼 있다. 지금 이 순간에도 부킹닷컴에서는 약 1000건의 실험을 진행하고 있다. 각 상품팀과 기술팀이 자체적으로 주도하고 설계한 실험들이다. 경쟁사보다 더 많은 실패를 추구하는 기업 문화가 결국 선발 주자들을 따라잡고 역전할 수 있었던 원동력이었다.

아마존도 같은 '종교'를 믿는다. 아마존을 창립한 제프 베이조스는 회사가 최단 기간에 연매출 1000억 달러를 달성하는 기록을 세우자 다음과 같은 주주서한을 발송했다.

우리가 특히 잘하는 분야 중 하나는 실패라고 생각합니다. 세계에서 실패하기 가장 좋은 곳이 우리 회사입니다. 실패 사례가 풍부하죠! 실패와 발명은 떼려야 뗄 수 없는 관계입니다. 발명을 하려면 실험을 해야 하니까요. 성공할 것을 미리 알고 한다면, 그것은 실험이 아니겠죠. 대기업들은 대부분 최종 발명안은 반기지만, 그 결과를 얻기까지 꼭 거쳐야만 하는 실패의 과정은 꺼려합니다. 통념에 반하는 쪽으로 승부를 걸면 큰 수익을 얻기도 하고, 보통은 통념에 따르는 것이 맞긴 하죠. 100배를 딸 수 있는 확률이 10퍼센트라면, 그쪽에 거는 게 합리적으로 보이죠.

하지만 이건 달리 말해 10번 중에 질 확률이 9번이라는 말입니다. 방망이를 휘두르면 삼진아웃될 가능성도 높지만 홈런 칠 확률도 있다는 건 모두 잘 아실 것입니다. 야구와 비즈니스의 차이가 있다면, 야구는 스윙의 결과가 좁은 범위 내에 분포한다는 것이죠. 아무리 잘 때려도 얻을 수 있는 최대 타점은 4점뿐입니다. 하지만 비즈니스의 타석에서는 가끔 1000점짜리 홈런도 나올 수 있습니다. 수익률 곡선이 긴꼬리 분포 long-tailed distribution를 이루기 때문에 과감성이 중요합니다. 크게 성공하면 수많은 실험 비용은 상쇄하고도 남습니다.

다른 인터뷰에서 제프 베이조스는 이렇게 설명을 덧붙였다.

혁신하려면 실험해야 합니다. 매주, 매월, 매년, 10년 단위로 더 많은 실험을 해야 하죠. 간단합니다. 실험하지 않고는 새로운 걸 만들어낼 수 없습니다. 새로운 것, 아직 시험되지 않았던 것, 증명되지 않았던 것을 시도하다가 실패하는 것, 우리는 그런 것을 원합니다. 그런 게 바로 진짜 실험이고, 실패의 크기는 정말 다양합니다.

아마존에는 업계 최대의 '실패 무덤'이 있다. 분명 제프 베이조스가 자부심을 갖고 있을 텐데, 대표적으로 검색엔진 에이나인닷컴, 파이어폰, 신발판매 플랫폼 엔드리스닷컴이 있다. 모두 다 '폭망'한 터라 독자 여러분들이 들어본 적도 없을 수 있다.

그러나 실험작들 중 하나만 성공해도 비즈니스의 궤적이 완전히 바뀌고 여러 실패작들이 초래한 손실 총합을 만회하고도 남을 큰 이익을 얻는다. 아마존 프라임, 아마존 에코, 킨들, 그리고 가장 확실한 아마존웹서비스AWS가 대표적인 성공작들이다.

AWS는 아마존의 전자상거래 사업과 무관한 실험으로 시작했지만 20년 만에 역사상 가장 빠르게 성장하는 B2B 기업으로 성장했고, 현재 세계 최고의 클라우드 컴퓨팅 플랫폼으로 세계 24개 권역에서 운영되며, 190개국에 활성 사용자 100만 명 이상, 연매출 1076억 달러, 연이익 398억 달러를 기록했다. 20년 전 시작한 작은 실험 하나가 2024년 기준 아마존의 총이익에 가장 큰 기여를 했다. 이후 아마존은 2011년에 자체 실험 플랫폼인 웹랩을 만들었으며, 매년 2만 건 이상의 실험을 수행하면서 고객 경험을 끊임없이 혁신 및 개선하고 있다.

제프 베이조스는 2015년 주주서한에서 어떤 실험을 계속할지 말지를 어떻게 결정해야 하는지에 대해 이렇게 설명했다.

어떤 결정은 일방통행만 가능한 문 같아서 반드시 거의 또는 완전히 돌이킬 수 없는 결과를 초래합니다. 그래서 꼼꼼하고 신중하게 시간을 두고 충분한 숙고와 협의를 거쳐 결정해야 하죠. 그 문을 열고 나갔는데 마음에 들지 않는 것이 보여도 그 문 안으로 다시 들어올 수 없는 이치입니다. 이를 '1유형type 1' 결정이라 하죠.

하지만 대부분의 의사 결정이 그 정도는 아닙니다. 보통은 변경이 가능하고 되돌릴 수도 있죠. 이를테면 나갔다 들어올 수 있는 양방통행 문인 것입니다. 차선책인 '2유형type 2' 결정을 내렸다고 해서 계속 그대로 갈 필요는 없습니다. 문을 다시 열고 되돌아가면 끝이죠. 2유형 결정은 결정권 있는 관리자나 소규모 조직이 신속하게 내릴 수 있고 또 그렇게 해야 합니다.

조직의 규모가 커질수록 대부분의 의사결정에 1유형의 절차를 적용하는 경향이 나타납니다. 심지어 2유형의 사안에도 1유형의 절차가 적용되기도 하죠. 그렇게 되면 의사결정 속도가 느려지고, 위험 회피 성향이 무조건 높아지며, 충분한 실험이 불가능하게 됩니다. 결과적으로 새로운 시도가 위축되죠.

## ✷ 아버지와 아들의 경쟁

나는 6년간 수십억 달러 규모의 전자상거래 기반 식품그룹에 자문을 제공했다. 업계 선도적인 이 그룹의 산하에는 두 브랜드가 있었는데, 하나는 그룹 창립자인 아버지가 경영하고, 다른 하나는 아들이 새로이 출시해 운영 중이었다. 우리는 마케팅, 고객 확보, 소셜미디어, 혁신 부분을 발전시키기 위해 자문을 제공했고, 초기에 나는 주 4일 이사회실에 출근해 아버지와 아들을 직접 만나 정체성, 목표, 목적 등 각각 브랜드의 현황을 점검했다.

이들에게 조언해주고 가족처럼 지내던 6년이란 시간 동안 아들의 인지도가 없던 소규모 적자 브랜드가 문화 트렌드에 가장 잘 부합하며, 업계 최고 매출을 찍으며 가장 사랑받는 브랜드로 우뚝 성장하는 것을 지켜봤다. 한편 아버지의 브랜드는 휘청거리고 정체하는 것도 동시에 관찰했다. 아들의 브랜드는 10억 달러 이상의 매출을 기록

하며 아버지의 브랜드를 결국 추월했다.

두 사람의 사업, 의사결정 과정, 경영철학을 가까이에서 지켜봤던 나는 자신 있게 말할 수 있다. 아들이 아버지를 뛰어넘을 수 있었던 가장 큰 이유는 아들의 실패율이 아버지보다 10배 이상 높았기 때문이다.

우리 팀은 마케팅, 매출 성장, 소셜미디어 노출과 관련해 기술적인 돌파구를 발견했고, 그날 두 회사에 동시에 이 소식을 알렸지만 엇갈린 반응이 나왔다. 그것은 분명 기술적 쾌거였다. 특정 플랫폼에서 그 기술을 활용하면 일반적 수준보다 20배 더 빠르게 팔로워 수를 늘릴 수 있었다. 2016년, 나는 같은 날 아들과 아버지를 각각 만나서 이 내용을 직접 설명했다.

아버지의 팀은 더 구체적인 프레젠테이션을 요청했고, 수수료에 냉소적이었으며, 여러 단계의 승인을 거쳐야 한다고 했다. 9개월 후에도 그들은 여전히 '내부 논의 중'이었다. 반면 아들은 처음에 팀을 앞에 내세우고 물러나지 않고, 아이디어를 직접 듣고 싶어할 정도로 적극적이었다. 내 설명이 채 끝나기도 전에 그는 비서에게 "마케팅팀 모두 이 방으로 오라고 해"라고 말했다. 마케팅팀 직원들이 다 모이자, 그는 내게 방금 내용을 한 번 더 설명해달라고 했고, 내 말이 끝나자마자 "오늘부터 당장 시작합시다"라고 팀원들에게 말한 뒤, 나를 보며 필요한 건 뭐든 다 지원할테니 최대한 빨리 진행 부탁한다고 했다.

계약서도, 변호사도, 승인 절차도, 시간 지연도 없었다. 대신 신뢰, 속도,

권한 부여만이 있었다.

이 아이디어 하나로 아들 브랜드의 소셜미디어 채널 팔로워 수는 추후 몇 달만에 1000만 명이 증가했다. 결국 우리 팀의 발견을 통해 과거에 채택했던 모든 전략 대비 95퍼센트나 절감된 비용으로 소셜미디어 채널을 성장시킬 수 있었다.

그는 본능적으로 알았던 것이다. 자신이 내려야 하는 결정은 2유형이라는 것을, 즉 실패하더라도 돌이킬 수 없는 손상을 남기지는 않으며, 성공하면 브랜드의 향방을 근본적으로 바꿀 수 있는 그런 사안이란 것을 말이다. 2유형의 결정을 내려야 하는 상황에서는 제프 베이조스의 말처럼 결정권 있는 고위 관리자 또는 소규모 조직이 신속하게 결정을 내려야 한다는 것을 그는 알고 있었다.

가장 큰 대가는 실패가 아니라 성장의 기회를 놓치고 새로운 교훈을 터득할 수 있는 시간을 그냥 흘려버리는 것임을 아들은 알고 있었다. 결과는 상관없다. 그 실험이 실패한다면 하루치 시간과 약간의 비용만을 쓴 것이고, 24시간 이내에 다음 실험을 시도하면 된다. 한번 실패할수록, 정답에 한 걸음 더 가까워진다.

한편, 아버지의 브랜드는 우리의 제안을 조심스럽게 진행하기로 결정내리긴 했지만 첫 제안 후 10개월 정도를 허비했고, 그 방법은 이미 소용이 없었다. 우리가 찾아낸 플랫폼의 구멍은 메워져버렸고, 소셜미디어 채널 성장은 다시 비용이 높고 복잡하며 어려워졌다.

아들 회사에 제시한 제안들은 대부분 그리 놀라운 성과는 얻지 못했다는 점에 주목할 필요가 있다. 아무리 잘 설계한 실험이라도 대부분은 실패하게 된다. 대략 추산하건대 10번을 시도한다면, 세 번은 처참히 실패했고, 세 번은 보통 실패였으며, 세 번은 괜찮았고, 마지막 한 번이 회사의 운명을 바꾸고 이전 아홉 건의 손실을 벌충하고도 남을 만큼 대박을 쳤다.

## ✗ 51퍼센트의 확신만 있다면 결정하라

수년 후 나는 브라질에서 버락 오바마와 같은 무대에 서는 영광을 누렸다. 그는 어려운 결정을 내려야 할 때는 확실성 대신 확률을 따져봤다고 한다. 여기서 '어려운 결정'이란, 오사마 빈 라덴 암살 작전 지시를 위해 파키스탄행 비밀 야간비행 여부를 결정해야 하는 정도의 난이도를 말한다. 그는 모든 결정이 너무 어려워 고통스러울 정도였다고 말했다. "쉽게 해결할 수 있거나 다소 어렵지만 해결 가능한 문제였다면, 다른 누군가가 당연히 먼저 해결했겠죠. 내 선까지 올라오지 않았을 것입니다."

대통령인 자신이 이 결정을 내리면 X나 Y가 '일어날 것인가 아닌가?'가 아니라 '일어날 가능성은 얼마인가?'를 물어봤다는 뜻이다. 그는 결정의 순간에 자기보다 똑똑한 사람과 있어야 함을 강조했다. "자기보다 더 명석하고 반대 의견을 낼 수 있는 사람을 곁에 두고 있다는 자신감이 중요합니다." 그는 중대 결정을 내릴 때마다 맞을 확률뿐만 아니라 틀릴 경우의 후폭풍에 대해서도 따져봤다. "중대 결정을 할 때 100퍼센트의 확신은 필요 없으며, 51퍼센트까지만 목표로 노력해보고, 실제로 그 정도의 확신이 생긴다면 빠른 결단을 내리고, 수집 가능한 모든 정보를 바탕으로 최선의 결정을 내렸다고 결론내린 후 스스로와 타협해야 합니다"라고 그는 말했다.

세계 정상급 브랜드와 10년 이상 함께 작업하며 그리고 오바마와 만나면서 깨달은 점이 있다. 완벽한 결정을 내렸던 것인지는 시간이 지나봐야 알 수 있고, 결과를 예측하는 것에 과도한 시간을 쓰거나 의사결정을 미루는 것은 아무 소용이 없다는 사실이다. 비즈니스를 할 때 우유부단함의 대가는 시간의 손실이다. 실패해보고 깨달음을 얻기 위해 사용됐어야 할 시간을 날려버리는 것이다. 하지만 어떤 회사들은 두려움에 웅크리고 있다가, 위험을 피하려고만 하다가, 결국 가장 값비싸고 중요한 것, 즉 기회, 지식, 시간을 모두 잃게 된다.

경제학자 나심 탈레브가 만든 이 그래프는 이제까지 말한 내용을 요약해준다.

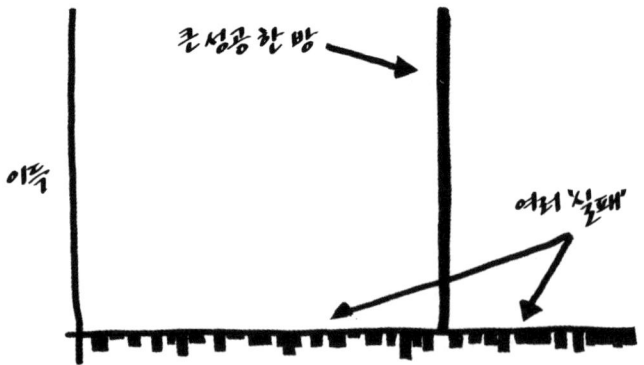

## ✷ 실패와 친해지는 경영 철학

함께 일했던 회사 중 어떤 곳들은 이 철학을 제대로 실천했다. 그들은 매우 빠른 주기로 실험했고, 변화를 기회로 봤으며, 경쟁사보다 더 많이 실패했고, 거의 항상 업계보다 앞서나갔다. 또 다른 곳들은 이 철학을 받아들이고 시도했지만 실패했다. 산하 조직에 더 많은 혁신을 주문했고, 사무실 벽에도 이를 써붙였지만 결국 실패했다. 그리고 어떤 곳들은 전혀 믿지 않았다. 그런 곳은 대부분 창업주가 경영 일선에 없었고, 정체기 또는 쇠퇴기에 접어들어 있었으며, 변화하는 세상을 위협으로만 인식했다. 나는 혁신적인 기업들이 다섯 가지 원칙을 일관되게 실천했음을 깨달았다. 그래서 경쟁자들보다 발전적인 실패를 더 많이 경험할 수 있었다고 생각한다.

### 1. 관료주의 제거

월마트 CEO 더그 맥밀런는 이를 '죄악'이라고 한다. 찰리 멍거는 이를 암으로 취급해야 한다'고 했고, JP모건체이스 CEO 제이미 다이먼은 이를 '질병'이라고 했다.

존경받는 경영의 대가들의 관료주의에 대한 생각이 이렇다. 관료주의를 좋아할 사람은 없는 것 같다. 최악의 관료주의 조직일수록 규정이 많고, 결재절차는 길고 고통스러우며, 말단부터 최고위까지 여러 단계의 계층 사다리가 존재한다.

관료주의가 팽배한 조직에서는 권한이 아래로 흐르지 않고, 의사결정이 느리며, 실험적 시도에 대한 동기부여가 사라지고, 혁신은 지체돼 결국 새로운 아이디어는 직원들의 머릿속에서만 맴돌다가 사라지고 만다.

**관료주의 체계는 독창성, 에너지,**

**기업가정신을 좀먹는 세금이다.**

『피터의 원리』를 쓴 로런스 피터는 "관료주의는 이미 사라진 지 오래된 현상을 붙잡고 두둔하고 있다"라고 했다.

기업 경영자들은 복잡한 규제와 글로벌 환경을 이유로 관료주의를 필요악으로 간주하기도 한다. 미국 노동 인구는 그런 추세를 잘 반영하고 있다. 1983년부터 현재까지의 노동 인구 분포를 보면, 관리직, 감독직, 행정직은 100퍼센트 이상 증가한 반면, 타 직종은 약 40퍼센트 증가했다. 《하버드 비즈니스 리뷰》의 설문조사에 응한 근로자의 약 3분의 2는 최근 몇 년 새 자기가 속한 조직이 더 관료화됐다고 답했다. 그 사이 생산성은 정체됐다. 서구권의 경제를 장악했던 대기업들에서 관료주의는 특히 더 큰 해를 끼친다. 미국 노동력의 3분의 1 이상이 직원수 5000명 이상의 기업에서 일하고 있는데, 일반적으로 8단계의 관리자층이 일선 근로자를 감독하고 있다. '법칙 5'에서 보았듯 세상은 정말 놀라운 속도로 변하고 있는데, 지금 실험 속도를 늦추기 위해서 무언가를 한다는 것은 그냥 죽겠다는 의미다.

연간 350억 달러가 넘는 매출을 올리는 중국 최대의 가전제품 회사 하이얼Haier Group은 관료주의의 폐해를 어떤 기업보다 잘 파악했다. 직원 7만 5000명을 10~15명 단위의 소규모 조직 4000개로 쪼개 놓았다. 관료주의의 폐해를 막기 위해서다. 자율적인 소규모 팀들이 빛의 속도로 빠르게 의사결정을 내리고, 경쟁사보다 더 빨리, 더 많이 실패하고, 시장 속도에 맞게 혁신하며 업계 지배적 위치에 올라섰다.

애플의 공동 창업자이자 최고경영자인 스티브 잡스도 사내 관료주의에 대해 이렇게 말했다.

애플은 스타트업의 조직 구조를 취합니다. 우리는 지구상에서 가장 큰 스타트업으로, 주 1회 3시간 정도 만나 현재 하는 모든 일을 공유합니다. 팀워크란 상호신뢰에 기반하죠. 항상 지켜보지 않아도 각자 역할을 완수할 것이라는 믿음입니다. 그리고 그건 우리가 잘 하는 일입니다.

내 회사를 경영하며, 고객과 협업하며, 사례를 공부하며 알게 된 핵심은 프로젝트팀을 최대한 작게 만들고, 팀별로 의사 결정에 필요한 권한, 신뢰, 자원 접근권을 많이 주는 것이다. 특히 프로젝트팀이 실패 부담이 크게 없고 복구가 용이한 사안에 대한 결정, 즉 2유형의 결정을 내리려 할 때는 승인 절차를 간소화해야 한다.

**2. 성과보상 방안 수정**

2020년 우리 회사는 파산 위기에 처해 휘청거리던 전자상거래 기반 패션업체의 소생 임무를 맡았다. 코로나19로 오프라인 매장을 줄줄이 폐쇄하면서 이는 규모 축소 및 급여 삭감으로 이어졌다. 직원들의 사기는 바닥까지 떨어졌고, 새로운 방향으로 회사를 이끌 임무를 맡은 CEO가 새로 부임한 상태였다.

앞에서 나는 마케팅을 포함한 모든 부문에서 중요도에 따라 실패율을 높여야 할 필요성을 강조했다. 당시 이 회사는 경쟁사보다 뒤처져 있고, 기회를 놓치고 있었으며, 비효율적인 전통적 방식에 자원을 허비하고 있었다.

내 제안을 들은 CEO는 회사가 이미 팀원들에게 더 많은 실험을 장려하고 있다고 언급했다. 또한 직원용 경영방침 안내서에 회사의 네 가지 핵심 가치 중 하나로서 '더 빨리 실패하라'를 포함시키고 사무실 주방 벽에 문구 중 두 가지를 눈에 잘 띄게 뒀다고 했다.

프레젠테이션을 마친 후 나는 직원들과 몇 시간 동안 개인 면담을 했다. 관리자부터 인턴까지 다 만나봤는데, 브랜드마케팅팀과의 회의에서 "실패를 더 자주 해야 하는 이유는 뭔가요?"라는 질문을 던졌더니 긴 침묵이 흘렀다. 그래서 "실패를 더 자주 하지 않는 이유는 뭔가요?"라고 질문을 바꿨더니 침묵했던 팀장의 말문이 드디어 터지며, '망신당하기 싫어서', '연봉이 오르지 않을 것 같아서', '사람들이 나를 업신여길 것 같아서', '해고당할 것 같아서', '새로운 것을 시도하기에 너무 바빠서' 같은 대답을 줄줄이 쏟아냈다.

그의 대답을 들을수록 이 조직이 성과와 보상이 일치하지 않는 '부조리병'에 걸려 있다는 것을 분명히 알 수 있었다. 내부를 들여다보니 변화에 더디고 죽어가는 기업에서 나타나는 현상이 보였다. 회사가 직원에 기대하는 것 따로, 직원이 움직이는 동기 따로였다. 회사는 혁신가, 위험 감수자, 기업가정신을 가진 직원을 원했지만, 직원들은 더도 말고 덜도 말고 딱 자신에게 주어진 일만 하고 싶어했다.

놀랍지만 여전히 어떤 경영자들은 직원용 수첩에 적힌 근사한 문구, 진부한 슬로건, 기업이 추구하는 가치관을 직원들이 진지하게 받아들인다고 믿는다.

> 근거, 보상, 구체적인 사례가 있어야만
> 직원용 수첩의 문구에 진정성이 실린다.
> 사람들은 식상한 격려, 멋진 구호,
> 막연한 희망만으로 움직이지 않는다.

한 집단의 사람들이 장기적으로 어떤 행동을 할 것인지 예측하려면 업무지침이 아니라 성과보상 체계를 살펴봐야 한다. 마케팅팀의 성과보상 방식 재설계를 위해 도입했던 제도 중 하나가 실험수행 직원 또는 팀에게 결과에 관계 없이 표창하는 제도였다. 어쨌든 실험 실행은 기업 내에서 통제 가능한 영역이다. 시장에서의 성공처럼 통제가 불가능한 영역을 성과보상의 기준으로 삼아서는 안 된다.

3. 승진 및 해고

나는 이 회사 CEO에게 가장 빨리 실패하는 직원을 찾아내 가능한 한 높은 직급으로 승진시킬 것을 제안했다. 기업에는 대표적인 기업 문화 하나만 존재하는 것이 아니고, 관리자별로 각기 다른 하위 문화가 만들어진다.

내가 처음으로 창업한 회사에는 관리자가 거의 30명 있었는데, 팀별로 만족도, 태도, 철학이 천차만별이었다. 관리자가 30명이었으니 정말로 30개의 문화가 존재했다.

> 영향력이란 물처럼 위에서 아래로 흐르는 법이다.
> 당신이 기업 대표라면 조직 내 최상위 직급자들이
> 당신이 추구하는 조직 문화의 가치를
> 가장 열렬히 추종하도록 만들어놔야 한다.

그런 직원을 승진시키거나 연봉을 올려줄 때는 모든 팀원에게 그 이유를 알리고 탁월하게 높은 실험실패율을 강조해야 한다. 반대로, 새로운 아이디어의 흐름, 빠른 실패와 실험에 방해되는 사람은 팀에서 신속히 퇴출시키는 것이 중요하다. 특히 그런 존재가 관리자라면 더욱 그렇다. 완벽한 능력과 긍정적 사고와 투철한 기업가정신을 겸비한 팀원들의 사기, 동기, 낙관적 사고가 관리자를 잘못 만나면 완전히 망가질 수도 있다.

## 4. 정확한 측정

이커머스 기반 패션회사에 자문서비스를 제공했을 때, 나는 그 회사 대표에게 실험 절차를 정립하고 교육하도록 주문했다. 또한 추진해보거나 가능성을 타진해보고 싶은 새로운 아이디어가 있는 경우 그 절차를 통해 검증하고 사내에 공유할 수 있도록 지속적으로 소통해야 한다고 자문했다.

직원들이 확실한 절차를 몰라서 새로운 아이디어가 있어도 공개적으로 진행하지 못하는 경우가 너무 많다. 조직 내 심리적 불편 요소를 제거하기 위한 가장 쉬운 방법은 바로 교육이다.

그리고 마지막으로 나는 대표에게 그해 연말까지 실험실패율 10배 상향이라는 명확한 목표를 설정하고 팀별로 성과를 측정해볼 것도 제안했다. 측정하지 않으면 개선할 수 없고, 노력을 집중하는 부분은 성장한다. 가시적인 KPI(핵심 성과 지표)와 명확한 목표를 설정하고 목표 달성 책임을 분담시키자, 바쁘다는 이유로 실험을 꺼리는 일이 사라졌다. 이 회사에서 실험은 모든 직원의 핵심 업무가 됐다.

이 회사는 방향을 차차 선회하더니 자문을 받은 해에는 7년 만에 처음으로 손익분기점에 도달했고, 그다음 해에는 상당한 흑자를 달성했다. 새롭게 찾은 창의력, 혁신, 권한이 강화된 구성원 등의 긍정적 변화로 이 회사는 완전히 다시 태어났다. 직원 유지율이 높아지고 직원 만족도도 급상승했으며 회사는 그 어느 때보다 많은 혁신을 거듭했다.

## 5. 실패 공유

모든 실패의 가치를 극대화하려면 실패한 가설, 실험, 결과에 대한 자세한 내용을 조직 전체에 전파하는 것이 중요하다. 이러한 정보는 향후 실험의 기반이 될 지적 자본이 된다. 실패를 공개하면, 같은 실패의 반복을 막고 새로운 아이디어 개발에 촉진제가 되며 지속적인 실험 문화를 만들어갈 수 있다. 토마스 에디슨도 "나는 실패하지 않았다. 단지 안 되는 방법을 1만 가지 찾아냈을 뿐이다"라고 말하지 않았던가.

## ✭ 법칙: 경쟁자보다 더 많이 실패하라

실패는 나쁜 것이 아니다. 성공 가능성을 높이려면 실패율 또한 높여야 한다. 시도와 실패를 반복할 때마다 조직이 공유할 수 있는 귀중한 정보를 얻을 수 있다. 빨리 실험하고 빨리 실패하는 과정을 끊임없이 반복하는 기업이라면 거의 대부분 경쟁에서 치고 나온다.

실패=피드백.
피드백=지식.
지식=힘.
실패는 힘이 된다.

법칙 22

# 최대한 플랜 A를 사수하라

인생의 대안이 원안의 성공을 가로막는 가장 큰 걸림돌이 될 수 있다.

내 인생을 바꾼 이야기를 하나 소개해볼까 한다.

난도 파라도Nando Parrado가 의식을 되찾은 때는 1972년 10월 13일 금요일이다. 48시간 동안 의식을 잃었던 것인데, 수술을 받지도 술을 진탕 마신 것도 아니었다. 주변에는 시체와 다친 친구들이 널부러져 있었다. 그는 해발 1000미터가 넘는 안데스산맥의 빙하 계곡에 추락한 비행기의 잔해더미에 깔려 있었고, 도움을 요청할 방법도, 정확히 어디에 조난해 있는 것인지 위치 정보를 파악할 방법도 없었다.

칠레로 향하던 우루과이 럭비팀 선수를 포함한 탑승객 45명 중 생존자는 29명이었다. 목숨을 건진 사람들이 당장 할 수 있는 것은 눈을 녹여 마시고 짐가방을 뒤져 먹을 수 있는 것은 다 찾아먹는 것이었다. 파라도는 회상했다. "첫날에는 땅콩에 묻은 초콜릿을 천천히 빨아 먹었고 (…) 둘째 날에는 땅콩을 몇 시간 동안 입에 물고 있다가 가끔 조금씩만 갉아 먹었어요. 셋째 날에도 그렇게 하다가 결국 그것마저

다 먹으니까 먹을 게 하나도 남지 않았죠."

일주일이 흘렀고, 난도와 생존자들은 이제 굶어 죽을 위험에 처했다. 어쩌다 발견한 라디오에서 칠레 당국이 수색 작업을 중단했다는 방송이 흘러나왔다. 그들은 상상조차 힘든 결정을 하게 된다. 시체를 먹는 것 외에는 방법이 없었다. 탑승객 중 난도의 어머니와 여동생도 있었다. 난도가 자신의 럭비 경기에 초대했기 때문이었다. 어머니 제니아는 추락 즉시 사망했고, 여동생 수시는 일주일 후 오빠의 품에서 죽었다.

생존자들이 가장 먼저 먹기로 선택한 것은 조종사였다. 사고의 책임이 조종사에게 있다고 봤기 때문이었다. 그들은 난도의 어머니와 여동생을 포함한 일부 시신은 건드리지 않기로 약속했다. 하지만 난도는 누군가 그 약속을 어길 수도 있을지 몰라 매우 괴로워했고, 만일 그런 일이 벌어진다면 자신은 살 수 없을 것 같았다.

추락 사고 후 두 달이 경과했다. 난도 파라도는 구조 요청을 위해 길을 나서기로 했다. 그는 굶주렸고, 등반 경험도 없으며, 어디로 가야 할지도 몰랐지만, 어머니와 여동생의 시신을 먹는 것보다는 차라리 낫다고 생각했다. "어머니와 여동생의 시신까지 먹어야 하는 상황에 처하고 싶지 않았다. 도저히 감당할 수 없는 일이었다"라고 그는 회상했다.

난도와 그의 친구 로버트는 침낭의 천을 꿰매 썰매를 만들었다. 고도가 더 높은 곳으로 올라가야 탈출 경로가 보일 것 같았기에 둘은 산을 오르기로 했다. 사흘 동안 고된 산행 끝에 4500미터 높이의 정상에 올랐지만 바라던 광경은 보이지 않았다.

첫 번째 산의 정상에 도달했을 때 눈 앞에 펼쳐진 광경을 보자 저는 그 자리에서 얼어붙어버렸어요. 숨을 쉴 수도, 말을 할 수도 없고, 어떤 생각도 할 수 없었어요. 끔찍했습니다. 푸른 계곡이 펼쳐지기는커녕 지평선 끝까지 사방에 눈 덮인 산밖에 보이지 않았죠. 그때 '난 이제 죽는구나' 생각이 들었고… 하지만 돌아갈 순 없었어요. 돌아가서 어머니와 여동생의 시체를 먹을 수는 없었습니다. 전진하는 것밖에는 할 수 있는 게 없었어요. 죽을 테지만 해볼 때까진 하다가 죽겠다고… 숨이 끊어질 때까지 계속 걷자고 생각하면서요.

둘은 산 반대편으로 비틀거리며 내려와 아래편의 빙하를 따라 강행군을 했다. 하루하루 체력은 점점 떨어져 갔다. 두 사람은 열흘 동안 얼음장처럼 추운 산과 깊게 쌓인 눈, 위험천만한 크레바스 사이를 절뚝거리며 걸어갔다.

"정신이 혼미하고, 끝도 없는, 고통스러운 시간이었어요. 산이 너무 거대해 아무리 가도 진전이 없는 것처럼 느껴졌어요. 멀리 목표 지점을 정하고 거기까지 가는데 두세 시간이면 될 줄 알았지만, 산은 너무나 컸고 아무리 가도 그곳이 안 나오는 것 같았죠"라고 그는 회상했다.

급기야 몸까지 아프기 시작하고, 체력은 바닥나고 있었다. 12월 18일, 눈앞에 강이 나타났다. 그 강을 따라 내려가니 사람의 흔적이 있었다. 수프 깡통 하나와 말발굽 하나, 그리고 소 떼까지. 12월 20일, 그 거대한 강 건너에 말을 탄 남자가 드디어 나타났다.

그 남자는 '뭘 도와주면 되는지 말해달라'고 쓴 쪽지를 돌에 묶어서 강 건너편으로 던졌다. 난도는 '비행기가 추락했고, 산에서 내려와 열흘째 걷고 있으며, 우린 이제 먹을 것도 없고 나는 더 이상 걸을 수도 없다'는 답장을 보냈다. 또한 산에는 생존자 14명이 더 있고, 도움이 절실히 필요하다고 알렸다.

쪽지를 받아든 그 남자는 충격을 받은 모양이었다. 하지만 우리 말을 믿고, 문명인들이 사는 가장 가까운 곳까지 10시간이나 말을 달려가서 다음날 구조팀을 데리고 왔다. 비행기 추락 72일 만에 두 사람은 기적적으로 구조됐다. 그렇게 나머지 생존자 14명도 구조됐다. 난도는 이렇게 말했다. "돌아갈 수 없으니 앞으로 갈 수밖에 없다."

난도 파라도의 실화는 절망 속에서도 꺾이지 않은 불굴의 의지, 인내, 용기에 관한 이야기다. 내가 이 이야기를 알게 된 건 열아홉 때였다. 당시 나는 경제적으로 비참한 상태였다. 난생 처음 사업을 해보겠다고 선언하고 대학을 중퇴했다가 부모님에게 쫓겨났고, 어떤 날에는 누가 버린 음식을 주워 먹으며 빈민가에서 혼자 빈털터리로 살고 있었다.

난도의 이야기는 내 인생을 바꿔놓았다. 가장 암울했던 시기에 내게 희망을 줬고, 가장 필요한 순간에 바람처럼 내 인생의 돛단배를 밀어줬으며, 힘든 상황이지만 계속 전진해야만 할 이유를 줬다. 몇 년의 인내 끝에 나도 힘든 상황을 탈출했다. 내 삶은 꿈꾸던 것과 가까워졌다.

"돌아갈 수 없으니 앞으로 갈 수밖에 없"었던 난도처럼 나도 돌아 갈 수 없었다. '돌아갈 곳'이 없었으니까. 대안(플랜 B)이 없다는 사실이 놀랍게도 내 인생의 가장 큰 원동력이 됐다. 인간의 마음이 다른 가능성을 모두 배제하고 하나의 길에만 집중할 때, 그 길은 열정, 인내심, 힘을 모조리 끌어당긴다. 주저나 일탈이 파고 들어올 여지가 없다.

> 세상에서 누구보다 먼저 믿어야 할 것이 있다.
> '플랜 B'(대안)따위는 필요 없다는 믿음이다.
> 대안은 '플랜 A'(원안)으로 가는 데 방해가 될 뿐이다.
> —윌 스미스

만약 내게 다른 길이 있었다면, 가장 암울했던 시절 나는 포기하고 그쪽으로 갔을 가능성이 다분하다. 이렇게 말하면 그럴싸한데 실속은 없는 동기부여성 조언이나 진부하고 비현실적인 말처럼 들릴지 모른다. 하지만 놀랍게도 최근의 연구 사례를 보면, 대안이 있으면 원안을 성공시킬 가능성이 낮아진다.

## ✭ 때로는 '올인'이 답이다

"달걀을 한 바구니에 담지 말라"는 격언을 들어봤을 것이다. 직업을 선택하거나 대학에 지원할 때, 심지어 직장에 이력서를 낼 때도 대안을 갖고 있는 게 좋다는 통념이 있다. 대안을 생각해놓으면 불확실성으로 인한 불안감을 완화하는 데 도움이 될 수도 있다는 연구 결과가 있긴 하다. 그러나 놀랍게도 그렇게 생각하면 큰 대가를 치를 수도 있다는 새로운 연구 결과도 있다.

> 대안을 마련해두거나 생각해보기만 해도
> 성취 동기가 약해져 원안 목표 달성에
> 지장을 줄 수도 있음이 밝혀졌다.

세 차례에 걸친 연구에서 약 500명의 학생들에게 뒤섞인 문장을 순서대로 맞추는 어려운 퍼즐을 풀도록 했다. 퍼즐을 다 풀면 맛있는 간식을 받을 수 있다. 그런데 일부 학생들에겐 시작 전에 만약 퍼즐을 풀지 못할 경우에 대비해 교내에서 공짜 간식을 받을 수 있는 다른 방법을 생각해두라고 했다.

대안이 없었던 실험 그룹이 대안을 세워둔 그룹보다 동기부여 수준이 높았고, 성공에 더 큰 가치를 부여했으며, 퍼즐을 더 많이 풀었다. 이후 다른 설정 상황에서 진행된 실험에서 돈, 다른 상품, 시간 절약 등 다른 보상을 제시했지만 결과는 늘 같았다.

연구에 참여한 행동과학자 케이티 밀크먼은 결과 보고서에서 "대비책을 세워놓으면 목표 달성 의욕이 감소하고, 그 결과 노력, 성과, 궁극적인 목표 달성 가능성이 떨어진다. 본 연구의 결과는 노력이 성공의 큰 변수로 작용하는 목표일 경우에 해당된다"라고 적었다.

또한 실패에 대한 두려움으로 위축되는 사람도 있지만, 실패에 대한 두려움이 오히려 목표 달성에 필요한 추진력의 원천이 될 수 있다는 것도 밝혀졌다. 유사한 맥락의 다른 연구에서도 실패 시 부정적 감정을 많이 느끼는 사람일수록 성공에 대한 의지가 강렬해진다는 결과가 나왔다. 하지만 실패할 경우에 대해한 차선책을 수립해둔 경우에는 실패해도 덜 두렵기 때문에 그만큼 성공에 대한 절실함이 줄어든다.

## ✵ 위험을 감수하란 것이지 무모하란 것이 아니다

이걸 읽고 안데스산맥에 가서 열흘간 죽음의 트레킹을 생각해보시는 분이 있다면, 내겐 법적 책임이 없음을 알려드린다. 위험을 감수한다는 것은 내 모든 것을 걸고 목표에 초집중한다는 뜻으로, 앞뒤 가리지 않고 무모한 일을 저지르는 것과는 전혀 다르다.

물론 나는 죽음의 위기에 처하진 않았다. 운이 좋아서 만일 내가 원했다면 나를 붙잡아주고, 먹여주고, 잘 곳도 제공해줄 수 있는 좋은 사회 환경에서 살고 있다. 부양 가족, 주택담보대출, 아니면 뭔가 다른 것을 책임지며 살아가는 사람들이 많다. 어떤 일에 도전할 때는 반드시 현실이 최우선되어야 한다.

## ✵ 법칙: 최대한 플랜 A를 사수하라

살아가며 불편하지만 해야 하고, 또 피할 수 없는 것 중 하나가 플랜 A를 사수하는 것이다. 목표에 마음, 에너지, 집중력 등 자신을 얼마나 할애할 수 있는지와 그 결과를 달성할 가능성 사이에는 긍정적 상관관계가 있다. 이 개념을 나는 그냥 '플랜 A 사고'라고 부른다. 가장 중대한 목표를 향하는 노정에서 대안도 같이 짊어지고 간다면 그 결과는 어떨까? 짐의 무게만 더 늘고, 끝까지 갈 동기는 약해지고, 집중에 방해되는 불청객만 늘지 않겠는가?

대안으로 집중력이 분산되지 않은 사람은 창의력, 결단력, 의지력이 결합된 커다란 힘을 가질 수 있다.

법칙 23

# 타조처럼 굴지 말라

이번 법칙에서는 내가 사업을 하면서 저지른 가장 큰 실수와 그런 실수를 저지른 이유를 소개한다. 사자처럼 나서야할 때 나는 타조 같은 짓을 했다.

"신도 이 배는 침몰시킬 수는 없다." 빙하를 조심하라 권고하는 사람들에게 타이타닉호의 선장 에드워드 스미스는 이렇게 말했다. 몇 시간 후 배는 빙산과 충돌했고, 물이 차면서 배는 가라앉기 시작했다. 보초를 서다 충돌 순간을 목격했던 1등항해사 머독은 주방장 존 하디에게 "타이타닉은 이제 끝났다"라고 말했다.

운명의 시간이 다가오는데 갑판의 분위기는 이상하리만치 평온하고 설마 그런 일이 있겠냐는 듯 평소와 다름없었다고 한다. "카드놀이를 하는 사람도 있었고, 어떤 남자는 바이올린을 켰고, 다들 마치 응접실에 있는 듯 평온했다"라고 생존자 에디스 러셀은 회상했다.

또 다른 승객 엘렌 버드에 따르면, 어떤 사람들은 임박한 운명을 완전히 무시하는 것처럼 보였다고 한다. "일어나 잠시 창밖을 내다보더니 다시 주저앉는 남녀들이 몇몇 있었다. 잠이나 자야겠다는 생각을 하는 것이 역력해 보였다."

마지막 남은 구명보트에 올라타 살아남은 윌리엄 카터는 조지 와이드너에게 이대로 있으면 죽는다며 구명보트에 함께 타자고 설득했다. 하지만 와이드너는 그 경고를 무시하며 "나는 차라리 내 운에 맡기겠다"라고 말했다. 그런 사람들 덕에 충분하지 않았던 구명보트에도 자리가 남았다. 상황이 극도로 악화되자, 승무원들은 미친듯이 호루라기를 불고 악을 써대며 승객들에게 구명보트 승선을 명령했다. 생존자들의 증언에 따르면, 어떤 승무원들은 구명보트에 안타겠다는 승객들을 강제로 태워야 했다고 한다.

배가 완전히 침몰하기 몇 분 전. 갑판 대부분이 완전히 물에 잠기자 그제서야 공포가 확산됐다. 2등항해사 라이톨러는 총을 꺼내 질서를 잡아야 했고, 5등항해사 로우는 마지막 구명보트를 싣고 내리는 동안 서로 먼저 타겠다고 몰려드는 사람들을 저지하기 위해 진짜로 총을 발사했다. 심지어 정신 나간 승무원은 무전실로 쳐들어와 무전기를 조작하던 선임무전사 잭 필립스의 구명튜브를 훔치려고 했다. 결과적으로 타이타닉호의 탑승자 2240명 중 약 70퍼센트가 사망했다.

이러한 현실 부정은 이해하기 복잡하다. 타이타닉호의 이야기를 읽으면서 '문제를 회피하고 무반응이었던 승객들이 어리석었다', '비이성적이었다', '무모했다' 생각할 수 있다. 하지만 이들의 반응은 일명 타조 효과ostrich effect라는 지극히 인간적이고 매우 일반적인 행동 양상의 좋은 예시다.

## ✷ 타조 효과

타조는 위험을 감지하면 모래 속에 머리를 파묻는다. 위협으로부터 숨을 수만 있다면 결국 위험은 지나갈 것이라는 발상이다. 우리 인간도 다르지 않다. 어려운 정보나 상황 또는 대화에 직면하면, 우리도 역시 타조처럼 모래에 머리를 파묻는 경향을 보인다.

인간은 불편함을 피하려는 본능이 있다. 과소비를 한 것 같으면 은행 잔고를 확인하려 하지 않고, 원치 않는 어려운 대화는 피하고 싶어한다. 더 심각하게는, 건강에 대한 나쁜 소식을 듣지 않으려고 병원 예약을 미루기도 한다.

영국 은행 TSB가 최근 발표한 보고서에 따르면 빚이 있는 영국인들이 자신의 재무 상태를 직시하지 않고 간단한 변화를 시도하지 않아 손실을 본 총 금액이 한 달에 5500만 파운드라고 한다. 한 실증 연구에 따르면 투자자들은 시장이 전반적으로 상승할 때는 개인 투자 포트폴리오의 가치를 확인하지만, 시장이 보합세나 하락세를 보일 때는 이를 확인하지 않는 것으로 나타났다.

50세에서 64세 사이의 여성 7000명을 대상으로 한 연구 결과에 따르면 놀랍게도, 동료가 유방암 진단을 받았다는 소식을 들은 여성들은 스스로 검진을 받을 가능성이 다른 여성보다 10퍼센트 낮은 것으로 나타났다. 타조 효과가 작동하기 시작하는 순간, 우리는 단지 불안을 느끼는 것이 아니라 불안이 우리를 장악하고 그 불안은 우리를 가장 불안하게 만드는 것에서 시선을 피하도록 압력을 가한다.

　심리학자 조지 베일런트는 "부정은 개인이 불안에 사로잡히지 않고 대처할 수 있도록 도와주는 건강한 것일 수도 있고, 위험하게 현실을 바꿔서 자기기만을 하게 만들고 도움이 안 되는 것일 수도 있다"라고 말했다.

　경영 일선에서 타조 효과 때문에 기업의 성패가 갈리는 경우가 너무 많다. 리더십아이큐Leadership IQ는 대표이사를 해임한 적이 있는 약 300개 기업의 이사회 구성원 1000명 이상으로부터 자료를 수집해 연구를 진행했다. 대표이사 해임 이유를 묻자, '변화 관리를 잘못함'(31퍼센트), '무능한 직원을 용인함'(27퍼센트), '현실을 부정함'(23퍼센트), '아무 일도 하지 않음'(22퍼센트) 등의 사유로 대표이사를 해임했던 것으로 나타났다. 모두 기업 현장에서 나타나는 타조 효과의 일반적인 증상이다.

　　사업에서는 사각지대가 가장 적은 사람이
　　승리할 확률이 가장 높다.

우리는 현실과 가장 근접해 있을 때 더 잘 생각하고, 더 나은 결정을 내리고, 더 나은 결과를 얻을 수 있다. 코닥, 노키아, 블록버스터, 야후, 블랙베리, 마이스페이스의 사례는 현실이 잘 보이지 않는다고 느낄수록 혁신, 변화, 불편한 진실 앞에서 타조처럼 행동하기 쉽다는 사실을 분명히 보여준다.

## ✗ 타조가 되지 않는 방법

이 책을 준비하면서 세계적인 작가 니르 이얄을 모시고 인터뷰를 진행했다. 최선의 상황과 최악의 상황에서 인간의 행동을 유도하는 동기에 대해 오랫동안 연구한 그는 이렇게 설명했다.

> 사람들은 쾌락 추구가 행동을 유발한다고 생각하지만, 그렇지 않습니다. 실은 불편함을 회피하려는 심리가 행동을 유발합니다. 예를 들어 섹스와 그로 인한 성적 흥분도 실은 우리가 스스로 벗어나려고 하는 불편감의 한 형태라고 할 수 있죠. 사람들은 대부분 회피가 언제나 건강하지 못한 현실 도피 행동이라는 불편한 진실을 인정하려 들지 않아요. 불편한 내적 갈등 요인을 어떻게 대처하냐에 따라 건강한 정면 돌파를 택할지, 아니면 자기 패배적 회피를 택할지가 결정됩니다.

내가 일하면서 한 가장 큰 실수와 후회는 의사 결정한 결과가 실패한 것이 아니다. 본능적으로 뻔히 알고 있었으나 너무 불편해서 결정하지 않았던 것들, 즉 두려움, 불확실성, 불안감 때문에 회피했던 문제들이었다. 내보내야 한다는 걸 알면서도 해고하지 않았던 직원, 고객과 반드시 해야 하는 대화를 회피했던 것, 이사회에 정확히 전달해야 했으나 미뤘던 경고였다.

타조 효과는 연인 관계도 망칠 수 있다. 어려운 대화 회피하기, 난감한 문제 대충 넘어가기, 아무 일 없는 척하기 등이 그 증상이다. 두 사람 중 어느 쪽도 욕구 불만을 있는 그대로 말할 수 없거나, 용기나 확신이 없어 서로 부정하고 회피하면서 침몰하는 관계를 붙들고 있게 된다. 싸우기는 하는데, 거의 제대로 싸우지 못한다. 서로 같은 대화를 반복하고 있다면 분명 잘못된 것이다. 정작 해야 할 불편한 얘기는 꺼내지 않고 있는 것이다.

> 삶의 걸음을 내딛는 모든 곳에서
> 고통은 피할 수 없다.
> 하지만 고통을 피하려다 생기는
> 고통은 피할 수 있다.

타조 효과와 거기서 파생되는 미해결 갈등이 유발하는 고통은 누가 감당할까? 회사에서는 직원들이 느끼고, 부모와 자식 관계에서는 자녀가 느끼며, 내 삶에서는 내 몸과 마음과 영혼이 느낀다.

케네디 행정부 시절의 한 백악관 참모는 대통령과 영부인 사이가 좋을 때와 비교해 서로 갈등이 있을 때 항상 역력하게 티가 났다고 말했다. 두 사람의 관계가 그렇게 투명하게 드러났었냐며 놀라워하는 취재진의 질문에 그는 이렇게 대답했다.

사실 두 분은 서로의 갈등을 드러내지 않으려고 노력했지만, 개인 비서들이 소통하는 모습을 보면 약간의 다툼이 있었다는 것을 알 수 있었습니다. 미용사와 수행기사가 다투는 광경을 볼 때 대통령님과 여사님 사이에 모종의 갈등이 있다는 것을 짐작할 수 있었죠. 또한 그 보좌진들이 함께 잘 지내고 있는 모습을 보면, 대통령 부부가 잘 지내고 있음을 알 수 있었습니다.

케네디 부부 이야기의 핵심은 갈등이 사회 계층 내부와 계층 간으로 이동한다는 개념이다. 우리가 모래 속에 머리를 묻기로 선택하면서 해결되지 않은 문제는 언젠가 해결될 날을 기다리며 그대로 있지 않는다. 그 문제는 우리 주변 사람들에게 해악을 끼치고, 전파되며, 독성이 배가되고, 미결 상태가 하루하루 지속될 때마다 더 큰 부수적 피해를 야기한다.

5년 전 나는 타조 같은 행동 습관을 극복하고, 삶과 일 그리고 사랑하는 사람과의 관계에서 가장 불편한 진실을 빠르고 정직하게 정면 돌파해야 한다는 것을 깨달았다. 내게는 불편함, 악재, 불편한 진실을 더 잘 극복할 수 없다면 잠재력을 최대로 발현할 수 없다는 신념이 있다. 행동경제학, 심리학, 사회학에서 얻은 깨달음을 바탕으로 나는 불편함을 잘 다스리고 미루기를 피하기 위한 나만의 4단계 접근법을 만들었다.

1단계: 일시 정지 및 인정

첫 번째 단계에서는 잠시 멈추고 뭔가 잘못됐다는 것을 스스로 인정한다. 이렇게 멈추는 순간은 원치 않는 감정이 얼마나 강력하고 끔찍하게 오래가는지를 알아차릴 때 찾아오는 경향이 있다. 거기서 멈추지 않으면, 절차가 시작되지 않고 다음 단계로 넘어가는데 필요한 심적 여유가 충분히 생길 수 없다.

2단계: 자기 검토

다음 단계는 자신의 감정, 행동, 정서를 점검하는 것이다. 이것은 중요한 작업이다. 그렇게 자신을 검토해보면, 사람들은 자기 내면에 무엇이 잘못됐고 엇갈렸는지, 어떤 욕구가 충족되지 않았는지, 두려움에 사로잡힌건지 등 감각으로만 느꼈던 것을 명확하게 표현해볼 수 있다. 잠시 멈춰서 자신을 돌아보는 사람은 마치, 범죄가 발생했다는 것을 자각하고 범죄의 흔적을 되짚어가다 증거를 찾아내긴 했지만 아직 범인은 찾아내지 못한 탐정과 같다. 이런 사건을 종결하려면 보통 타인의 조력이 필요하다. 즉 자기만의 서사에서 빠져나와 자신을 정확하게 진단하기 위해서는 외부의 도움이 필요하다. 자기가 선호하는 방식으로 익숙한 사고의 틀 안에서 생각하며 남 탓을 하는 것에서 벗어나야 한다.

3단계: 사실 공유

그다음에는 사실대로 말해야 한다. 남 탓을 하지 않고 자신에게 책임이 있음을 강조하면서, 이전 단계에서 행한 자기 점검 결과를 공유한다. 그렇게 하는 순간, 해결되지 않았던 상호 간 갈등이 잘못된 대화의 장에서 올바른 대화의 장으로 옮겨진다.

'타조 상태'인 경우 사람들은 자신을 장악하는 감정을 외면하고 드러내어 말하지 않는다. 시선을 피하고, 문제를 잘못 진단하며, 주의를 다른 쪽으로 돌린다. 수면 밑에 있는 문제는 말하지 않는다. 이러한 침묵이 타조 효과를 강화한다. 아직 말하지 않은 것을 말하는 그 순간은 타조 효과에서 벗어나는 첫걸음이 된다. 과학적 연구 결과에 따르면, 사람들은 단절감에 대해 대화할 때 역설적으로 상호 연대감을 더 많이 형성할 수 있다고 한다.

**4단계: 진실 추구**

마지막 단계에서는 겸손하게 진실을 추구해야 한다. 그러나 인간의 인지적 편견, 정의로움, 무지를 감안할 때, 진실 추구가 그리 말처럼 쉽지는 않다. 진실을 알려면 경청해야 한다. 그냥 듣는 것이 아니라 이해하려고 귀를 기울여야 한다. 승리를 노리는 적의 관점이 아니라 인내심을 갖고 어려움을 극복하려는 파트너의 관점에서 들어야 한다.

진실을 찾고, 듣고, 이해하게 되면, 불편한 마음이 생겨나 머리를 다시 모래에 묻고 싶어질 수 있다. 그렇게 되면 다시 첫 번째 단계로 돌아가 잠시 멈추고, 4단계의 과정을 반복하는 것이 핵심이다. 결론에 도달할 때까지 말이다!

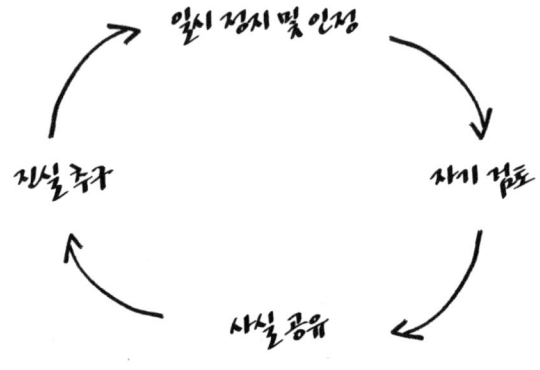

## ✵ 법칙: 타조처럼 굴지 말라

불편한 현실과 어려운 대화를 회피하는 건 비즈니스와 대인 관계 모두에 도움이 되지 않는다. 아무리 어렵더라도, 우리는 반드시 잘못된 점을 인지하여 개선 방안을 점검하고, 노력의 결과를 공유하며, 진실에 도달해야 한다.

일, 인간 관계, 삶에서
장기적인 성공을 원한다면,
불편한 진실 수용에
최대한 빨리
익숙해져야 한다.
불편한 진실을
받아들이지 않는 것은
곧 불편한 미래를
선택하는 것이다.

## 법칙 24

# 압박감을 특별한 기회로 바꾸라

편안함은 어떻게 정신·육체·감정적으로 우리 자신을 서서히 죽이게 될까?
삶의 압박감을 어떻게 그리고 왜 특별한 기회로 만들어야 하는지 이해해보자.

그랜드슬램을 39회나 달성한 테니스 선수 빌리 진 킹이 경기를 준비하고 있다. 사람들은 큰 기대를 걸며, 그의 우승을 점쳤다. 그런 기대감은 다른 선수라면 몰라도 킹에게 그리 큰 부담이 아니다. 윔블던에서 20회나 우승하며 세계 기록을 보유한 그에게 전 세계 테니스계의 이목이 집중되고, 스포츠평론가들은 그의 동작 하나하나를 물어뜯을 태세였다. 전 세계가 주목하는 상상초월의 부담감을 어떻게 견뎌냈냐는 질문에 그는 "압박감은 특권이다. 노력해서 그것을 쟁취한 사람에게만 오는 것이다"라고 담담하게 대답했다.

마치 극히 단순화된 만트라를 들을 때처럼, "압박은 특권이다"라는 말을 들으면 당연히 좀 혼란스럽다. 사람들은 이 말을 들으면 '스트레스는 특권'이라고 이해하기 때문에, 스트레스와 압박은 완전히 다른 개념이라는 것을 확실히 구분하고 넘어가야겠다. 스트레스는 내부의 심리적 반응이고, 압박은 외부의 환경 요인이다. 물론 압박이

유발하는 스트레스는 사람마다 어떻게 느끼느냐에 따라 좋은 것일 수도 나쁜 것일 수도 있지만, 압박 자체가 나쁜 것은 아니다. 압박은 객관적인 상황이며 주관적인 감정이 아니다. 어떠한 강력한 압박하에서, 누구는 스트레스를 받는데 다른 누구는 즐거울 수 있다.

    나도 모든 압박을 즐기는 편은 아니며, 특히 지금 이 순간은 더더욱 즐겁지 않다. 그 어떤 압박도 쉽지 않았다. 내가 자청하지도 않은 방식으로 시험당했던 적도 종종 있었으나, 가장 큰 특권이 오기 전에는 언제나 가장 큰 압박이 먼저 왔다. 둘 사이에는 확실한 불가분의 관계가 있으며, 이것을 이해하게 되면 해방감, 동기부여, 안도감을 느낄 수 있다. 압박은 진짜의 나와 진짜가 아닌 나를 보여준다. 동시에 내가 걸어온 길과 앞으로 갈 길을 비춰준다. 내게 압박이 없는 삶은 목적 없는 삶과 마찬가지다. 압박 자체가 문제가 아니다. 앞서 말했듯, 압박은 좋은 것도 나쁜 것도 아니지만, 압박과 관련한 우리의 관계, 관점, 평가와 압박이 유발하는 스트레스로 유익한 결과를 얻을 수도 있고, 치명적인 결과가 올 수도 있다.

## ✤ 에베레스트에서 보낸 춥고 어두운 밤

압박감으로 죽거나 살거나 하진 않는다. 하지만 관점에 따라 그렇게 보일 수는 있다. 위스콘신대학교에서 미국의 성인 3만 명을 대상으로 스트레스에 대한 연구를 진행했다. 연구진은 참가자들에게 '지난 1년간 얼마나 많은 스트레스를 경험했는가', '스트레스가 건강에 해롭다고 생각하는가' 등을 질문했다. 8년 후 연구팀은 공식 사망신고 자료를 조회해 참가자들의 사망 및 생존 여부를 조사했다. 연구 기간 동안 스트레스 수치가 높았던 참가자들의 사망 위험이 43퍼센트 증가한 것은 놀랍지 않았다. 높은 수치다. 그런데 이 수치는 스트레스가 건강에 해롭다고 답했던 참가자들에게 국한된 결과였다.

스트레스를 많이 받았지만 해롭다고 생각하지 않는 사람들은 사망할 가능성이 더 낮았다. 실제 분석 결과, 스트레스를 상대적으로 적게 받았다고 답한 사람들까지 포함해도, 그들의 사망 위험이 가장 낮게 나왔다. 이 수치를 미국 인구 전체에 외삽extrapolation한 결과 연구진이 추적조사를 실시한 8년 동안 18만 2000명이 사망했는데, 스트레스가 직접 원인은 아니었다. 이들의 조기 사망 원인으로 추정되는 것은 스트레스가 건강에 해롭다는 믿음이었다. 스탠퍼드대학교에서 건강심리학을 연구하는 켈리 맥고니걸 교수는 TED 강연에서 이 연구를 소개했는데, 연구자들이 추산한 통계가 맞다는 전제하에 스트레스가 건강에 해롭다는 믿음이 미국인의 주요 사망 원인 중 15위이며, 피부암, 에이즈, 살인보다 순위가 더 높음을 강조했다.

✳ ✳ ✳

마지막으로 진짜 압박감을 느꼈던 때가 언제인지 기억나는가? 심장이 쿵쾅거리거나, 호흡이 빨라졌거나, 손이 축축해졌을 수도 있다. 사람들은 일반적으로 신체에 그런 증상이 나타나면 불안감의 신호이거나 압박감을 잘 못 견디는 신호로 해석한다.

하지만 이를 다르게 본다면 어떨까? 도전에 맞서기 위해 신체가 에너지를 충전하는 신호로 해석할 수 있다면? 하버드대학교 연구원들은 참가자들에게 고강도 테스트를 실시하기 전에 그런 설명을 해줬다. 스트레스 반응이 과제 수행에 도움이 된다고 배운 참가자들은 불안감은 낮아지고 자신감이 높아졌으며 더 나은 수행 능력을 보였다. 특히 흥미로운 점은 생리적 스트레스 반응의 변화였다. 스트레스 상황에서는 일반적으로 심박수가 올라가고 혈관이 수축하는데, 이는 건강에 좋지 않은 상태다. 그러나 이 연구에서 자신의 생리적 증상을 이로운 것이라 생각한 참가자들은 심박수가 증가했으나 혈관 수축은 일어나지 않고 이완 및 열린 상태가 유지됐다. 즉 심혈관 반응은 건강했다. 맥고니걸은 스트레스를 유익한 것으로 여긴 참가자들의 심혈관 상태는 기쁨과 용기의 순간을 겪었던 사람과 비슷한 특징을 보였다고 언급했다.

또한 하버드대학교 경영대학원 교수 앨리슨 우드 브룩스에 따르면, 불안감을 건전한 긴장감으로 대체해서 인식하는 사람들은 영업, 협상, 발표 같은 일에서 성과를 개선할 수 있다. 사고방식의 전환과 그에 따른 신체 반응의 긍정적 변화는 우리가 환갑에 스트레스성 심장마비를 겪을 것인지 아니면 졸수(90세)까지 장수할 것인지를 갈라놓을 변곡점이 될 수 있다.

**압박감을 없애는 것이 아니라**
**압박감과의 관계를 완전히 전환하는 것이 목적이다.**

압박감과의 불편한 관계를 개선할 수 있는 중요한 방법 중 하나는 그런 압박감이 어떤 맥락에서 생겨난 것이고, 내게 어떤 의미가 있으며, 이를 극복하면 어떤 긍정적 결과가 있을 것인지를 스스로 상기시켜보는 것이다. 압박감이라고 모두 같은 것이 아니다. 사업을 키우거나 대회에 출전하거나 아이를 키우는 등 열망에 기인한 압박감과 공장의 조업라인에서 출고량을 늘리지 못하면 해고당할 위기에 처한 근로자가 느낄 압박감은 다르다. 압박감에 대한 관계 설정이 다른 것이다. 우리는 자발적이고 의미 있으며 자율적 통제 여력이 높다고 생각하는 압박감을 특전으로 인식하는 반면, 강제적이고 무의미하며 자율적으로 통제하기 어려운 압박감에 대해서는 심적 고통으로 느낀다.

'에베레스트에서 하루 더 춥고 어두운 밤을 보내는 것뿐이야!' 지난 5년 동안 유독 힘들었던 순간마다 나는 이 말을 계속 되새김질했다. 내 스트레스의 근원적인 맥락을 다시 떠올리려고 노력했다.

에베레스트 등정에 도전할 때 순조로운 여정을 기대할 만큼 순진한 산악인은 없을 것이다. 물론 회사를 창업하거나 대학 학위를 취득하거나 자녀를 키우는 것도 마찬가지다. 그런 모든 일에는 압박감, 스트레스, 고통이 따르지만, 그 압박감은 주관적 가치를 띠기에 사람에 따라 달리 인식하고, 감히 말하건대 이를 즐겁게 생각하는 사람도 분명 있다. 압박감의 근원적 맥락을 망각하면 인생에서 피해의식을 갖기 쉽다. 삶에서 의미 있는 고난이 당신을 찾아올 적에는 '에베레스트에서 보내는 어두운 며칠'과 함께 올 것이다.

## ✯ 압박감을 특별한 기회로 바꾸자

다행히도 압박감과의 관계는 바꿀 수 있다. 《하버드 비즈니스 리뷰》는 인간 심리를 주제로 임원, 학생, 네이비씰, 프로 운동선수 등을 수년간 관찰하며 정성적 연구와 경험적 연구를 병행했다. 결과에 따르면, 스트레스를 나쁜 것 혹은 심신을 지치게 만드는 것으로 인식하는 사람보다 '스트레스는 나를 발전하게 한다'는 사고방식을 가진 사람이 공부든 일이든 더 잘하고 건강 이상 증세도 덜 갖고 있다고 한다.

나는 스트레스와 압박감을 마주하는 자세를 바꾸면, 스트레스의 창의적 효과를 활용하면서 동시에 해로운 영향은 최소화할 수 있다고 믿는다. 그런 의미에서 난 《하버드 비즈니스 리뷰》에서 제시한 3단계 접근법을 받아들였고, 거기에 네 번째 단계를 추가했다.

**1단계: 바라보기**

자각awareness은 모든 유형의 인지 순환 흐름을 끊을 수 있는 첫 단추다. 부정이나 회피 회로를 타거나 문제의식이 마비되는 것을 방치하면 안 된다. 문제에 대해 말하고 문제에 이름을 붙여야 한다. 자각하면 말 그대로 뇌의 반응 방식이 바뀐다. 뇌의 부분 중에 원시·자동반사·수동적으로 반응하는 영역보다 의식과 의도를 관장하는 영역이 활성화된다. 《하버드 비즈니스 리뷰》에서는 이렇게 설명한다.

> 실험참가자에게 부정적 감정을 유발하는 이미지를 보여주고, 그 이미지가 불러일으키는 감정에 이름을 붙이자, 참가자의 뇌 활성 영역이

감정을 관장하는 편도체에서 의식과 계획을 관장하는 전전두엽피질로 이동하는 것을 관찰할 수 있었다. 즉 스트레스를 아예 인정하면, 감정적 반응을 중단하고 발전적인 반응을 선택할 수 있다.

또한 스트레스를 부정하거나 무시하려고 하는 것은 비생산적인 것으로 보인다. 《하버드 비즈니스 리뷰》에 실린 피터 살로비와 숀 아처의 연구에 따르면 압박감이 심신에 부정적인 것으로만 생각해 피하기만 하려는 사람은 스트레스에 과도하거나 부족하게 대응하게 된다고 한다. 반면 압박감을 긍정적으로 수용하는 사람은 스트레스에 대한 신체의 생리적 반응인 코르티솔 반응이 더 온건한 것으로 나타났다. 다시 말해, 그런 사람들은 스트레스를 받는 동안 피드백을 더 구하려고 하고 개방적으로 수용하려고 하기에 장기적 관점에서 더 배우고 더 성장할 수 있다는 것이다.

**2단계: 공유하기**

뉴욕주립대학교 버팔로대학의 연구 결과, 심각한 스트레스는 성인의 사망 위험을 30퍼센트 상승시키는 것으로 나타났다. 단, 사랑하는 존재와 가까운 공동체 구성원들과의 소통 시간이 상당한 사람들의 사망 위험은 증가하지 않았다. 서로 도움을 주고받는 공동체와 스트레스를 공유하면 스트레스가 주는 심리적 여파가 완전히 달라진다. 스트레스 상황에서 사람들과 교류하게 되면, 회복탄력성이 놀라울 정도로 생겨난다.

3단계: 프레임(사고전환의 틀) 짜기

압박감을 장악하려면 압박감의 긍정적 효과를 인식하고 그것이 송출하는 강력한 신호를 감지하는 것이 관건이다. 어떤 문제가 생겼을 때, 중요한 일이 걸려 있을 때, 신경 쓰이는 일이 있을 때 우리는 압박감을 느끼는데, 이런 맥락과 연관 지어 압박감에 대한 사고를 전환할 수 있다면, 긍정적인 동인이 촉진되고 신체의 생리학적 반응을 진정시킬 수 있다. 그렇게 하면 이 고난은 '에베레스트에서의 춥고 어두운 하룻밤'에 불과하다는 것을, 이 산은 내가 선택해서 오른 산이며 또 오를만한 가치가 있다는 것을 스스로 상기할 수 있다.

전 네이비실 사령관 커트 크로닌은 훈련에 대해 이렇게 말했다.

지휘부는 훈련을 실전보다 더욱 혹독하게 설계한다. 훨씬 강도 높은 스트레스, 혼란, 동선을 설정해놓고, 팀원들이 가장 힘든 상황에서도 중심을 잃지 않는 법을 배우게 한다. 훈련 스트레스가 견딜 수 없을 정도로 극에 달할 때 비로소 그것은 자신의 것이 된다. 어떤 임무도 성공시킬 수 있는 팀의 일원이 되는 것, 이것은 바로 내가 선택한 길이라는 것을 깨닫기 때문이다.

이는 견딜 만한 가치가 있는 압박감이다.

4단계: 이용하기

압박을 받을 때 생기는 스트레스는 성공에 도움을 줄 수 있다. 스트레스는 추진력을 제공해 궁극적으로 정신·육체적으로 최고의 성과를 낼 수 있게 하고, 상황이나 당면 과제를 해결토록 한다. 스트레스에 대한 신체적 반응은 아드레날린과 도파민 같은 호르몬 분비를 촉진해 뇌와 신체에 혈류와 산소를 더 많이 공급하고, 에너지, 주의력, 집중력을 향상시켜주는 것이다. 얼마나 놀라운 방법인가. 싸우려 하지 말고 이용하라!

크로닌은 최근 이렇게 말했다. "그런 경험이 우리에게 무슨 도움이 되는지 질문하고 그 경험을 행동의 추진력으로 활용하는 것은 팀원 개개인, 팀, 그리고 조직 전체가 번창하는 데 도움이 되는 강력한 도구다. 그런 결과가 나온 것은 스트레스에도 '불구하고'가 아니라 스트레스 '덕분'이다."

테디 루즈벨트의 명언처럼, 우리가 실패할거라면 적어도 "감히 통 크게 도전"해보고 실패하는 것이 "승리도 패배도 모르는 차갑고 소심한 영혼"의 운명보다 더 존경받을 만한 운명이다.

## ✷ 압박감이 생명을 구할 수 있다

이 책을 준비하면서 나는 스트레스와 압박감 그리고 그것이 건강에 미치는 영향에 대해 10명이 넘는 전문가와 인터뷰했다. 다음은 텐엑스헬스의 설립자인 게리 브레카가 내게 한 말인데, 가장 놀랍도록 반복해 거론된 우려 사항을 잘 요약한다.

우리는 안락함의 위기 속에서 살고 있다.

건강에는 좋지만 힘든 일은 하지 않으려고 하면서

안락함 속에서 서서히 질식해가고 있는 것이다.

노화란 적극적 형태의 안락 추구다.

그에 따르면, 인간은 유전적으로 적당한 압박감이 있어야 잘 살아갈 수 있도록 설계되어 있고 생리적으로 번성할 수 있다. 인간은 극한의 추위와 더위를 견디게끔 되어 있어서 오히려 완벽하게 조절된 환경에서는 살아갈 수 없다. 인간은 몸을 힘들게 만들어야 하는 존재로, 한 곳에 가만히 머물러 앉아 있으면 잘 살아갈 수 없다.

다른 전문가들도 비슷한 의견이었다. 생리적 압박감 회피의 대가로 비만 위험과 심장병 발병률이 높아졌고, 여러 질환들이 예방 가능함에도 불구하고 증가 추세라고 한다. 직업·심리·생리적 압박감은 특별한 기회인데도 우리는 '힘들다'는 이유로 종종 이를 애써 무시해 버린다. 앞에서도 말했듯이 우리는 인간이기에 불편한 것을 회피하는 성향이 있다. 그러나 삶을 넓은 관점에서 볼 때 '어려움은 편한 내일을 위해 오늘 지불하는 대가다.

## ✬ 법칙: 압박을 특별한 기회로 바꾸라

압박이 항상 부정적인 것은 아니다. 생각을 바꿔보면 압박감은 활력소가 될 수 있다. 정확히 인식하고 장악하며 활용할 수 있다면, 압박감이란 일과 인생의 목표를 이루는 데 효과적인 도구가 될 수 있다.

편안함과 편리함은
단기로 벗이지만
장기로는 적이다.
성장을 추구한다면
도전을 택하라.

법칙 25

# 최대한 실패를 자주 상상하라

**부정적 발현에는 놀라운 힘이 있다. 이 힘이 있으면 적신호, 미래의 위험, 우리의 성공을 가로막는 장애물을 잘 볼 수 있다.**

작지만 큰 효과를 가져올 수 있는 한 질문이 있다. 살아오며 그 어떤 것도 금전적 손해, 시간 허비, 자원 낭비를 이 정도로 잘 막아준 질문은 없었다. 나는 수많은 실패와 좌절, 실수를 겪으며 이 질문의 중요성을 깨달았다. 하지만 이 질문을 하면 마음이 불편해진다. 그래서 사람들은 묻지 않고 그냥 넘어가는 경우가 종종 있다. 이 질문을 회피하면 위험한 상황에 처하게 된다. '법칙 23'의 모래 속에 머리를 묻어버리는 타조처럼. 하든지 안하든지 언젠가는 답을 알게 된다. 지금 하면 불편한 대화를 좀 참으면 답을 얻겠지만, 나중으로 미루면 훨씬 더 고통스럽게 그 답을 알게 될 뿐이다.

2013년 나는 뼈아픈 교훈을 통해 이 질문의 가치를 깨달았다. 월파크라는 온라인 플랫폼을 구축하려고 3년의 시간, 투자금, 그리고 내 피, 땀, 눈물을 쏟아부었지만 결국은 무참히 실패했다.

옛말에도 있듯, 지나간 일을 누가 모르겠는가. 돌이켜보면 내가 실패한 이유가 분명히 보인다. 나도 모르게 페이스북과 경쟁하고 있었다. 승산이 전혀 없는 싸움이다. 하지만 이미 드러난 결말에는 뒤늦은 깨달음이 필요하지 않았다. 이걸 깨닫기 위해 실패를 미리 경험할 필요도 없었다. 한 번이라도 진지하게 나 자신에게 똑바로 물어볼 수 있는 겸양, 경험, 용기가 있었다면, 시간과 돈과 노력을 헛되이 날려버리는 일은 피해갈 수 있었다고 생각한다.

그 중대한 질문은 바로 이것이다.
"이 사업이 실패할 만한 이유는 무엇인가?"

직설적이고 분명한 질문이다. 그러나 스타트업 창업자 1000명 이상에게 사업 아이디어가 실패할 수 있는 이유를 명확히 아는가를 물었더니, 놀랍게도 그 중 6퍼센트만이 안다고 답한 반면, 무려 87퍼센트는 성공할 수 있는 이유만 알고 있었다.

현실은 (나도 그랬지만) 스타트업 대부분이 실패로 끝나는데, 다 끝나고 나서야 창업자들은 확실히 눈을 뜨는 것 같다. 그들은 대부분 사업 전망을 과대평가하고 위험을 과소평가한 것이 실패의 원인이라고 꼽았다. 미국 중소기업청의 통계에 따르면, 실패한 창업자 중 52퍼센트가 사업 성공에 필요한 자원을 과소평가했고, 42퍼센트는 시장의 선호도에 대해 무지했다고 시인했으며, 19퍼센트는 경쟁사를 과소평한 것을 실패의 원인으로 꼽았다.

나는 확신한다. 그들은 사업을 시작하기 전에 자신과 동료들에게 "이 사업안이 실패할만한 이유는 무엇인가?"라는 질문을 던졌어야 했다. 이것이 가장 중요하고 결정적인 질문이다. 의사나 환자라면 치료보다는 예방이 중요하다는 것에 모두 동의할 것이다. 창업 전에 실패 가능성을 겸허하게 직시해보지 않고서는 실패를 미연에 방지할 기회는 없다.

사람들이 실패 가능성을 의논하거나 예상해보는 것조차도 꺼리는 주된 이유는 다섯 가지 정도다. 다음은 수많은 연구에서 일관되게 도출돼 검증한 심리적 편견들로, 이들 때문에 간단하지만 중요한 문제의 답을 확인하지 않고 그냥 넘어가기 쉽다.

### 1. 낙관주의 편향

인지신경과학자 탤리 샤롯에 따르면, 우리 중 약 80퍼센트가 이 편향을 가지고 있다. 우리가 좋은 일에만 신경 쓰고 안 좋은 일은 무시하려는 경향은 바로 낙관주의 편향 때문이다. 그래서 나는 월파크가 실패할 가능성을 생각하지 않으려 했고, 모든 게 잘 될 거라고 본능적으로 믿고 원했다. 이런 낙관주의는 진화론적 관점에서는 강점이 된다. 생존과 결부된 위험을 더 감내하고, 새로운 환경을 탐험하며, 새로운 자원을 찾는 일에는 도움이 된다. 하지만 비즈니스의 영역에서 그런 낙관주의는 제대로 된 위험 분석을 막는 걸림돌이 된다.

### 2. 확증 편향

우리에겐 모두 확증 편향이 어느 정도는 있다. 우리는 종종 기존 생각과 그 전제가 되는 정보에만 집중한다. 즉 나는 확증 편향 때문에 월파크가 좋은 사업안이라는 주장을 뒷받침할 만한 정보만 수집하고 수용했으며, 반대 의견에 대한 데이터, 이메일, 피드백은 모두 무시했다. 관련 연구에 따르면, 확증 편향 때문에 우리는 자신의 세계관이 일관성 있고, 논리정연하고, 옳다고 믿기에 자존감은 높아지고 정서적으로 편안해진다고 한다.

### 3. 자기본위 편향

대다수는 정도만 다를 뿐 자기본위 편향에 좌우된다. 이것 때문에 성공이나 실패를 우리 자신의 능력과 노력의 결과라고 믿는다. 이로 인한 확신 때문에 나는 월파크가 실패할 가능성을 생각하지 않았다. 자기 능력은 과대평가하고, 시장 상황, 경쟁, 기타 돌발 상황 같은 외적 요인은 과소평가하는 것이다.

### 4. 매몰비용 오류 편향

이 편향 때문에 결정이 잘못됐다는 증거가 나와도 기존 결정을 바꾸지 못한다. 이미 돈과 시간을 투자했기 때문이다. 월파크를 1년 만에 접지 못하고 3년이나 질질 끌었던 이유가 이것이다. 도중에 사업을 접으면 그동안 투자한 돈과 시간을 허비하거나 잃어버리는 것이 되므로 무의식이 결단을 막고 있었던 것이다. 그러다 결국 나는 더 많은 돈과 시간을 낭비하고 말았다.

## 5. 집단사고 편향

이 때문에 사람들이 사업 실패 가능성을 묻지 못한다. 자신이 속한 집단과의 의견 대립을 원치 않기 때문이다. 월파크 사업을 추진하는 과정의 어느 시점에서도 사업 실패 가능성을 우려한 팀원은 없었다. 사회적 결속 욕구 때문에 팀의 구성원들은 모두 같은 가설에 순응해 함께 믿게 되었을 가능성이 크다. 새로이 합류하는 팀원에게는 더욱 강력한 순응 압력이 작용했을 것이다.

## ✯ 내 사업을 '확정 실패'에서 구해낸 질문

2021년 나는 대담한 사업안을 하나 구상하고 있었다. 〈다이어리 오브 CEO〉의 성공에 힘입어 팟캐스트 종합방송을 만들고자 했다. 유명하고 재능 있는 패널을 섭외해 신선한 팟캐스트 시리즈를 많이 제작해보겠다는 야심 찬 청사진이었다. 나의 목표는 광고, 제작, 마케팅 분야에서 쌓은 현재 팀의 전문성을 잘 살려 '제2의 〈다이어리 오브 CEO〉'를 탄생시키는 것이었다.

우리 팀은 최고의 팟캐스트를 만들어본 풍부한 경험이 있고, 나와 공동 제작을 원하는 유명 팟캐스터들이 아주 많았으며, 〈다이어리 오브 CEO〉 제작팀만 해도 30명이나 있었고, 신규사업을 위한 투자금도 충분히 있었다.

사업안 실행을 위해 나는 〈다이어리 오브 CEO〉 제작팀에서 5명을 차출해 TF팀을 구성했고, 진행자 후보군과 접촉하고 사업파트너를 스카우트하며 준비 기간을 12개월로 잡고 치밀하게 준비해나갔다.

기획과 준비 과정에 수십만 달러를 투자했고, 팀원들뿐만 아니라 내 시간과 에너지도 엄청 쏟아부었다. 프로젝트를 시작하고 6개월 정도 됐을 때 나는 세계 최대 규모의 미디어 기업 중 한 곳의 대표에게 우리가 탄생시킬 조직의 대표직을 공식 제안했다. 그에게서 잠정적인 수락을 얻어냈으며, 우리가 최종 확정 통보를 하면 현직에서 사임하겠다는 약속도 받았다.

12개월 경과 시점, 드디어 심판의 날이 왔다. 나는 CEO 내정자에게 현재 잘 나가는 좋은 직장을 그만두고 우리가 만들 회사로 영입할 최종 결정을 앞두고 있었다. 일단 정하면 돌아올 수 없는 강을 건너는 것이란 걸 알았다. 이제 결정하면 뒤돌아갈 수 없고, 대형 팟캐스트 방송국 개국을 위해 앞만 보며 전력 질주해야 하는 상황이었다.

그 결정적인 순간, 나는 10년 넘게 쌓아온 지혜를 발휘했다. 팀원들을 불러모아서 간단하지만 심오한 질문을 하나 던졌다. "혹시 이 사업이 잘 안 풀릴 것 같다고 생각하는 이유가 있을까요?" 팀원들의 기색이 불편한 것을 보니 그들의 머릿속은 완전히 새로운, 이전에는 한 번도 생각해보지 않았던 문제와 씨름 중인 것이 분명했다.

조금 있으니 댐의 수문이 열린 듯 너도나도 의견을 쏟아냈다. 첫 번째로 현재 인력이 많지도 않은데 업무가 추가된다면 지금 잘되는 팟캐스트가 위태로워질 수 있다는 지적이 나왔다. 다른 직원도 맞장구를 치며 들어왔다. 유명 패널을 계속 섭외할 수 없을 가능성과 진행자가 그만둘 경우 모든 것을 잃을 수 있다는 리스크를 강조했다. 현재 경제 상황에 대한 우려가 있으며, 우려가 현실화되면 협찬 기회가 줄어들 가능성에 대한 지적도 나왔다. 또 어떤 직원은 운과 상황이 어느 정도 받쳐준 덕에 현재의 팟캐스트가 성공할 수 있었지만, 한 차례 더 이 정도의 성공을 이뤄내는 것이 생각보다 쉽지 않을 수 있다고 우려했다.

거세게 분출하던 논리적 반박이 잦아들자, 팀원 하나가 내게 되물었다. "그럼 대표님께서는 이 프로젝트가 왜 안 좋은 생각인 것 같으십니까?" 그때 깨달았다. 과거 경험 때문에 나는 무의식 중에 걱정을 품고 있었지만, 심리적 편향의 작용으로 계속 대답을 회피 중이란 것을. 간단하고 솔직한 대답이 나왔다. "그야 집중해야 했으니까요."

나는 팀의 단결된 집중력이 가장 소중한 자원이라고 설명했다. 사람은 실패하면 동기와 신념이 위축돼 집중력을 잃지만, 반대로 성공을 해도 집중력을 잃는다. 성공한 만큼 기회, 제안, 역량이 증가하기 때문에 더 많은 일을 벌이고 싶은 유혹을 받는다. 아직 중요한 성장 단계에 있는 당장의 프로젝트에 집중하는 것이 가장 어렵고 중요한 일이었다. 한정된 집중력, 주의력, 사고력을 여러 프로젝트로 분산시키면 분명히 어디에선가 구멍이 날 것이 뻔했다. 샤워 중 떠오른 생각, 새벽 한 시에 뭔가를 깨달은 환희, 복도에서 나눈 대화에서 아이디어가 떠오른 순간. 이 모든 소중한 순간들은 기존 팟캐스트를 잘 운영하고, 작지만 의미 있는 개선 방안을 찾으며, 성장 잠재력을 실현하기 위한 노력에 집중돼야 하는 것이었다.

나는 우리 팀의 노력을 한 곳에 집중하면 어떤 팟캐스트 방송보다 큰 성공을 거둘 수 있을 거라고 강조했다. 하지만 불과 몇 분 후, 현

프로젝트 중단안이 만장일치로 가결됐다. 한 시간 전만 해도 회의에 들어온 모든 사람이 신규 사업 추진에 찬성이었고 사업계획 착수에 적극적이었다. 하지만 불편한 질문 단 하나로 집단사고의 방향이 바뀌고, 비판적 사고를 촉발했으며, 프로젝트의 맹점을 분명히 볼 수 있었다.

그로부터 1년이 지난 지금, 물론 지나고 나서 하는 말이지만 그 방송 사업을 강행했더라면 끔찍한 재앙이 왔을 수 있다. 팀원들은 과부하로 한계에 다다랐을 것이고, 기존 팟캐스트에도 지장을 주었을 것이며, 2022년 경기 둔화로 재무 상태가 몹시 열악해졌을 것임이 뻔하다. 기존 사업 집중 전략은 성공적이었다. 팟캐스트 청취자는 900퍼센트 증가했고, 매출은 300퍼센트 이상 성장했다.

경영의 세계에서 우리 같은 신규사업 추진팀들은 성공 요인 및 방법론을 치밀하게 구상하는 작업에 수개월을 투자하는 반면, 사업안을 좌초시킬 수도 있을 잠재적 실패 요인을 분석하는 데에는 그 정도를 할애하지 않는다. 그래서 '이 아이디어가 왜 별로인가?'라는 간단한 질문이 더더욱 빛을 발하는 것이다.

그렇게 질문해보면, 앞서 말한 인간 본성에 기인한 다섯 편견에 가려 보이지 않았던 위험 요인과 난관을 파악하는 기본적인 비판적 사고가 가능해진다. 이는 단순 검증 차원을 넘어, 사업안의 약점을 정면으로 바라보기 위해 스스로에게 도전하는 것이다. 사업안 철회 이유를 찾자는 것이 아니라 '예방이 치료보다 낫다'는 교훈을 실천하자는 것이다. 프로젝트라는 한 척의 배를 띄우기 전에 잠재적 좌초 요인을 찾아낼 수 있다면, 이를 해결하고 우회해 갈 수 있기에 성공적인 항해를 위한 항로를 확보할 수 있다.

## ✷ 사전부검법: 실패를 막아줄 비밀병기

안타깝게도 인간 본성으로 인해 최악의 상황을 미연에 방지할 수 있는 선제적 사고나 행동이 불가할 때가 종종 있다. 많은 이들이 건강이 나빠지기 전까지는 적절한 운동과 균형 잡힌 식사 등 건강한 습관 실천에 신경 쓰지 않는다. 차가 고장나고 나서야 비로소 평소 차량 관리의 중요성을 깨닫고, 머리에 물 한 방울을 맞고 나서야 망가진 지붕을 수리하는 것이 사람이다.

사후검시$_{post-mortem}$ 또는 사후부검은 의학 전문가가 사망 원인을 규명하기 위해 시신을 검사하는 절차다. 사전부검$_{pre-mortem}$은 사망 이전에 실시하는 방법론으로 사후검시와 정반대 개념에 기초한다. 사전부검법은 인지심리학자 게리 클라인이 창안한 의사 결정 기법으로, 프로젝트 시작 전에 미리 실패를 가정해보는 것이다. 사전부검법에서는 단순히 '무엇이 잘못될 수 있을 것인가'를 물어보는 대신 '환자'가 죽었다고 상상하고 '무엇이 잘못되어 죽었는지'를 설명해야 한다.

이제 이 개념을 일상과 업무에 적용할 수 있다고 상상해보라. 재앙이 발생하기 전 상상 속의 부검 절차를 미리 밟아보는 이 간단한 사고실험을 통해 실패 가능성을 크게 줄일 수 있음을 입증한 연구 결과가 있다. 연구원들은 사전부검법이 결과 예측에 미치는 영향을 깊이 연구했다. 실험참가자를 두 집단으로 나누고, 한 집단은 각자의 일, 사회 활동, 사적 영역에서 일어날 일에 대해 사전부검법을 활용하게 했다. 마치 실제로 그런 일들이 일어난 것처럼 가정하고 실패 이유를 세세히 분석하게 했다. 반면 다른 집단은 방향성 없이 그저 예측만 해볼 것을 주문했다.

사전부검법을 사용한 그룹은 훨씬 더 정확하게 시나리오의 전개를 예측하고 결과의 원인을 파악했다. 결론적으로, 실패 결과를 미리 예측해 잠재적 실패 요인을 더 잘 파악하고 실패를 예방할 수 있는 조치를 미리 취할 수 있었다.

1989년 두 대학에서 진행했던 후속 연구의 결과도 마찬가지였다. 실패를 미리 상상해보는 이처럼 간단한 방법을 활용하자 미래 결과의 원인을 정확히 파악하는 능력이 30퍼센트나 향상됐다. 2021년부터 나는 모든 회사에 '사전부검식' 분석을 시행해 큰 효과를 거뒀다. 이 분석법의 효율적 활용을 위한 5단계는 다음과 같다.

### 1. 단계 설정
관련 팀원을 모아 사전부검식 분석의 목적이 프로젝트 또는 개인에 대한 비판이 아닌 잠재적 위험과 약점 파악임을 명확하게 설명한다.

### 2. 실패 상황 가정
팀원들에게 프로젝트 실패를 상상해보게 한다. 실패 시나리오를 진짜처럼 자세하게 수립해보게 한다.

3. 실패 요인 브레인스토밍

각 팀원에게 내부 및 외부 요인을 모두 고려해 프로젝트의 잠재적 실패 요인을 작성하도록 한다. 팀원들이 모여 집단적 사고를 하지 않도록 한다.

4. 공유 및 토론

각 팀원이 자기가 예상한 실패 요인을 다른 사람과 공유하도록 한다. 이때 상호 비난은 지양하고 개방적인 토론 분위기를 조성해 프로젝트의 잠재적 위험 요소와 도전 과제를 잘 파악할 수 있게 한다.

5. 비상 계획 수립

팀원간 협업을 통해 전 단계에서 파악한 위험과 문제를 완화하거나 방지할 비상 계획과 전략을 수립한다.

## 경영 자문을 넘어선 인생 전반에 관한 조언

사실 인간은 자주 감정에 휩싸이거나 두려움이나 불안감 때문에 정말 형편없는 의사결정을 내린다. 우리는 그다지 논리적이지도 않고 편견으로 잔뜩 꼬여 있으며, 결정 과정에서는 항상 지름길을 찾는다.

사전부검법의 긍정적 효과는 비즈니스 영역에만 국한되지 않는다. 인생의 여러 문제에 대한 결정을 내릴 때 상당히 유용한 도구가 됐다. 이렇게 탄탄한 사고의 프레임 덕분에 내 삶의 가장 중요한 영역에서 가장 결정적인 순간이 닥쳤을 때 좀 더 효과적이며 후회를 덜 남기는 결정을 택할 수 있었다. 사전부검식 분석의 적용 사례를 보여주고자 몇 개의 시나리오를 설정해봤다.

1. 진로를 선택할 때

몇 년 후 미래를 상상하며 그 일을 하면서 큰 불만족이나 실패를 경험했다고 가정해본다. 시계를 거꾸로 돌려, 그런 불만족을 유발할 원인은 무엇이었을까 생각해본다. 일이 흥미롭지 않아서? 성장 기회가 제한적이어서? 일과 삶의 불균형이 심해서? 관련 요인 분석을 바탕으로 선택한 진로를 조정해보거나 문제 발생 가능성을 낮출 전략을 짜볼 수 있다.

2. 동반자를 선택할 때

장기적인 관계나 결혼을 생각하는 상대가 있다면, 그 관계가 실패했거나 불만스러울 수 있을 상황을 가정해본다. 그리고 관계 악화의 요인을 상상해본다. 가치관이 달라서? 의사소통이 잘 안 돼서? 친밀감이 부족해서? 관계에 대한 기대치가 달라서? 걱정되는 부분을 미리 찾아 해결하거나, 관계에 빨간불이 켜진 것은 아닌지 사전점검을 해보는 것이다. 그렇게 하면 앞으로 어떻게 해야 할지 결정을 내릴 수 있거나 출발선상에서부터 더 좋은 관계를 만들어보려고 노력할 수 있다.

3. 큰 투자를 결정할 때

집을 사려고 하거나 주식 투자 같이 큰돈이 들어갈 일을 생각하고 있다면, 금전적 손해를 볼 상황을 가정하고 그런 상황을 초래할 잠재적 요인을 미리 따져본다. 시장 변동성, 투자 매물 조사 부족, 자금 여력 과대평가 등 위험 요인을 파악하면, 되도록 많은 정보를 바탕으로 결정하고, 철저하게 실사하며, 손실 가능성을 최소화할 수 있을 대책을 수립할 수 있다.

요즘 세상엔 소셜미디어 어디에서든지 발현과 긍정적 사고를 찬양하며 '성공을 시각화'하라고 한다. 물론 이러한 낙관주의는 분명히 엄청난 가치가 있고, 긍정적 사고도 좋은 것은 맞다. 하지만 어디에서도 실패를 말하지 않는다. 장밋빛 미래만을 그리지만 현실은 차갑다. '실패를 시각화'하고 필요한 대책을 세우게 만드는 부정적 사고도 긍정적 사고 못지않게 큰 효과가 있다.

## ✷ 법칙: 최대한 실패를 자주 상상하라

우리의 인지회로는 심리적으로 불안해지는 쪽으로는 본능적으로 가지 않도록 설계돼 있다. 그러나 모래 속에 머리를 파묻은 타조에 닥친 위험처럼, 회피하면 할수록 더욱 심각한 정신적 고통을 겪을 수 있다. 역설적이지만, 삶의 모든 면에서 오늘 불편한 대화가 내일 편안한 삶으로 가는 길이 된다. 치료보다 예방이 더 쉬운 법이다. 긍정적 사고와 부정적 사고의 균형을 잘 유지하는 이원적 사고를 할 수 있다면, 우리는 더욱 지혜롭게, 용감하게, 넓은 시야를 통해 성공적으로 전진해갈 수 있다.

어떤 분야에서
누가 성공할지는 그 사람이
불편한 대화를 기꺼이
하려는 태도를 보이는지,
실제로 할 수 있는 능력이
있는지 보면 알 수 있다.
다소 불편한 대화를
대면하지 못한다면,
앞으로 나갈 수 없다.

법칙 26

## '무엇을' 보다 '어디서'가 중요하다

기술의 가치를 몇 배 더 올리려면 어떻게 해야 할까?
모든 가치는 기술 자체가 아니라 맥락에서 창출된다.

무려 800만 달러를 제안받다니! 소셜미디어 마케팅 회사를 설립하고 세계적인 브랜드들과 롤러코스터 같은 10년을 보낸 나는 2020년 대표직에서 물러나 '나'를 찾는 여정을 시작했다. 사직한 후 나는 다시는 마케팅으로는 돌아가지 않겠다고 선언했다. 다른 분야에 가서 미지의 영역을 개척하고 싶은 욕구가 너무 컸다. 익숙한 자리로 복귀할까도 생각해봤지만 내 열정이 10년 전 같지 않았다. 무엇보다도 나는 변호사, 회계사, 치과의사, 소셜미디어 관리자, 그래픽 디자이너 등 사회가 이미 규정해놓은 직업의 한계에서 벗어나고 싶었다. 그런 한계 때문에 잠재력이 축소되고 성취감이 떨어지는 것 같았다.

나도 안다. 그런 간판은 지름길 같은 것임을. 그런 타이틀이 있으면 내가 누구고, 어디에 속하며, 이 세상에서 어떤 일을 하는 사람인지 알려주고 안도감을 준다. 하지만 그런 정해진 틀은 족쇄가 되어, 우리의 창의성을 가두고 경험의 범위를 좁혀버린다.

스물일곱이라는 나이에 벌써부터 어떤 간판에 갇혀버리고 싶지 않았다. 내 마음에 드는 유일한 수식어는 '다양한 걸 할 줄 아는 호기심 많은 사람'뿐이었다. 운동화, 탄산음료, 전자기기 마케팅을 돕는 회사는 이제 졸업하고 더 넓은 세상의 문제를 해결하기 위한 도전을 하고 싶었다. 그렇게 나는 호기롭게 새로운 장을 열었다.

음, 아직 뭔가 제대로 시작한 건 아니었지만…. 나는 언제나 세계인의 정신건강 위기와 원인, 가능한 해결책에 지대한 관심이 있었다. 내가 퇴사한 2020년에, 코로나19로 전 세계가 락다운(국경 봉쇄)에 들어갔다. 이로 인해 사람들의 심리적 안전판이 사라졌고 정신건강 관리가 화두로 떠올랐다. 회사를 관두고 시간이 있었던 나는 정신건강과 관련된 정보, 기사, 논문 등을 찾아봤고 환각 관련 주제에 가장 큰 흥미를 느꼈다.

정신건강에 관한 나름의 깊은 공부를 마치고 며칠 후, 일하다 알게 된 분으로부터 문자가 왔다. "스티브, 이것 좀 리트윗해 줄래요?" 나는 너무 놀랐다. 그동안 검색했던 제약회사의 기업공개IPO 관련 뉴스라니! 나는 "지난 몇 주 동안 이 회사 자료를 읽었거든요. 관심이 많은데, 혹시 관련 있으신가요?"라고 물었다. 그는 "제가 최대 주주입니다. 현재 관련 프로젝트 진행 중인데, 우리 회사 마케팅 좀 도와주시지요!"라고 대답했다. 우리는 만나서 얘기를 구체화해보기로 하고 그 주에 미팅을 잡았다. 기업 정보, 경영진 미팅, 업무 파악 등을 단 몇 시간 만에 마친 나는 벌써 이 회사와 일해보고 싶다는 생각이 들었다.

그 회사는 생명공학 기업이었다. 흰 가운을 걸친 똑똑한 인재들은 실험실에 가득했으나, 대외 마케팅 채널인 디지털 플랫폼에서 매력적인 스토리텔링을 전개할 만한 마케팅전문가가 없었다. 곧 예정된 기업공개에 성공하려면, 대규모 기관투자자뿐만 아니라 개인투자자들의 마음도 얻어야 한다는 것을 아는 상태였다. 가능한 소셜미디어 채널을 모두 동원해, 자기가 시대적 요구에 부합하는 너무나 시의적절한 소명을 갖고 일하는 기업이라는 것을 일반 대중에게도 홍보할 필요성을 느끼고 있었던 참이었다. 시가총액 목표가 수십억 달러였던 만큼, 스토리텔링과 홍보 마케팅에 기업공개의 성패가 달려 있었다. 마침 내겐 그들에게 필요한 전문성이 있었다.

모든 디지털 플랫폼을 활용해본 경험이 있고, 거의 모든 업계의 대표 브랜드와 협업해본 만큼, 나는 그들에게 딱 맞는 해결사였다. 첫 미팅 일주일 후, 나는 기업공개까지 남은 9개월 동안 같이 일해보겠다고 제안했다.

내가 제시한 업무는 마케팅 전략 수립, 브랜드 정립, 지속 가능한 마케팅팀 구성, 팀 철학 설정, 마케팅 활동 전반에 대한 기반 구축이었고, 회사는 이를 수락하며 다음 날 채용제안서를 보내주기로 했다.

솔직히 나는 보수에는 관심 없었다. 내가 그 회사에 눈길이 가던 이유는 정신건강의 중요성을 깨닫던 시기이기 때문이다. 나는 과학에 흠뻑 빠지고 싶었다. 최전선에서 이 분야를 개척하고 있는 인재들에 둘러싸여 허기진 지식의 그릇을 채우고 호기심이라는 갈증을 해소하면서 한편으로 다음 행보를 모색하고자 했다.

다음 날, 나는 '보수 제안'이란 제목의 이메일에 정신이 번쩍 들었다. 메일을 열고 내 눈을 의심했다. 주식시장 상장까지 남은 9개월 동안 마케팅을 이끄는 대가로 월급과 600만~800만 달러 상당의 스톡옵션을 지급하겠다는 제안이었다. 내 예상의 10배가 넘었다. 그 순간 나는 우리가 가진 역량에 대해 어떤 가치평가를 내려야 하는지에 대한 불변의 네 가지 진리를 깨달았다.

1. 기술에는 고유한 가치가 없다.
기술 자체는 가치가 없다. 옛말에도 있듯이, 누군가 지불할 의사가 있어야 가치가 생긴다.

2. 어떠한 기술도 필요한 맥락으로 가야 가치가 결정된다.
같은 기술이어도 분야에 따라 가치가 달라진다.

3. 기술이 희소하면 사람들이 인정하는 가치가 달라진다.
소셜미디어와 마케팅 분야에서 내가 보유한 고급 기술은 생명공학 분야에서는 '진흙 속 다이아몬드' 같이 귀한 것이었던 만큼, 이 회사가 내게 그만큼의 가치를 지불하려고 한 것이다. 전자상거래, 소비재, IT 등 다른 산업 분야의 일을 했을 때는 같은 능력에 현저히 낮은 가치를 인정받았다. 그쪽 업계 상황에서는 내 기술이 상대적으로 흔한 것이었으므로 생명공학 회사에서 제시한 금액의 10분의 1밖에 청구할 수 없었다.

## 4. 기술이 창출할 수 있는 잠재적 가치로 기술의 가치를 평가한다.

그 생명공학 회사는 수십억 달러가 걸린 기업공개에 대한 준비가 부족한 상태였고, 큰 것이 걸려 있는 상황인 만큼 내 역량이 기업 가치평가에 미칠 수 있을 영향력이 크다고 판단한 것이다. 그러니 이들이 그에 상응하는 대가를 지불할 의사가 있었던 것은 당연했다.

과거를 돌아보니, 드레스, 티셔츠, 액세서리 등 소비재 마케팅에 동일한 역량을 투입했을 때 내가 고객에게 창출했던 이익은 생명공학 회사에 창출해줄 잠재적 이익과 비교하면 미미하다. 그래서 내가 받았던 보수도 그만큼 더 적었던 것이고.

사실 어떤 일을 하는지보다 어떤 업종에서 일하는지가 보수에 더 큰 영향을 미친다. 글쓰기라는 핵심 역량이 같더라도, IT나 바이오 산업 분야에서 글을 쓰는 테크니컬 라이터가 대중매체나 출판 분야에서 일하는 작가보다 보수가 높다. 금융 또는 컨설팅 분야에서 일하는 데이터 분석가는 동일한 데이터 분석 작업을 수행하더라도 학계나 정부 기관에서 일하는 데이터 분석가보다 더 많은 보수를 받는다. 인공지능, 사이버 보안, 핀테크 등 수요가 높은 산업 분야에서 일하는 소프트웨어 개발자와 프로그래머는 동일한 프로그래밍 언어를 사용하더라도 전통적인 IT 직무나 웹 개발 분야 종사자보다 연봉이 높다. 마찬가지로 부가가치가 높은 업계일수록 보수가 높다.

일반적으로 사람들은 연봉을 올리려면 현 직장에서 승진하거나 동종 업계에서 비슷한 자리를 찾는 방법밖에 없다고 생각하지만 그렇지 않다. 더 효과적이고 잠재적 보상을 높이는 방법은 현재의 역량으로 회사에 더 큰 가치를 창출해줄 수 있는 완전히 새로운 맥락으로 이동하는 것, 즉 다른 업종으로 기술을 이전하는 것이다. 이렇게 하면 현재 역량의 희소성을 인정받을 수 있고 내재 가치가 상향되기 때문에 결과적으로 '나'라는 인재의 가치를 높일 수 있다.

맥락에 따른 가치 인식의 차이는 2007년 《워싱턴 포스트》가 실시한 실험을 통해 가장 극명하게 드러난 것 같다. 이 실험은 사람들이 일상적이고 예상치 못한 상황에서 예술과 재능을 접했을 때 어떻게 인식하고 어떤 가치를 부여하는지 알아보기 위해 설계됐다.

1월 어느 아침 출근 시간대, 세계적인 유명 바이올리니스트 조슈아 벨은 거리 공연자로 위장하고 평범한 차림으로 버스킹을 위해 워싱턴 D.C. 지하철역 한 편에 자리 잡았다. 그는 350만 달러짜리 명기인 스트라디바리우스를 들고 약 45분간 클래식 여섯 곡을 연주했다.

출근 인파 수천 명은 정상급의 재능, 역량, 연주를 알아보지 못하고 그냥 지나쳤고, 오직 극소수의 몇 명만이 연주를 감상하거나 찬사를 보내기 위해 가던 길을 멈췄다. 연주하던 내내 1분 이상 멈춰 선 사람은 단 7명뿐이었고 모인 돈은 52.17달러였다. 세계 최고의 콘서트홀에서 공연하는 그의 몸값은 보통 1분당 수천 달러라고 한다.

이 실험은 사람들이 특정 상황에서 가치를 알아보지 못하는 경우가 자주 있음을 잘 보여준다. 과연 우리가 평소에 인재를 얼마나 잘 알아보고 보상하고 있는지를 생각해보게 한다. 이 사례는 내가 이직한 상황에도 딱 들어맞는다. 비유하자면 지하철역에서 팔았던 내 역량을 유명 콘서트홀로 옮겼더니 가치가 10배나 뛴 것이다.

2021년 나는 이 이야기와 여기서 내가 깨달은 점을 친구에게 말했었다. 그는 일에 대한 고민에 빠져 있었다. 하루 종일 일하는데, 대출도 갚지 못하면서 허덕이는 삶이 지긋지긋하던 참이었다. 그 친구는 맨체스터에서 그래픽디자인 일을 하며 나이트클럽 전단지와 지역 회사 로고를 건당 100~200파운드(약 18만~36만 원)에 제작해주면서 연 3만 5000파운드(약 6600만 원) 정도를 벌고 있었다. 그런 대화를 나누고 몇 주 지나, 친구는 결단을 내렸다. 자신의 기술을 새로운 분야에서 써먹겠다며 두바이로 이주했고, 명품브랜드와 블록체인 회사로 서비스 대상을 변경했다. 두바이에서의 첫해 매출은 45만 파운드(약 9억 원)였으며, 새로운 동업자와 함께하는 2023년에는 120만 파운드(약 23억 원) 이상의 매출을 기록했다. 같은 그래픽 디자인 기술인데도 다른 맥락에서 팔았더니 수입이 30배 이상 뛴 것이다.

## ✯ 법칙: '무엇을'보다 '어디서'가 중요하다

동일한 기술이라도 각각의 시장은 다른 가치를 매긴다. 내가 가진 전문성이 흔한 분야보다 희소하거나 독특하다는 평가를 받는 분야라면 고용주나 고객이 더 많은 보수를 지불할 의향이 있을 것이다. 어디서 전문성을 발휘하느냐가 핵심이다. 같은 기술을 기존과 다른 분야에서 발휘할 수 있다면, 몸값을 많이 올릴 수 있다.

최고로 인정받고 싶다고,
한 기술에서 최고가
될 필요는 없다.
대신 업계에서 가치를
인정하지만
내 경쟁자에게는 없는,
상호 보완적이며
희소성을 인정받는 것을
골고루 잘하면 된다.

## 법칙 27

# 강한 의지는 죽음, 시간, 강단에서 온다

마음먹은 일을 끝까지 해낼 수 있는 공식이 있다면?
'강단 방정식'을 알면 각자의 야심찬 목표를 달성할 수 있다.

이번 법칙에서 말하려는 내용은 아마 이 책에서 가장 불편한 내용일 것이다. 나는 서른세 살이다. 운 좋게 현재 미국인의 기대 수명인 약 78세까지 산다면 앞으로 1만 7228일을 더 살 수 있다. 또한 살아온 날은 1만 950일인데, 이 시간은 되돌릴 수 없다는 말이기도 하다. 다음 페이지의 표는 미국에서 추산한 평균 기대 수명까지 살 경우, 살아온 날과 앞으로 남은 날을 계산한 것이다.

  사람들은 대부분 이러한 현실에 직면하는 것을 불편해한다. 빅토리아 시대 당시 섹스에 대해 그랬던 것처럼, 사람들은 죽음이라는 주제를 본능적으로 회피하고 금기시한다. 죽음은 타인에게만 일어나는 사건이라 여기고 시한부 진단이라도 받기 전까지는 이 운명을 나약하게 외면한다.

  정말이지 인간의 마음으로는 알 수 없는 일이 많다. 그중 하나가 인간은 얼마나 하찮은 존재인가 하는 것이다. 살아가며 접하는 모든

| 연령(세) | 5 | 10 | 15 | 20 | 25 | 30 | 35 | 40 | 45 | 50 | 55 | 60 | 65 | 70 | 75 |
|---|---|---|---|---|---|---|---|---|---|---|---|---|---|---|---|
| 살아온 날 | 1,825 | 3,650 | 5,475 | 7,300 | 9,125 | 10,950 | 12,775 | 14,600 | 16,425 | 18,250 | 20,075 | 21,900 | 23,725 | 25,550 | 27,375 |
| 남은 날 | 26,315 | 24,455 | 22,630 | 20,805 | 18,980 | 17,228 | 15,403 | 13,650 | 11,825 | 10,073 | 8,248 | 6,570 | 4,745 | 3,131 | 1,306 |

순간에 우리는 일상의 의미를 과대평가하는 유혹을 받는다. 또 하나는 우리는 언젠가 진짜로 죽으리라는 사실이다. 그렇다. 논리적으로 우리는 죽음을 안다. 동물, 친척, 다른 사람들이 죽는 것을 봤기 때문에 알고 있다. 하지만 우리가 몰두하는 것들, 타인을 대하는 태도, 소유물을 비축하는 방식, 걱정하는 방식을 자세히 살펴보면 우리는 자신을 극도로 중요한 존재로 과대평가하고 마치 영생하리라는 믿음을 마음속 깊은 곳에 품은 듯하다.

학자들은 오랫동안 인간이 무한성 개념을 이해하려고 애쓰면서, 인생이라는 여정은 언젠가는 끝난다는 유한성 개념과 피할 수 없는 진실을 외면하고 있다고 말해왔다. 영원히 살 것이라는 본능적인 가정은 불안감을 완화하고, 미래지향적 사고를 촉진하며, 궁극적으로 생존 가능성을 높이는 심리적 기제로 진화했을 가능성이 높다. 즉 자신이 언젠가 죽을 것이라는 생각에만 사로잡혀 불안감에 더 취약해진다면, 식량과 주거지 등의 생존 자원 확보 같은 삶을 영위하는 데 중요한 활동에 집중하지 못한 채 아무것도 못하게 될 수가 있다.

하지만 오늘날 같이 빠르게 변화하는 세상에서 우리는 뉴스, 소셜미디어, 이메일, 수많은 알림 등 무수히 많은 자극에 끊임없이 노출되어 자주 걱정하고, 미래의 자신을 상상하며, 의미 없이 산만해지고,

연결이 끊기며, 불안한 상태로 끊임없이 떠다니게 된다.

현대인의 병을 치유할 해독제는 죽음을 받아들이는 것인지도 모른다. 삶의 유한함을 인정해버리면, 정말 중요한 것을 삶의 우선순위로 올리고, 그렇지 않은 것은 버리며, 냉철하게 위기의식을 높여 가장 중요한 가치관을 지키며, 보다 충만하고 진실된 모습의 삶에 집중할 수 있다.

잠시 상상해보자. 오래된 고층 건물 20층에 있는 친구의 아파트에서 자고 있는데, 한밤중에 비명 소리와 연기 냄새 때문에 잠에서 깬다. 비틀거리며 문쪽으로 가서 탈출하려 해보지만 문과 창문이 잠겨 있어서 빠져나갈 방법이 없다. 결국 속절없이 불길 속에서 의식을 잃고 죽어간다.

2004년 한 연구에서 실험참가자들은 바로 이 시나리오를 들은 다음 몇 가지 질문에 답했다. 이를 통해 연구자들은 참가자들의 감사하는 마음이 급격히 올라가는 것을 발견했다. '죽음 연상' 훈련을 통해 사람들은 현재의 삶에 더 만족하게 되고, 사랑하는 사람들과 시간을 보내고 싶은 마음이 더 간절해지며, 의미 있는 목표를 달성하려는 동기가 강해지고, 더 친절해지고 관대해지며, 협동심이 증가하는 결과가 나왔다. 또한 실험군 참가자는 대조군 참가자보다 불안과 스트레스를 적게 느꼈다고 한다.

우리는 언젠가 죽는다. 산만하고 시끄럽고 복잡한 이 세상에서 오히려 존재의 유한함이란 진리가 우리를 치유하고, 해방시키며, 경이롭게 한다. 덕분에 또 다른 중요한 진리에 집중할 수 있게 된다. 오로지 우리의 시간만이, 또 우리가 그 시간을 어떻게 쓰기로 결정하느냐가 이 세상에 영향을 줄 수 있는 유일한 방법이라는 것을.

> 시간을 어떻게 배분하느냐에 따라
> 인생이라는 과업에서 성공할지 실패할지,
> 건강하고 행복할지, 성공적인 파트너
> 또는 부모가 될지 결정된다.
> 우리가 가진 시간과 시간 배분 방식이
> 우리가 발휘할 수 있는 영향력의 중심점이 된다.

앞서 얘기했듯이 인간은 유한성, 무한성, 존재의 무의미함 같은 추상적 개념을 이해하려고 애쓰지만, 정작 시간 자체도 이해하지 못한다. 시간은 실체도 없고 형제도 없이 보이지 않는 곳에서 서서히 흐르고 있다. 그런 시간을 최대한 인지해보기 위해 나는 정신모델mental model을 하나 설정했다. 사무실 책상 위에 작은 룰렛 모양 시계를 두고 매일 보며 자각한다. 나는 이 모델을 '시간을 건 도박time betting'이라 부른다.

## ✠ 시간을 건 도박

우리는 모두 인생이라는 룰렛 판을 보는 도박꾼이다. 인생이라는 도박판에서 우리가 가진 칩의 수는 우리 앞에 남아 있는 시간과 같다. 나는 서른셋이므로 내게는 약 40만 개의 칩이 있을 가능성이 높은데, 하지만 아무도 모른다. 하나만 남았을 수도 있고 50만 개가 남았을 수도 있다.

　이 판의 규칙은 하나다. 매시간 하나의 칩을 놓아야 하며, 한 번 놓은 것은 물릴 수 없다. 룰렛 바퀴는 항상 돌고 있으며, 베팅을 어떻게 하는지에 따라 인생에서 어떤 보상을 얻을지 결정된다. 넷플릭스 보기, 헬스장 가기, 요리하기, 춤추기, 연인과 좋은 시간 보내기, 사업 키우기, 기술 배우기, 자녀 양육하기, 반려견과 산책하기 등 원하는 대로 칩을 걸 수 있다.

　우리가 인생에서 통제할 수 있는 유일한 것이 시간의 칩을 어디에 어떻게 놓느냐다. 이에 따라 성공, 행복, 관계, 지적 발달, 정신건강, 유산 등이 크게 달라진다. 한번 놓은 칩은 절대 물릴 수 없지만, 건강 증진에 칩을 걸면 딜러가 칩을 몇 개 더 줄 수도 있다.

　칩이 바닥나면 게임이 종료되며, 게임이 끝나면 이미 딴 것이라도 하나도 가져갈 수 없다. 이런 규칙을 명심하고, 내가 어떤 것에 인생의 칩을 걸고 있는지 의식적으로 신경 쓰며 살아야 한다. 내게 기쁨을 주는 것을 선순위로 올리고, 부정적 심리, 불안, 환상만 불러일으키는 것을 따르려는 노력은 후순위로 내려보내야 한다.

　내게 칩이 40만 개 남았다면 그중 13만 3333개는 잠자기에, 5만 554개는 소셜미디어 놀이터에서 그냥 놀러다니기에, 3만 개는 먹고 마시기에, 8333개는 화장실에서 쓸 것이다. 그럼 이제 약 20만 개의 칩, 시간으로 환산하면 20만 시간 또는 약 8000일 분량의 칩이 남는다. 그걸로 목표를 이루고, 관계를 쌓고, 가족을 부양하고, 취미활동을 하고, 여행하고, 춤을 추고, 배우고, 운동하고, 개와 산책하고, 남은 인생을 살게 된다.

여러분에게 그저 겁주려고 하는 말이 아니다. 나는 여러분이 하루의 매시간, 칩 하나하나가 얼마나 믿을 수 없을 정도로 중요하고 소중하며 값진 것인지를 깨닫도록 돕고 싶을 뿐이다. 언젠가 죽는다는 것을 확실히 자각하면 시간의 중요성도 확실히 자각하게 된다. 이런 자각이 오면 우리가 가진 모든 칩을 확실한 의도를 가지고 하나하나를 정말 가장 중요한 일에 신중하게 놓게 된다. 디지털 세계의 사회·정신적 도둑들이 우리가 모르는 사이에 칩을 빼앗아가도록 놔두지 않게 된다.

스티브 잡스는 오십 세에 한 대학의 졸업식에서 역사에 길이 남을 명연설을 했고 수많은 사람이 그 연설을 봤다. 연설 말미에 그는 "내가 곧 죽을 것이라는 사실을 상기하는 것이 이제껏 살면서 접해본 가장 중요한 사고의 도구가 됐습니다. 이는 인생에서 큰 선택을 하는 데 도움이 됩니다"라고 했다.

스티브 잡스는 (2011년에 결국 암으로 세상을 떠나고 말았지만) 암을 한 차례 이겨낸 후 '죽음은 인생 최고의 발명품일 가능성이 아주 높다'는 주장을 했다. 그는 죽음을 피할 수 없다는 사실 때문에 인간이 더욱 열심히 노력하고 위험을 무릅쓰고 인생을 개척하게 된다는 확신을 가졌다. 그는 청중석에 앉은 졸업생들에게 시간의 유한함을 재차 강조하며 타인의 기대에 부응하느라 시간 낭비하지 말 것을 간곡히 당부했다.

자신이 마침 죽음의 필연성을 자각했던 만큼, 스티브 잡스는 감수성이 예민한 대학교 졸업생들에게 자신이 해줄 수 있는 모든 말 중에서 인생의 유한함을 일깨워주는 것이 가장 중요하다고 생각했던 것이다.

## ✷ 강단 방정식

이 부분을 쓰면서, 시간관리 기법을 몇 가지 소개해볼까 고민했다. 포모도로 기법, 시간표 설정, 2분 규칙, 아이젠하워 매트릭스, ABCDE 메소드, 아이비 리 메소드, 태스크 배칭, 칸반 메소드, 1분 할 일 목록, 1-3-5 법칙, 타임복싱 메소드, 사인펠드 전략, 시간 관리의 4D, 2시간 솔루션, 행동방법론 등 세상에는 여기 다 열거할 수 없을 만큼 많은 시간 관리에 관한 이론이 있다.

사실 시간 관리 '메소드', '기법', '전략'이 그렇게 많은 이유는 최신 유행 다이어트법이 많은 이유와 같다. 솔직히 말해 그리고 근본적으로 그 어떤 것도 문제를 해결하지 못하기 때문이다. 시간 관리법, 일을 미루지 않는 법, 생산성 향상법 등 그 어떤 걸 알아도 '이것' 없이는 안된다. 힘들더라도 그만두지 않고, 바른 판단을 하고, 장기적으로 중요한 일에 집중할 수 있게 하는 힘, 그것은 바로 강단이다.

수백 가지 방법, 비결, 요령 중 어떤 것이든 실천해나갈 강단이 있다면 다 효과 있을 것이고, 없다면 그 어떤 것도 소용없다. 그래서 알아봤자 실천할 수 없을지도 모르는 생산성 향상법 같은 것 말고, 강단에 대한 이야기를 하려 한다.

강단이란 동기 수준의 변동에 구애받지 않고,

일관된 방식으로 자신을 통제하며,

즉각적 보상을 추구하지 않고, 인내심을 발휘해

목표추구 의지를 지속적으로 유지하는 것이다.

오랫동안 강단을 유지하는 심리적 요인은 다양할 수 있으며, 개인 특성, 사고방식, 감정 조절, 환경적 요인이 복합적으로 작용할 수 있다. 하지만 수년, 수십 년에 걸쳐 나의 강단이 일관되게 작용한 삶의 주요 영역이 있다. 건강 및 체형 관리, 회사 경영, 연애, 가족 관계 등을 되돌아보면 강단을 구성하는 세 요소가 있다. 나는 세 요소로 나만의 '강단 공식'을 세워봤다.

1. 목표 달성에 대한 가치 인식
2. 목표 추구 과정에서 발생하는 심리적 보상과 유인
3. 목표 추구 과정에서 발생하는 심리적 비용과 이탈

## ✮ 목표의 가치 + 추구에 따른 보상 - 추구 비용

디제잉을 예로 들겠다. 나는 1년 전부터 디제잉을 배우고 있다. 1년 동안 주 5회 연습실에 나가 한 시간씩 정말 꾸준히 연습하고 있다.

목표의 가치: 나는 DJ가 되고, 내 노래를 직접 프로듀싱하는 꿈이 있다. 나는 음악에 빠져 있고 디제잉이라는 예술을 사랑한다. 동료 앞에서 첫 공연을 해본 후, 3000명 앞에서도 공연했다. 나는 한 공간

에 모인 사람에게 선사하는 라이브 공연의 마성에 매료돼 있다.

추구에 따른 보상: 매주 새로운 음악을 다운로드하고, 새로운 믹싱 방식에 도전해서 몰입해보고, 연습하다 보니 치유의 상태까지 이르게 됐다. 이는 심리적으로 엄청난 보상이었으며, '법칙 29'에서 다룰 '발전의 힘' 덕에 나는 이 단계에 매우 몰입했다.

추구 비용: 연습 시간, 집중에 필요한 에너지, 사람들 앞에서 공연하려면 견뎌야 하는 약간의 불안감이 있다. 하지만 목표의 가치와 목표 추구에 따른 보상이 비용보다 크기 때문에 동기 수준의 변동에 관계없이 나는 강단을 유지하고 있다.

## 강단 공식에 영향을 미치는 방법

무지함, 불안감, 미성숙 탓에 나는 10대 후반과 성년이 된 후에도 얼마 동안 돈, 사회적 지위, 사랑을 얻기 위해 끈질지게 노력했다. 우리는 어렸을 때 존재감을 위축시켰던 것들을 어른이 되면 극복하며 인정받고 싶어하는 경향이 있는데, 그 세 가지가 내게는 모두 그런 의미를 갖는 것들이었다. 끈질기게 노력했던 그 행동을 부추겼던 것이 불안감이었다는 것을 전혀 알지 못했다. 사실 내가 주도했다기보다는 끌려다닌 것에 가깝다. 내가 실제로 무엇을 위해 노력해왔는지를 몰랐다.

나는 부와 성공, 세상에서 인정받는 것이 목표라고 믿고 있었지만, 실제로는 마음속 깊은 곳에 자리 잡은 불안감과 어린 시절의 수치심을 해소하고 싶었던 것이다. 무엇이 어디로 나를 끌고가는지도 몰랐다. 이 책을 읽는 독자들 대부분도 그렇지 않을까 생각한다. 대부분 자신의 목표가 무엇인지, 그 목표가 왜 그렇게 중요한지를 진짜로, 정말로, 확실하게 알고 있지 못할 것이다.

강단 공식의 첫 번째 요소인 '목표 달성에 대한 가치'를 결정하려면, 목표가 무엇인지 확실하게 알아야 한다. 그리고 그 목표를 달성하는 것이 본질적으로, 진정으로 왜 그렇게 중요한지를 정확히 알아야 한다. 그래야만 목표의 가치를 계속 상기시킬 수 있는 시스템과 동작 신호를 설정할 수 있다.

이 단계에서 시각화가 엄청나게 중요하다는 것이 과학적으로 입증돼 있다. 일단 목표 지점에 있는 자신을 상상해보고 그 모습이 좋아 보인다면, 그 목표를 더욱 가치 있게 여기게 된다. 현대인의 일평균 휴대폰 사용 시간이 3.15시간이라는데, 나는 하루에 5시간 넘게 사용한다. 그래서 아예 휴대폰 배경화면을 시각화 도구로 만들었다. 통계처럼 하루에 3시간 정도 휴대폰을 보는 경우, 배경화면을 가치 인식 강화 효과가 있는 것으로 설정한다면 무의식에 큰 영향을 줄 수 있다.

강단 방정식의 두 번째 요소는 목표 추구에 따른 보상이다. 이 단계에서는 무슨 수를 써서라도 그 과정을 즐길 수 있고 또 높은 몰입도를 유지할 수 있는 심리적 장치를 심어놓아야 한다. 나는 자기 규율 상태를 잘 유지해 3년째 주 6일 헬스장에 가고 있다. 덕분에 나는 운동할 때마다 도파민이 증가하는 생리적 보상을 받았을 뿐만 아니라, 운동하는 것에 대해 의도적으로 책임감을 부여하고 운동 과정을 게임화하여 몰입도를 극대화했다.

나는 와츠앱에 내 친구와 동료 10명이 참여하는 '헬스블록체인'

이라는 단체방을 만들었다. 참여자들은 웨어러블 기기에 표시된 운동 기록 스크린샷을 매일 단체방에 올린다. 월말마다 가장 꾸준하지 않았던 한 명을 퇴출하고, 추첨으로 한 명을 새로 초대한다. 가장 꾸준히 운동한 상위 3명에게는 금메달, 은메달, 동메달을 수여하고 메달별로 포인트를 인정해 순위를 표시한다.

일상 대화, 월말 메달 시상, 농담, 유대감, 퇴출 위험, 경쟁 등의 모든 요소가 결합되어 구성원들 간의 사회적 합의*social pact*가 체결된다. 이는 일종의 상호 합의로 단체방 구성원 개개인은 목표 달성을 위해 서로 돕고 협력해야 한다는 책임감을 갖는다. 한편 보상, 점수, 도전 과제 같은 게임 요소를 접목해 목표 달성 과정을 게임화*gamification* 하면 참여자의 책임감과 즐거움이 높아져 참여도가 더 올라간다는 결과는 이미 과학적으로 검증돼 있다.

이제 가상의 타이틀을 획득할 수 있고, 또 친한 사람들에게 몇 달이고 자랑하는 재미도 추가되면서 그 과정이 더 즐겁게 느껴지고 몰입도가 높아졌다(두 번째 요소). 건강해지고 보기에 좋은 몸을 갖자는 목표 자체에 대한 가치도 더 높아졌다(첫 번째 요소).

강단 상태를 지속 가능하게 만들려면, 목표 달성 과정과 관련된 심리적 저항과 물리적 장애물을 어떻게든 줄여야 한다. 이 단계에서 강단 방정식의 세 번째 요소, 즉 목표를 달성하기 위해 노력하는 과정에 드는 심리적 비용이 중요해진다.

너무 어렵거나, 복잡하거나, 부정적인 피드백으로 가득하거나, 불공평하거나, 시간 소모적이거나, 돈이 많이 들거나, 두렵거나, 자율성을 빼앗긴다거나, 고립된다는 느낌을 주거나, 잘 늘지 않는다거나 등 그 과정을 본질적으로 재미없게 만드는 요소가 있다면, 목표 달성 노력에 드는 비용이 높다고 생각이 들면서 그만큼 강단 있게 지속할 가능성이 낮아진다.

디제잉을 배우기 시작했을 때 나는 연습 장벽과 비용을 최대한 낮추면 연습 의지가 크게 강화될 것이라는 사실을 알고 있었다. 또한 신호 효과를 강조한 '법칙 8'의 습관 작동 기제를 고려해 디제잉 장비를 내 눈에 잘 보이는 식탁 위에 1년 내내 설치해놓고 버튼 하나만 누르면 바로 연습을 시작할 수 있도록 했다.

만약 연습을 준비하는 데 20분씩 걸리거나 잘 보이지 않는 방에 설치했다면, 연습 의지는 분명히 약해졌을 것이다. 과정이 번거롭게 느껴지면 목표 달성 가능성이 낮아진다. 심리적 비용을 증가시키거나 몰입을 방해하는 요인이 있다면 반드시 제거해야 한다. '강단=목표의 가치+추구에 따른 보상-추구에 따른 비용'임을 기억하자.

> 남들보다 더 똑똑할 필요는 없다.
>
> (하지만) 남들보다 자신에게 더 엄격해야 한다.
>
> —워런 버핏

## 법칙: 강한 의지는 죽음, 시간, 강단에서 온다

성공은 복잡하지도 않고, 마술도 아니며 미스터리도 아니다. 운, 우연, 행운이 경이로운 순풍을 몰고올 수도 있지만 그 외에는 시간을 어떻게 사용하느냐에 따라 달라진다. 성공의 대부분은 매일 인내할 수 있을 만큼 우리를 사로잡는 무언가를 찾고, 꾸준히 노력할 수 있을 만큼 깊이 공감할 수 있는 목표를 찾는 데 달려 있다. 성공은 자기 통제의 결과물이다. 쉽지 않지만 이 원칙은 아름다울 정도로 단순하다.

시간을 누구와 어떻게
보낼지를 깐깐하게
선택하는 것만큼
자존감을 가장 잘
표현하는 방법은 없다.

4부

조직의 삶

## 법칙 28
## 방법을 찾지 말고 사람을 찾으라

어떻게 탁월한 회사, 프로젝트, 조직을 쉽게 키워낼 수 있을까? 경영자가 직접 무엇을 더 배우거나 무엇을 더 하지 않고도 그렇게 할 수 있는 방법을 알아보자.

반대편 좌석에는 세계에서 가장 유명한 기업가 중 한 명이자 모험가, 우주 여행가, 버진그룹의 창립자인 리처드 브랜슨이 앉아 있다. 나는 맨해튼에서 열린 전기 다큐멘터리의 비공개 시사회에 참석했고, 다음 날 그에게 나의 책을 위한 인터뷰에 두 시간을 내어달라고 요청했다. 그는 이렇게 말했다.

> 저는 난독증이 있고 공부도 못했어요. 저도 스스로 조금 멍청하다고 생각했고요. 더하기와 빼기 정도만 겨우 하는 데다가 좀 더 복잡한 문제는 건드리지도 못했죠. 나이를 쉰 개 먹은 어느 해, 어느 날 이사회에 참석해 "이게 좋은 소식인가요, 나쁜 소식인가요?"라고 묻자 이사 중 한 명이 "잠깐 밖으로 나와보시죠"라고 했어요. 밖으로 나가자 그는 "순이익과 총이익의 차이를 아시나요?"라고 물었습니다. 저는 모른다고 했죠.

그는 제가 모를 줄 알았다면서 종이 한 장과 색연필을 꺼내더니 파란색으로 칠했습니다. 그러고는 그것에 그물을 넣고 그 그물에 작은 물고기를 넣었어요. 그리고 이렇게 말했죠. "그물 안에 있는 물고기가 순이익이고, 나머지 바다에 있는 물고기가 총이익입니다." 저는 알겠다고 대답했습니다.

그런 건 정말 중요한 게 아니라고 생각해요. 회사를 경영하는 사람에게는 우리가 업계 최고가 될 수 있는지가 중요합니다. 계산은 다른 사람이 하면 돼요. 더하기 빼기 잘하면 편하겠지만, 못한다고 해도 크게 걱정하지 않아도 됩니다. 그걸 잘하는 사람을 쓰면 되니까요.

저는 사람들을 잘 다루고, 신뢰할 수도 있어요. 좋은 사람만 내 주변에 둡니다. 난독증 때문에 다른 사람에게 일을 맡길 수 밖에 없으니까요.

나는 벙쪘다. 그룹 산하에 40개사와 직원 7만 1000명을 거느리며 연간 240억 달러를 벌어들이는 스타 기업가이자 억만장자가 자신은 글을 못 읽고 수학도 못하지만 '그건 별로 중요치 않다'고 했다. 그 말은 날 해방시키며, 깨달음을 주고, 힘을 실어주는 것 같았다.

솔직하게 인정하는 그의 말이 내 귀엔 음악처럼 들렸다. 인간적이고 정직하게 느껴졌을 뿐만 아니라 '내가 그렇게 사기꾼은 아니구나'하는 안도감을 줬기 때문이다. 내가 스물둘에 설립한 회사는 수억 달러의 매출을 올렸고, 세계 각지에서 수백 명을 고용했다. 나는 내 시간의 대부분을 유럽 대륙, 영국, 미국 사무실을 오가는 비행기에서 보낸다. 회계 같은 영역에 대해서는 잘 몰랐기 때문에 '내가 과연 진정한 CEO가 맞나'하는 의구심이 마음속 깊은 곳에 늘 자리잡고 있었다. 나는 지난 10년간 최고의 품질을 구현하는 데 내 에너지를 집중했고, 직접 하기 싫고 또 할 수도 없는 일은 나보다 훨씬 더 능력 있고 경험도 많고 자신감 있는 사람들에게 위임했다.

이 방법은 내겐 항상 효과적이었다. 나는 내가 잘하지 못하고 좋아하지 않는 분야의 전문가가 되겠다는 희망을 오래전에 포기했다. 하지만 이러한 관점은 경영대학원, 창업 관련 책, 성공담 블로그에서 접하는 '성공하려면 여러 방면에서 뛰어나야 한다'는 조언에는 부합하지 않는다. 나는 스탠드업 코미디언 지미 카를 인터뷰했는데, 그는 지혜와 유머로 내 생각을 지지해줬다.

학교는 우리에게 잘못된 교훈을 가르치는 것 같아요. 우리는 학교에서 평범한 것과 무난한 것이 미덕이라 배우죠. 하지만 우리는 무난한 것에는 보상이 없는 세상에 살고 있습니다. 누가 '평범한' 사람에게 관심이나 가지던가요? 물리학에서 D를 받고 영어에서 A를 받는다면, 영어를 선택해야죠. (…) 그런데 학교에선 '물리학에서 C 학점을 받게 해주겠다'고 하죠. (…) 물리학을 C만큼 하는 사람을 물리학계에서 찾을까요? 그러니 자기에게 타고난 능력이 무엇인지, 자기가 가장 잘하는 것이 무엇인지 찾고 그 길로 가야한다고 봐요!

지미의 이야기는 지난 10년 동안 내가 추구한 전략을 완벽하게 요약한 것 같다. 사실 나는 학교 출석률이 31퍼센트였고 중퇴했다. 그만큼 나는 재미없는 일은 정말 못했는데, 그런 무능력이 나중에 초능력과 같은 것으로 검증됐다. 그런 성향 덕분에 잘하고 좋아하는 몇 가지에만 전념할 수 있었던 것이다.

사업에서(특히 사업을 정말 크게 하고자 하는 꿈이 있다면) 무슨 일을 하는 법을 배우는 게 중요한 것이 아니라, 누가 그 일을 할 수 있는지를 아는 것이 중요하다. 사업은 결국 사람이다. 알든 모르든 모든 회사는 결국 인재 채용이 관건이다. 최고경영자와 창업자는 모두 최고의 인재를 발굴하는 능력과 그 인재가 최대한 성과를 발휘할 수 있는 문화를 결속해 '1+1=3'을 만드는, 즉 기업성과가 구성원 개개인 능력의 총합을 능가하도록 만들어내는 능력으로 평가받는다. 내가 만약 16세의 리처드 브랜슨을 고용하고 그가 최대한 능력을 발휘할 수 있는 문화를 조성했다면 200억 달러짜리 회사를 손에 쥐었을 수도 있다. 창업주들은 자신을 과대평가하는 경향이 있다. 경험이 부족하다면 더욱 그렇다. 그런 경영인은 자신의 탁월함, 아이디어, 역량이 성공의 관건이라는 착각의 덫에 걸려든다.

> 한 회사의 목적지는 그 회사가 모아놓은
> 사람들의 독창성, 아이디어, 실행력의
> 총합에 따라 결정될 것이다.
> 훌륭한 아이디어, 마케팅, 제품, 전략 등 모든 것이
> 바로 그 회사가 뽑은 사람들의 생각에서 나온다.

사람을 뽑는 것, 이것이 경영자의 최우선 과제다. 이를 깨닫는 사람이 세상을 바꿀 수 있는 회사를 키워낸다.

> (...) 가장 중요한 일은 인재 발굴이라고 생각한다.
> 나는 정말 재능 있는 사람들을 발굴하려고
> B급이나 C급 선수에는 안주하지 않고
> A급 선수를 뽑으려고 부단히 노력했기에
> 이렇게 많은 성공을 거둘 수 있었다.
> 인재에게 할 일을 지시하는 것은 의미가 없다.
> 우리가 무얼 해야 하는지를 듣기 위해 그를 뽑는 것이다.
> ―스티브 잡스

## ✦ 법칙: 방법을 찾지 말고 사람을 찾으라

우리는 뭔가 해야 할 때 '어떻게 하면 이 일을 할 수 있을까'라고 스스로에게 묻도록 배웠다. 하지만 더 나은 질문은, 세계 최고의 창업자들이 기본적으로 그러는 것처럼, '이 일을 해줄 수 있는 최고의 인재는 누구인가'다.

우리의 자의식은
우리가 직접 해야 한다고
주장할 것이다.
그러나 우리의 잠재력은
남에게 위임하라고
주장할 것이다.

법칙 29

# 강력한 신념과 문화를 설계하라

어떻게 하면 진정성 있는 조직 문화를 만들어낼 수 있을까?

스타트업은 일종의 컬트(사이비 종교)처럼 경영해야 한다.
—피터 틸(페이팔 공동 창립자)

## ✴ 내집단을 숭배하라?

급변하고 예측 불허인 난기류 속 같은 기업 환경에서는 구성원들 모두가 직급을 막론하고 독립적 사고를 할 줄 알아야 한다. 오늘날 기업에서 가장 환영받지 못하는 유형은 독립적 사고가 불가능한 직원일 것이다.

하지만 짐 콜린스는 『성공하는 기업들의 8가지 습관』에서 기업의 구성원들이 특정 가치에 마치 숭배하듯 헌신하는 것은 잘못된 것이 아니라고 주장했다. 그가 위대한 기업을 만든 선구자들의 경영방식을 관찰한 결과, 선구자들은 단순히 직무 윤리, 이상, 역량 같은 업무적 영역뿐만 아니라 종교적 수준의 헌신을 의도적으로 장려했음을 알 수 있었다. 한 집단의 구성원들이 어떤 대의, 브랜드 또는 사명에

목숨을 바칠 정도로 그렇게 헌신적이 될 수 있을까?

나는 세계에서 가장 사랑받는 브랜드의 CEO 여럿을 만나봤는데, 그들의 이야기에서 겹치는 부분이 있었다. 그들의 표현을 빌리자면, "컬트 추종자"거나, "컬트적인" 조직 문화를 보유하는 사람도 있고, 일부는 창립 초기에 "컬트 정신이 있었다"라고 말하는 사람도 있었다. 억만장자 기업가이자 페이팔의 공동 창업자인 피터 틸은 이렇게 말했다.

기업 문화의 온도 차이는 선형적 스펙트럼에 점으로 표시해볼 수 있어요. 최고의 스타트업 조직 문화는 극단적 사이비 종교보다 광기가 조금 덜한 정도일 것입니다. 사이비 집단은 어떤 중요한 가치에 잘못된 광기를 보이는 반면, 성공적인 스타트업 구성원들은 외부인들이 간과했을 수 있는 중요한 가치에 긍정적인 광기를 갖고 있죠.
좋아하지 않는 사람들과 뭐하러 일합니까? 직장을 단지 일만 하는 곳으로 보는 관점, 즉 소속감 없는 프리랜서들이 그저 일 있으면 출퇴근하는 곳이라고 보는 태도는 냉정한 것보다도 좋지 않아요. 이건 이성적인 태도도 아니에요. 시간은 가장 소중한 자산인데, 먼 미래에 대한 비전을 공유하지 못하는 사람들과 함께 일하는 것은 시간 낭비죠.
샌프란시스코에 가면 아침에 회사 티셔츠를 입고 출근하는 사람들을 볼 수 있을 겁니다. IT 기업 직원들에게 매우 중요하죠. 스타트업의 유니폼은 간단하고 핵심적인 원칙을 담고 있습니다. 직원들 개개인은 다르되 동시에 같아야 합니다. 마치 한 사람처럼 동질감을 갖고 회사의 사명에 열정적으로 헌신해야 하죠.

무엇보다도 복리후생에 대한 신경전은 관두세요. 세탁물 무료 수거나 반려동물 돌봄서비스에 크게 흔들릴 사람이라면 조직엔 도움이 안 될 거예요. 물론 기본적인 복리후생은 제공하면서 타사는 절대 해줄 수 없는 약속을 해야죠. 세상 어디에도 없을 훌륭한 동료들과 함께 대체 불가능한 위대한 업적을 남길 수 있는 기회를 말입니다.

허름한 창고나 지하실 또는 아파트에 몇 명 안되는 직원들이 컴퓨터 몇 대 갖다놓고 일하는 장면의 이미지를 본 적 있을 것이다. 향후 수십억 달러 가치를 웃도는 기업으로 발전하고 있는 모습으로 그들은 늘 피곤하고 영양실조에 걸린 것 같지만, 또 무언가에 엄청나게 집중하고 있다.

페이스북, 아마존, 마이크로소프트, 구글, 애플 등이 바로 그렇게 시작했다. 이 회사들 모두 창업 초기에는 마치 사이비 종교 같은 색채를 띠었으며, 창업자들은 그런 종교적 수준의 헌신, 신념, 집착 수준의 열의가 있었기에 결국 성공할 수 있었다고 자부한다.

스타트업에서 일하는 에너지는

사회운동이나 컬트에 참여하는 에너지와 비슷하다.

—케빈 시스트롬(인스타그램 공동 창립자)

처음 회사를 시작했을 때 '컬트 같은 곳에서
일하고 싶은 사람이 어디 있겠냐'고 생각했다.
하지만 스타트업을 한다면,
그런 분위기를 만들어야 한다.
회사 일에 직원들이 정말 진심인
그런 회사를 말이다.
―토니 셰이(재포스 전 CEO)


이건 뭐 일종의 컬트 집단 같은 거예요. 열의, 동지애, 사명감,
목적 의식으로 뭉친… 뭔 말인지 아시죠?
―에반 윌리엄스(트위터 공동 창업자)

## ✤ 기업은 어떤 과정을 거쳐 성장하는가

나는 십수 번이 넘는 스타트업 성공 경험과 창업에서 성공한 수백 명과의 대화를 통해 일종의 신념을 갖게 됐다. 최고가 된 기업은 진화 과정을 거쳐 그렇게 되는데, 일부 사람에게는 거부감이 들 수도 있겠지만, 초창기 모습은 사이비 집단과 비슷하다.

하나의 기업이 탄생하면 '컬트', '성장', '대기업화', '쇠퇴'라는 네 단계를 거친다. 컬트 단계 또는 '0에서 1이 되는' 단계에서 창립멤버들은 망상에 가까운 신념, 열정, 절박함에 너무 사로잡혀 사회생활, 인간관계, 안타깝게도 건강을 희생하면서까지 신생 회사의 '첫 걸음마'에 자신의 모든 것을 건다.

'성장' 단계에 있는 회사는 겉으론 멀쩡해 보이나 안을 들여다보면 엉망이다. 직원들은 늘 과로하고, 자원은 부족하고, 경험까지 부족한 경우도 많다. 성장을 감당할 시스템, 업무절차, 인력도 제대로 없지만, 직원들은 마치 위대한 목적지로 향해가는 로켓 우주선에 탑승한 동료와 같다. 두렵지만 설렘과 희망이 있기에 절대로 그 우주선에서 내리지 않는다.

'대기업화' 단계로 올라선 회사의 직원들은 이제 안정을 찾는다. 구성원의 삶은 균형을 이뤘고, 이직률이 낮아지며, 성과기대치, 업무절차, 시스템이 정립돼 있다.

마지막 단계인 '쇠퇴' 또한 모든 회사가 결국 겪게 되는데, '법칙 23'에서 이미 설명했듯이, 위험 회피, 현실 안주, 타조 행동 등이 주요 원인이다.

✯ ✯ ✯

회사를 창업할 때 내리는 결정 중 가장 중요한 것은 첫 직원 10명을 잘 뽑는 것이다. 그 한 명 한 명이 회사의 문화, 가치, 철학을 10퍼센트씩 대표하게 되므로, 첫 10명을 제대로 뽑아서 바람직한 문화로 결속시킬 수 있다면 회사의 정체성이 확고해진다. 그 문화가 강력하면 새로 들어온 사람들이 그 문화에 동화될 것이고, 그 문화가 약하면 신규 진입자들이 형성하는 문화에 흡수될 것이다. 11번째로 들어온 직원은 신기하게도 가치관과 철학이 다른 10명과 닮아 있을 것이다.

A급 '선수'들을 충분히 모아놓고

거기서 5명을 선발해 협업하게 했더니

서로 함께 일하는 것을 좋아한다고 알게 됐어요.

전에는 그렇게 함께 일할 기회가 없었던 것이죠.

그들은 B급이나 C급과는 일하려 하지 않아요.

그러다 보니 사람을 더 뽑을 때에도

A급 인재들만 찾게 되고요.

조직을 처음 만들 때 A급 인재로 시작해야

계속 A급 인재가 유입됩니다.

우리 맥Mac팀이 바로 그렇게 시작했죠.

모두 A급 선수들로만.

—스티브 잡스

'최초의 10인'은 미래의 직원 100명에 대한 문화의 창 역할을 한다. 그래서 위대한 기업으로 성장하는 기업들의 초창기 모습이 컬트 집단 같다고 한다. 모두의 가치관이 분명하고, 대의에 헌신하며, 문제 해결에 골몰하는 모습들 때문이다. 최초의 집단 심리는 지속이 불가능해서 필연적인 기업 성장 주기를 거치면서 희석되겠지만, 그 본질은 명확한 가치관으로 남아 회사가 하는 모든 일에 계속 스며들어 간다. 그렇다면 이러한 '컬트'의 구성 요소는 무엇일까?

## 1. 공동체 의식과 소속감

컬트를 연구해온 유니온칼리지 심리학 교수 조슈아 하트는 "컬트는 의미, 목적, 소속감을 제공한다"라고 했다. 컬트 지도자는 명확하고 자신감 있는 비전을 제시하고, 자기 집단의 우월성을 주장한다. 그리고 추종자들은 자신들이 갈망하는 내적 평화, 소속감, 안정감이 충족되는 것을 느끼며, 직접 참여하면 자신감도 얻는다.

## 2. 공통의 사명

종교연구가인 야냐 라리치는 "컬트는 일반적으로 극단적 이데올로기에 함께 헌신하는 집단 또는 단체운동"이라고 말했다. 또한 컬트는 명확한 공동의 정체성이 있으며, 때로는 유니폼을 입기도 한다. 회사에 기업 로고가 있는 것과 마찬가지다.

## 3. 영감을 주는 리더

"컬트의 지도자들은 일반적으로 자신을 절대 틀리지 않고, 자신감이 충만하며, 굉장히 위대한 인간으로 과대포장한다. 이들의 카리스마는 사람들을 자석처럼 끌어당긴다"라고 조슈아 하트는 설명한다.

## 4. '우리 편 아니면 모두 적'이라는 사고방식

컬트는 명백한 적을 두는 경우가 많다. '헤븐스게이트'의 경우, 문명 전체와 불신자들을 적으로 규정했다. 기업의 맥락에서는, 업계 경쟁자 또는 사내 경쟁 팀이 적에 해당한다.

스타트업에 다니며 가장 먼저 믿어야 할 것은

내가 세상을 바꿀 수 있다는 것이다.

—마크 안드레센(실리콘밸리 벤처캐피털 안드레센호로위츠 공동창립자)

## ✹ 기업 문화 구축을 위한 10단계 원칙

다음 원칙들을 염두하자.

1. 회사의 핵심 가치를 정의하고 이를 사명, 비전, 원칙 또는 목적에 잘 연계시켜 조직의 견고한 기반을 구축한다.

2. 모든 부서와 업무 기능을 관통하는 채용 정책, 업무 절차, 지침 등 회사 운영의 모든 측면에 의도하는 문화를 통합한다.

3. 모든 구성원을 대상으로 한 기대 행동과 업무 기준에 합의해 긍정적인 업무 환경을 조성한다.

4. 회사의 상업적 목표보다 더 고차원적인 조직의 목적을 설정해 직원들 간에 더 깊은 유대감을 조성한다.

5. 신화, 서사, 회사 고유의 용어와 역사, 상징, 관습 등을 활용해 조직 문화를 강화하고, 이 문화를 조직 구성원의 집단의식 기저에 뿌리내리도록 한다.

6. 그룹으로서의 고유한 정체성을 개발하고, 팀원들이 특권 의식과 자부심을 갖게 만든다.

7. 성과와 발전을 축하하고 회사 문화를 실천하고 동기와 자부심을 높여주는 분위기를 조성한다.

8. 구성원들이 동료애, 공동체, 소속감을 갖게 독려하고, 상호 의

존성과 집단 의무감이 높아지도록 만들어, 조직의 결속을 강화한다.

9. 조직 내 장벽을 없애고 직원들이 진정성 있게 의사를 표현하며 각 개개인의 특성을 포용할 수 있도록 한다.

10. 개인과 집단으로서의 직원 모두가 고유한 자질과 기여도가 있다고 강조하면서, 구성원 각자가 차별화되고 특별한 존재로 인식되도록 한다.

## ✯ 컬트 문화를 장기로 유지하면 안 되는 이유

지속 가능한 조직을 만들고자 한다면, 컬트적 집착만으로는 부족하다. 컬트라는 것은 원래, 기업 환경에서는 특히 더, 오래 지속되기 힘들고 구성원들을 정신적으로 힘들게 한다. 그래서 경영에서든 사생활에서든 장기 목표를 달성하는 데 효과적이지 않다. 장기 사업 목표를 달성하려면 가장 중요한 원칙은 지속 가능한 문화를 만들어내는 것이다. 조직의 구성원들이 사명을 진정성 있게 실천하고, 높은 수준의 자율성을 발휘할 수 있고, 업무가 충분히 도전적이며, 앞으로 전진하고 발전하고 있다고 느끼며, 정말 함께 일하고 싶고 '심리적 안전'을 제공하는 배려와 지지를 보내는 사람들로 둘러싸인 문화를 조성하는 것이다. 그렇게 할 수 있다면, 장기적으로 성공할 수 있는 기반을 구축하는 셈이다.

## ✣ 법칙: 강력한 신념과 문화를 설계하라

컬트적 사고방식과 구성원들의 헌신은 스타트업 초기 단계에서 큰 도움이 된다. 문화를 형성하고 사업 개척에 필요한 열정의 동력원이 된다. 물론 마냥 열정만을 강요해선 안 된다. 하지만 회사가 성장하면 보다 장기 목표를 달성하기 위한 성숙이 필요한 법이다. 이런 단계에서 컬트적 문화는 유용하지 않다.

조직 문화가 강하면
새로 합류한 사람들은
그 문화에 동화될 것이다.
조직 문화가 약하면
새로 합류한 사람들에게
동화될 것이다.

법칙 30

# 훌륭한 팀을 만들기 위한 세 가지 기준

세계적인 경영의 대가들은 누구를 뽑고, 승진시키고, 해고할 때 어떻게 결정할까?
팀을 성장시킬 때 조직 문화를 최우선시하는 이유는 무엇일까?

알렉스 퍼거슨 경은 역사상 가장 위대한 축구 감독으로 널리 인정받는다. 맨체스터 유나이티드의 감독으로 26년 동안 우승 트로피 38개를 거머쥐었고, 2013년 여름 프리미어 리그 우승을 마지막으로 71세에 은퇴를 선언했다.

그가 처음 감독으로 부임했던 해는 1986년이다. 당시 부진을 면치 못하고 있었던 팀에게 그는 "맨체스터 유나이티드에서 가장 중요한 것은 클럽 문화이며, 그 문화는 감독에게서 나온다"라고 말했다. 그는 선수와 전술이 아니라 문화와 가치가 성공의 관건임을 강조했다. 팀의 가치관은 선수가 입단하는 순간부터 주입돼야 하며, 선수, 코치, 스탭, 구단 임원에 이르기까지 클럽의 모든 구성원이 같은 가치관을 공유해야 한다고 말했다.

승승장구 중이던 맨체스터 유나이티드에 2006년 입단했던 파트리스 에브라를 만나 입단 계약을 앞두고 어떤 공항 밀실에서 퍼거슨 감독을 만났던 일화를 들었다.

감독님이 제 눈을 바라보며 하나만 묻고 싶다고 하시더군요. 그는 강철 같은 눈빛으로 저를 바라보며 클럽을 위해 죽을 각오가 되어 있냐고 물어보셨고, 저는 그렇다고 답했어요. 그러자마자 감독님은 탁자 넘어 손을 뻗으며 "맨체스터 유나이티드에 온 걸 환영한다!"라고 말씀하셨죠.

퍼거슨은 클럽 내에 강력하고 단합된 문화를 만들면 경기에서 승리할 수 있고 장기간 성공을 지속할 수 있을 것이라고 믿었다. 그는 옳았다. 퍼거슨만큼 안정적으로 일관되게 성공적으로 군림한 축구 감독은 전무후무하다. 선수 개개인은 팀이라는 단체의 정신, 문화, 가치에 걸림돌이 되지 않아야 한다는 것이 퍼거슨 철학의 특징이다. 그는 기자회견장에서 '클럽보다 위대한 존재는 없다'는 말을 자주 했고, '맨유 방식'을 고수하지 않는 선수는 아무리 잘해도, 아무리 유명해도, 아무리 그에게 필요해도 가차 없이 이적시키는 것으로 유명했다.

지난 몇 년 간 전직 맨체스터 유나이티드 선수 다섯 명을 인터뷰했는데, 퍼거슨 감독의 가장 큰 강점 중 하나는 스타 선수들이 최전성기를 구가하고 있을 때에도 그들을 움직일 수 있는 능력이라고 입을 모았다. 그중 맨체스터 유나이티드의 센터백으로 활약했던 리오 퍼디난드의 이야기를 들어보자.

당시 세계 최고의 수비수였던 야프 스탐에게 '나중에 보자'고 하셨죠.

전성기였던 데이비드 베컴도 내보내고! 맨체스터 최고의 득점왕이었던 뤼트 판 니스텔루이도 방출했죠! 남다른 촉이 있으셨던 거예요.

베컴은 퍼거슨 휘하에서 유럽 최고의 미드필더로 인정받았다. 하지만 팝스타 빅토리아와 결혼한 후 베컴을 성가시게 따라다니는 파파라치들이 퍼거슨의 신경을 계속 자극했다. 베컴의 인기가 하늘을 찌르니 점점 더 팀을 산만하게 만드는 존재가 됐고, 이는 퍼거슨 감독이 추구하는 팀 문화와는 완전 반대되는 것이었다. 이듬해 여름 결국 베컴은 레알 마드리드로 이적했다.

또 다른 예는 맨체스터 유나이티드 황금기 시절 주장으로 뛰었던 미드필더 로이 킨이다. 맨유에서 일곱 개의 타이틀을 획득하고 1999년에는 트레블(FA 프리미어리그, FA컵, UEFA 챔피언스리그) 우승을 이끌었다. 하지만 훈련장에서 말싸움을 하고 인터뷰에서 '열폭'하며 동료 선수들을 비판한 이후 결국 퍼거슨의 눈 밖에 나 2005년 셀틱으로 이적했다.

뤼트 반 니스텔루이는 맨체스터 유나이티드 역사상 손꼽히는 득점력을 선보인 선수다. 하지만 시즌 마지막 경기에 출전하지 못하고 벤치를 지키다가 폭발하여 경기장을 뛰쳐나간 이후 다시는 맨체스터 유나이티드에서 그의 얼굴을 볼 수 없었다.

스포츠계나 기업에 있는 관리자들은 보통 그렇게 대담한 결정을 내릴 만한 배짱, 선구안, 확신은 없을 것이다. 회사 문화에 도전한다는 이유만으로 핵심 인재를 해고하는 것은 문제가 될 수 있기 때문이다.

하지만 내가 인터뷰했던 위대한 스포츠 지도자나 경영의 대가들은 '썩은 사과' 같은 존재 하나 때문에 능력 있는 나머지를 다 버리게 된다면 그게 더욱 큰일이라는 것을 본능적으로 알고 있다.

> 내가 배우기 가장 어려웠던 것이 해고하는 법이다.
> 하지만 회사 고유의 정체성과 팀 문화를 지키기 위해 반드시 알아야 한다.
> —리처드 브랜슨

바바라 코코란은 미국의 여성 사업가이자 샤크 탱크 투자자이며 10억 달러 규모의 뉴욕 부동산 제국을 건립한 사람이다. 인터뷰에서 그는 다른 '아이(직원)'가 감염되기 전에 팀에서 '부정적 영향력'을 제거하는 것이 정말 중요하다고 강조했다.

저는 부정적이고 적합하지 않은 직원을 오래 기다리지 않고 빨리 내보냅니다. 착한 우리 아이들을 망치는 존재들이죠. 부정적인 사람들은 항상 같이 투덜거릴 사람이 필요합니다. 제거 대상인 셈이죠. 우리 문화에 맞지 않는 부정적인 사람을 두어 달 이상 놔둔 적이 없어요. 이런 유형의 사람들은 밤에 드는 도둑과 같아서, 우리의 가장 소중한 자산인 에너지를 훔쳐갑니다.

나는 조직 문화에 부정적 영향을 끼치고 있다는 것을 알면서도 해고를 주저했던 적이 있었는데, 이는 기업 경영을 하면서 가장 후회하는 점이다. 코코란이 강조했듯이 그런 직원은 전염력이 강하다. 그런 사람이 조직 내에 있으면 어리고 잠재력이 높고 훌륭한 팀원들을 어느새 감염시켜 평범한 투덜이로 변질시킨다.

> 사소해 보이는 썩은 사과 하나 때문에
> 성한 사과를 여럿 버릴 수도 있다.
> ―제너럴일렉트릭GE 최고경영자

《하버드 비즈니스 리뷰》는 나쁜 직원이 기업 조직에 미치는 영향에 대한 연구를 수행했다. 이 연구의 목표는 새로운 아이디어와 행동이 동료들 사이에서 어떤 식으로 확산하는지 이해하는 것이었다.

규제 당국에 제출된 자료와 직원 불만족 사례집을 조사한 결과, 직장 내에서 위법 행위 전력이 있는 동료를 새로 알게 되는 직원은 유사한 잘못을 저지를 가능성이 37퍼센트 더 높아지는 사실을 발견했다. 놀랍게도 문제 전력이 있는 직원들은 실제로 전염력이 있다는 결과가 나왔다. 이 연구 결과, 직장 내 위법 행위의 사회적승수social multiplier는 1.59였다. 이는 위법 행위가 1건 발생할 때마다 0.59건이 추가로 발생한다는 의미로, 부정 행위를 저지른 직원을 그대로 놔두면 조직 내 부정 행위자는 바이러스처럼 확대재생산된다.

워싱턴대학교 경영대학원에서 조직행동론을 연구했던 윌 펠프스 박사는 자기 아내에게 직장에서의 일이 여전히 신경 쓰이는지를 물어본 적이 있다. 그는 이번 주에는 그 직원들이 출근하지 않아서 사무실 분위기가 훨씬 좋다고 대답했다. 펠프스의 아내가 말했던 직원은 팀원 중 유독 진상이어서 다른 팀원들을 찍어서 괴롭히고 망신을 주는 사람이었다. 안 그래도 분위기가 좋지 않은 근무 환경이 그 직원 때문에 더 안 좋아졌었는데, 이 직원이 병가를 내고 며칠 안 나오자 재미있는 일이 벌어졌다고 펠프스는 회상했다.

직원들은 서로 협업하고 같이 클래식 음악을 듣기도 하고 퇴근 후 같이 술도 마시기 시작했답니다. 하지만 문제의 그 직원이 복귀하자 사무실 분위기는 예전으로 돌아갔어요. 아내는 이 직원이 병가를 내기 전까지는 사무실에서 그 정도로 영향력 있는 존재인 줄 몰랐는데, 그가 자리를 비운 동안 달라진 사무실 분위기를 보며 그 직원이 얼마나 부정적 영향을 주고 있었는지를 깨닫게 되었습니다. 그는 진정으로 사과 한 박스를 다 버리게 만든 '썩은 사과'였던 것이죠.

이보다 큰 조직에서 한 개인이 팀 전체에 미칠 수 있는 영향에 흥미를 느낀 펠프스는 워싱턴대학교 경영학 교수 테런스 미첼과 함께 사내 조직 또는 팀원들 간의 상호작용에 관한 연구 논문 24건을 면밀히 검토한 후 자체 연구를 이어나갔다. 그 결과 '부정적' 영향력을 갖는 직원 하나가 어떤 팀에 들어와, 자기 분량의 일을 회피하거나 팀원을 괴롭히거나 본인의 정서 불안으로 인해 (그 직원이 없었으면 잘 돌아갈 수도 있을) 팀을 얼마나 망가뜨릴 수 있는지 알 수 있었다. 수많은 사람이 직장 생활 중에 '썩은 사과' 같았던 인물을 적어도 하나쯤 떠올릴 수 있을 정도로 그런 사례는 생각보다 흔하다. 또한 대부분의 조직에는 그런 부정적인 직원을 다룰만한 효과적인 방안이 없고, 특히 그런 직원이 근속 기간이 길며, 경력이 많거나 조직 내 권력자인 경우에는 더욱 속수무책인 상황이라고 지적했다.

연구팀은 긍정적 행동보다 부정적 행동의 영향력이 압도적으로 크다는 것을 발견했다. 이는 '썩은 사과'는 하나만 있어도 팀 문화를 망칠 수 있지만, 좋은 직원 하나둘 또는 셋 정도로는 팀 문화가 좋게 바뀔 수 없다는 뜻이다. 연구팀의 결론은, '썩은 사과'를 골라내지 않으면, 다른 직원에게 직무 이탈, 모방 행동, 사회적 위축, 불안, 두려움 등의 악영향을 미칠 수 있다는 것이다. 이렇게 되면 결국 팀 내 상호 신뢰도가 떨어지고 팀원들이 계속 이탈하게 된다.

연구팀이 발견한 사실을 나도 회사를 만들고 성장시키는 과정에서 여러 번 깨달았다. 한 사람이 떠난다고 좋은 회사가 망하지는 않지만, 나가지 않는 한 사람 때문에 회사가 망할 수도 있다.

썩은 사과 딱 한 개 때문에

멀쩡한 사과를 상자째 버릴 수 있다.

상자를 깨끗이 관리하는 것은 매우 중요하다.

긍정적인 조직 문화를 유지하기 위해선

반드시 적극적 조치를 취하고

부정적 구성원을 제거해야 한다.

—오프라 윈프리

## ✤ 세 가지 기준: 해고, 고용, 훈련

해고는 결코 쉬운 일이 아니다. 앞서 언급한 경영의 대가들도 어떤 비용을 치르더라도 조직 문화를 고수해야 한다는 것이 중요하다는 걸 알지만, 누군가를 내보내야 하는 일은 어렵고, 고통스러우며, 혼란스러운 일이라고 입을 모은다. 그런 상황과 관련된 것이 바로 '법칙 23'에서 다뤘던 심리적 저항과 타조 행동이다. 이로 인해 우리는 결단을 미루고, 뒤늦게 자책하며, 해야 하는 줄 알면서도 회피한다.

그래서 나는 경영진 중에 인사와 관련해 심리적 마찰을 겪는 관리자가 있는지를 파악하고, 채용, 승진, 해고 대상을 명확히 선별해내자는 취지로 나름의 단순한 기준을 만들어 지난 10년 전부터 일관되게 적용하고 있으며 성공적이라고 자부한다. 나는 이 기준을 '세 잣대'라고 부른다.

첫 잣대에서는 대상 직원을 떠올리고 나 자신이나 경영진에게 이렇게 질문한다. "조직 구성원 모두가 이 직원과 동일한 수준의 조직문화 가치관, 태도, 재능을 갖고 있다면, 우리 조직에 대한 기준 잣대(평균)을 더 올려야 할까, 유지해도 될까, 더 내려야 할까?"

이 질문으로 찾으려는 것은 관점, 경험, 관심사, 사고의 다양성, 인생 경험 또는 세계관의 유사성이 아니다. 우리 기업의 조직 문화에 대해 해당 직원이 견지하는 가치관, 기준, 태도가 우리가 추구하는 것과 유사한지 여부다. 당신이 어떤 팀의 일원이라고 생각해보자. 그다음 팀원 중 아무나 한 명을 떠올려본 다음, 그 팀원이 조직문화의 어떤 가치를 대변하고 있다면 그에 부합하는 기준을 올리는 게 맞는지, 유지하거나 내리는 게 맞는지 생각해보자.

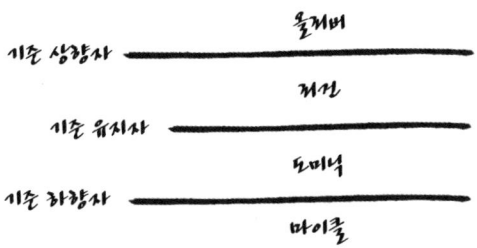

이 그림에는 세 기준과 가상의 인물 넷의 이름이 있다. 어렵지 않다. 기준하향자인 마이클은 해고 대상이고, 기준상향자인 올리버는 관리자급으로 승진시켜야 한다. 연구 결과로 알 수 있듯이, 마이클은 팀 문화에 불균형적으로 해로운 영향을 미칠 것이며, 올리버는 조직에서 더 높은 자리가 주어진다면 팀 문화에 불균형적으로 긍정적인 영향을 미칠 수 있다. 이 기준은 신규 직원 채용 시 현재 팀의 수준과 비교해 후보자의 수준을 심사할 때에도 매우 유용하다.

## ✸ 법칙: 훌륭한 팀을 만들기 위한 세 가지 기준

채용할 때마다 기준을 높이고, 퍼거슨 경처럼 해야 한다. 재직자 중에 조직의 기준을 끌어내리는 사람이 있다면, 그가 과거에 많은 상패를 받았다 하더라도 상관없다. 신성한 집단문화에 대한 악영향은 빠르고 단호하게 차단해버려야 한다.

'회사'라는 단어는 '사람의 집단'을 뜻한다.

법칙 31

# 발전한다는 느낌을 심어주라

조직원의 동기부여, 성취도를 끌어올리는 데 가장 중요한 동력은 무엇일까?
이를 느낄 수 있게 해준다면, 팀의 일원이라는 것에 자부심을 가질 것이다.

> 메달을 딴다는 것은 도달하기 어려운 멀고 높은
> 산 같아 보였습니다. 선수들은 생각했죠.
> '아니, 도대체 우릴 보고 어떻게 여기서 저곳까지 올라가라는 거지?
> 무엇을 믿고 가야 할까?
> 어떻게 해야 추진력이 좀 생길까?
> 어떻게 하면 파급력 있는 열정이 생겨날까?'
> —데이비드 브레일스포드 경

몇 년 전 나는 한계 이득 marginal gains 이론의 창안자인 데이비드 브라일스포드 감독을 인터뷰했다. 그의 이론은 영국 사이클링 대표팀이 만들어낸 2008년의 신화와 이후 올림픽에서의 성공을 통해 유명해졌다. 영국의 사이클 성적은 2008년 이전까지만 해도 스포츠계의 웃음거리로 자자했다. 영국사이클연맹은 국가대표팀의 철학, 전략, 문화를 쇄신을 목적으로 데이비드 브레일스포드를 성과 관리 책임자로 영입했다.

　브레일스포드는 모든 면에서 1퍼센트만 개선해도 경기력이 크게 향상할 수 있다고 믿었다. 그의 지휘하에 영국 사이클 국가대표는 큰 욕심을 버리고, 가장 작고 쉬운 부분부터 세밀하게 개선하기 시작했다. 일반 핸드젤을 항균젤로 교체하여 감염률을 낮추고, 자전거 바퀴에 소독용 알코올을 발라 접지력을 높이고, 자전거 안장을 더욱 편안하게 재설계하며, 선수들의 침대 베개까지도 바꿔 수면의 질을 개선하고, 자전거와 경기복에 광범위한 풍동 시험을 실시했다.

　브레일스포드가 부임한 지 5년도 안 되어, 영국 사이클 국가대표 팀은 2008년 베이징 올림픽에서 전체 도로 및 트랙 종목에 걸린 금메달의 57퍼센트를 가져갔고, 2012년 런던 올림픽에서 세계 신기록 7개와 올림픽 신기록 9개를 세우는 신화를 달성했다! 2007년부터 2017년까지 영국의 사이클 선수들이 달성한 성과는 세계선수권 178개와 올림픽 및 패럴림픽 금메달 66개, 세계적인 프랑스 사이클 대회인 투르 드 프랑스 5회 우승이다. 이 10년의 기록은 세계 어느 나라 사이클링 역사에서도 찾아볼 수 없는 역사적인 성과다.

　브레일스포드와의 인터뷰에서 나는 아주 작은 발전에 집중하려는 태도가 어떻게 그렇게 큰 원동력, 성공, 일관성으로 이어지는지 물었고 그는 이렇게 대답했다.

　사람은 '발전하는' 느낌을 받고 싶어합니다. 그런데 우리가 완벽을 목표로 하면 대부분 발전에 실패합니다. 완벽은 너무 멀리 있기 때문이죠. 그래서 완벽을 목표로 하지 말고, 조금만, 정말 조금씩만 앞으로 나아가면 됩니다. 그럼 기분이 괜찮습니다. 기본이 뭔지 파악하고 그걸 제대로 익힌 후에, 그다음 주에는 또 뭘 조금만 하면 될지 스스로 찾아보는 거죠.

경기력에 영향을 미칠 수 있는 요소는 무수히 많습니다. "이번 주 식단을 조금 더 최적화해 다음 주까지 지속할 수 있을까" 물으면, 모두 할 수 있다고 합니다. "또 무엇을 할 수 있을까, 이번 주에는 헬스장에서 운동하는 시간을 더 늘릴까, 태도를 조금 바꿀 수 있을까, 가능하려나?" 이런 질문을 던지면, "그럼요, 할 수 있죠"라고 해요. 그렇게 시작하죠. 그리고 일주일 후에 정말 그걸 다 했는지 확인해봅니다. 다 실행했다는 것을 알고 나면, 우리가 큰일을 한 것은 아니지만 기분이 꽤 좋아져요.

그러다 문득 내가 계속 발전하고 있다는 생각이 들죠. 자기가 정체돼 있지 않고 계속 움직이고 있다는 느낌을 가지면 자신을 긍정적으로 바라봅니다. 미약한 진전에도 사람들은 큰 의미를 느끼며, 그럼 다음 날도 다시 도전해볼 수 있다고 생각하죠.

반면 뭔가 큰일을 하려고 하면 지속성이 떨어집니다. 1월에는 모두 헬스장을 열심히 다니다가 2월만 되어도 바로 잠잠해지죠. 왜 그럴까요? 큰 변화를 욕심내면 끝까지 지속하기 매우 드물지만, 작은 변화를 점진적으로 시도한 후 지속하는 것은 매우 쉽습니다. 그리고 그 지속성을 오랜 기간 유지하면 결국 큰 차이가 납니다. 우리는 훈련할 때 상대, 결승선, 상패 같은 것은 아예 생각하지도 언급하지도 않았어요. 그날 그날 우리가 할 수 있는 가장 작은 일이라도 찾아내 실천하며 조금씩 앞으로 나아갔습니다.

이런 문화를 만들어주면 선수들은 자기 기량이 좋아지는 것을 느끼게 되고 그래서 더 힘이 납니다. 팀 내에서 이렇게 하면 좋겠다는 의견이 더 나오기 시작하고, 그중에 괜찮은 것들은 채택되죠. 그렇게 되면 우리는 조금씩 움직이고 있고, 변화하고 있으며, 우리는 다른 팀들은 거들떠 보지 않는 작은 부분들까지도 놓치지 않고 신경 쓰는 그런 팀이라는 서사가 써져요. 차이는 그렇게 만들어지는 것입니다.

저는 팀원에게 '오늘은 늦게까지 뭘 좀 하자'와 '다들 잠깐만 모여보자'는 말을 자주 했습니다. 다른 팀 선수들은 호텔방 문을 걸어 잠그고 자고 있을 때 우리 선수들은 귀찮은 일을 마다하지 않았던 것이 성과의 비결입니다. 그 방식이 통했던 거죠. 아시다시피 지난 20년 동안 100퍼센트 효과가 있었습니다. 작은 변화의 가치를 인정하며, 실행하는 것을 마다하지 않는 적극적 열의와 긍정적 자세가 만들어낸 결과입니다. 발전은 강력한 추진력이 됩니다.

## ✵ 작은 승리의 초능력

발전이란 것이 종종 눈에 보이는 결과로서 인식되기는 하지만, 진정으로 발전 의욕을 끌어올리는 것은 사실과 통계보다는 느낌과 감정이라는 것을, 계속 발표되는 연구 결과를 통해 알 수 있다. 하버드대학교 경영대학원 교수 테레사 애머빌은 《하버드 비즈니스 리뷰》에서 "업무에 진전이 있다고 느낄 때나 장애물 극복에 대한 지원을 받는 날에는, 가장 긍정적인 상태가 되고 성취욕이 최정점에 달한다"라고 말했다. 여기서 핵심은 업무에 진전이 있다고 "느낄 때"다.

실제 성취도가 어느 정도인지는 상관없다. 뭔가 방향이 보인다는 느낌을 갖게 되면, 그쪽으로 계속 가고 싶은 동기가 생긴다. 의욕이 없고 부진한 팀의 집단 심리는 타이어 네 개가 모두 펑크 난 채 길가에 멈춰 있는 2층 버스와 같은 상태다. 동기 의식과 단합된 신념은 팀을 달리게 하는 에너지다. 그들이 달리는 이유이며, 타이어를 채우는 공기이자 엔진의 연료인 것이다.

영국 사이클 국가대표팀에 부임한 브레일스포드는 팀의 상태가 고장난 버스 같다는 것을 알았다. 그런 상태에서는 가시적인 큰 성과를 목표로 하는 것은 의미가 없어 보였다. 차라리 팀원들이 모종의 성취감을 느끼게 하는 것이 중요해 보였다. 그래서 '작은 승리'에 먼저 집중했다. 그것이 잠겨버린 의욕의 문을 열고, 버스에 시동을 걸고, 엔진에 연료를 주입해, 버스가 다시 움직이게 할 수 있는 가장 쉬운 방법이었기 때문이다.

작은 승리가 더 중요한 이유는 이 세상에서 커다란 돌파구보다
발생할 확률이 더 높기 때문입니다.
큰 성공만을 기다린다면 오랫동안 기다리게 됩니다.
가시적인 결실을 보기도 전에 그만둘 확률이 높습니다.
우리에게 필요한 건 큰 승리가 아니라

작은 승리를 통한 전진의 동력입니다.

―테레사 애머빌

애머빌은 실험참가자들에게 업무에 관한 일기와 동기부여 및 감정에 관한 척도를 매일 기록하게 해 약 1만 2000건에 달하는 자료를 얻고 이를 분석했다. 그 결과 연구팀은 비록 서서히 조금씩 나아지더라도 업무가 진척되는 것이 다른 요소들보다 일에 대한 긍정적 감정과 동기부여를 유발한다는 것을 밝혀냈다.

인간이 일을 미루는 이유에 관해 『초집중Indistractible』을 쓴 니르 이얄과의 인터뷰에서, 이얄은 사람들이 일을 미루는 이유가 전적으로 삶에서 어떤 형태의 '심리적 불편감'을 피하기 위해서라고 주장했다. 해결 과제가 클수록, 그 과제를 완수할 능력이 부족하다고 느낄수록 미루는 경향이 커진다. 잘 모르는 주제에 대해 글을 써야 할 때, 관계에서 큰 다툼을 하게 될 수도 있는 민감한 문제를 직접 거론해야 할 때, 사업을 시작하고 싶은데 무엇부터 해야 할지 잘 모를 때 등. 이런 과제들은 넘어야 할 산으로 느껴지기에 크나큰 심리적 불편감을 유발하며, 실행을 미루고 또 미루게 만든다.

심리적 불편감을 극복하고 미루기를 방지하는
열쇠는 당면 과제를 쉽고 달성할 만한
세부 목표로 '소형화micro-goal'하는 것이다.

조직행동학계의 거장인 사회학자 칼 웨익은 조직행동을 수십 년간 관찰하면서 합리적이며 달성 가능한 목표 설정 및 추구를 연구했다. 1984년에 발표한 논문에서 그는 사회가 문제를 세상에 제시하는 방식 때문에 중대한 사회적 문제가 해결되지 못한다고 비판했다. 문제가 너무 크다고 인식되면 사람들이 행동도 혁신도 하지 않는다는 것이다. "어떤 사회 문제가 있을 때 해결 능력을 넘어설 정도로 그 문제를 심각하게 정의"한다며, "문제를 '문제'라고 생각하면 문제를 해결할 수 없다"고도 주장했다.

문제를 심각한 것으로 만들어버리면, 좌절감, 각성, 무력감 같은 생리학적 기제가 작동해 사고력과 행동력이 떨어집니다.

따라서 행동, 자신감, 움직임을 유인하는 관건은 문제의 심각성을 낮추는 것이다. 작은 승리는 중요치 않아 보일 수 있다고 칼 웨익도 인정했다. 하지만 그에 따르면, 연전연승하게 되면 아군이 생길 수 있고, 적을 억제할 수 있으며, 후속 제안에 대한 저항을 낮출 수 있는 행동 패턴이 나타난다. 작은 승리는 손쉽고, 눈에 보이고, 분위기를 띄우며, 논쟁을 유발하지 않는다. 이를 아는 리더가 너무 적다. 미국의 심리학자 프레더릭 허즈버그는 논문을 통해 업무에서 '업적을 달성할 기회'가 부여될 때 가장 큰 동기부여가 발생한다는 이론을 제시했다.

그러나 전 세계 다양한 기업과 산업 분야에 종사하는 관리자 약 700명을 대상으로 한 《하버드 비즈니스 리뷰》의 설문조사 결과, 관리자, 리더, CEO 대부분이 이 이론의 내용을 믿지 않거나 이해하지 못하고 있음이 드러났다. 직원의 동기부여와 정서에 영향을 줄 수 있는 가장 효과적인 요소를 고르는 질문에서 응답자의 5퍼센트만이 '업무의 진척'을 1순위로 택했고, 나머지 95퍼센트는 3순위 또는 마지막 순위로 꼽았다.

대다수의 관리자가 '업적 인정'을 동기부여 요소 중 1순위로 선택했다. 인정받게 되면 직원들의 직장생활 행복지수가 높아지는 것은 의심의 여지가 없다. 하지만 업적을 인정받으려면 업적을 우선 달성해야 한다. 리더는 진전감이 갖는 긍정적 효과와 그것을 키우고 촉진할 수 있는 방법을 이해하는 것이 중요하다. 이것을 아는지의 여부가 조직 구성원의 웰빙, 혁신, 동기부여, 창의적 성과에 중대한 영향을 미칠 수 있다.

## ✭ 조직에서 발전의 관점을 만드는 방법

애머빌 교수의 다섯 가지 방법론을 적용하면 조직의 업무 진척을 촉진시켜 조직 구성원들이 낮은 곳에 열린 과일부터 수확해가는 보람을 느끼게 만들 수 있을 것이다.

### 1. 의미 부여

인간의 마음 속 깊은 곳에는 의미 있는 일을 하고 싶어하는 욕구가 있다. 1983년 스티브 잡스가 펩시코에서 너무나 잘나가고 있던 존 스컬리를 애플의 CEO로 영입하기 위해 설득할 때 바로 그 욕구를 공략했다. 스티브 잡스는 "남은 인생을 설탕물이나 팔면서 보내시렵니까? 아니면 세상을 바꿀 기회를 잡으시겠습니까?"라고 물었고, 그런 전략은 통했다. 스컬리는 얼마 지나지 않아 애플에 합류했다. 애플이 하는 일의 '의미'에 전략의 초점이 맞춰져 있었기에 가능했다. 일을 하며 내가 발전한다고 느낄 때는 그 직업에 대한 동기부여 수준이 높아지는데, 그 일이 자기에게 의미 있는 일인 경우에만 그렇다.

내가 지난 10년 동안 근무한 회사들에서 가장 가치 있는 일 중 하나를 꼽으라면 모든 부서의 모든 팀원이 자기가 하는 일이 세상에 어떤 의미를 전파하고 있는지를 느낄 수 있도록 해주는 사내 시스템을 구축한 것이다. 예를 들어 한 회사에서는 임팩트라는 사내 채널이 있어서 각 팀원의 노력이 세계 곳곳에서 살아가는 사람들의 삶에 실제로 어떤 영향을 줬는지에 대한 감동적인 이야기, 증언, 피드백을 공유한다.

관리자라면 이를 우연에 맡겨서는 안 된다. 점점 더 많은 숫자, 통계, 스크린을 다뤄야 하며 고도로 디지털화되어 가는 이 세상에 사는 우리들은 지표 뒤에 숨겨진 의미를, 그 어느 때보다 더 놓치기 쉽기 때문이다. 일이 무의미하게 느껴지면 동기는 증발해버린다.

다양한 업계에 종사하는 사람들의 일기 238건에 따르면, 일의 의미를 가장 빨리 퇴색시키는 요인은 그들의 업무나 생각을 무시하고, 주인의식과 자율성을 없애버리며, 시킨 일을 도중에 취소 또는 변경하거나 아예 안 하느니만 못한 일에 시간을 쓰게 만드는 상사라고 한다.

## 2. 명확하고 실행 가능한 목표 설정

경영진이라면 목표를 명확하게 제시하는 것이 중요하다. 그렇게 해야 팀원들은 자기가 달성해야 할 목표가 무엇인지 정확히 알 수 있다. 목표를 더 작은 중간 단계로 세분화해 초기에 성과를 낼 수 있도록 집중시킨다. 그 조기 성과를 바탕으로 추진력을 발생시켜 나간다. 진척도를 잘 추적하여, 아무리 작은 성과라도 그냥 묻히지 않게 한다. 그런 목적으로 우리 회사에서는 주기적으로 목표를 설정하고 결과를 추적하는 시스템인 OKR('Objectives and Key Results'의 약자로, 조직의 목표와 성과지표를 관리하는 방법론 - 옮긴이)를 모든 팀에 도입했다.

## 3. 자율성 제공

원하는 결과를 명확히 한 후, 경영진은 직원들이 주도할 수 있는 영역을 설정해줘야 한다. 팀원들이 보유한 기술과 전문성으로 자신의 길을 스스로 개척해보라고 장려한다. 내 휘하의 모든 팀을 규정하는 가장 중요한 특징은 성공뿐만 아니라 실패할 수 있는 여지를 허용하는 것이다. CEO로서 나의 역할은 쫀쫀한 트집쟁이 관리자가 아니라 일이 되게 지원하는 조력자다.

## 4. 마찰 요소 제거

경영진은 팀원들이 업무를 매일 진전시킬 수 있도록 업무에 방해가 되는 장애물, 관료주의, 결재 절차 등을 사전에 제거해야 한다. 그 노력은 업무 수행에 필요한 자원을 파악하고 제공하는 것도 포함한다.

'법칙 20'에서 언급했듯이, 나는 모든 임원과 자주 소통하기에 신속하고 단호한 처리가 가능했다. 때때로 고집은 적이다. 팀원들은 무엇이 업무에 방해가 되는지 정확히 알고 있지만 경영진이 굳이 나서서 묻지 않는 경우가 많다. 설사 물어본다고 해도 신속한 대처로 문제를 해결하는 경우도 드물다. 그러면 신뢰가 무너지면서 향후 문제의 소지가 될 수 있을 마찰 요소에 팀원들은 점점 입을 닫게 된다.

#### 5. 진척 상황 공유

업무의 진척 상황에 대해서는 가능한 한 큰 소리로, 멀리, 널리 경영진이 언급하고 홍보하며 칭찬해야 한다. 인정은 행동을 강화할 뿐만 아니라 주변 팀들도 발전할 수 있다는 증거로 작용한다.

내가 운영하는 모든 회사와 팀에서 팀장은 한 주 동안 자신의 팀이 한 일을 설명하는 주간 업데이트를 회사 전체에 공유해야 한다. 이 제도는 브레일스포드가 말했던 것처럼, 우리가 함께 '어딘가로 가고 있다'는 집단 의식을 형성하는 데 매우 효과적이었다. 사람들이 그런 의식을 갖게 되면, 더 강한 동기 의식이 생겨나고 행복감을 더 느끼며 경영진과 더욱 밀착한다.

## ✷ 법칙: 발전한다는 느낌을 심어주라

문제를 해결하려면 작은 승리를 격려하고 축하해주자. 그렇게 하면 지속적인 전진 동력이 생겨나서, 성공 분위기와 팀이 더 큰 목표를 향해 나아가고 있다는 긍정적 인식이 형성된다. 직장인들이 동기부여도가 가장 높을 때는 변화에 기여한다고 느낄 수 있는 업무에 투입될 때라고 한다.

일하면서 느낄 수 있는
가장 큰 보람은
'전진하고 있다'는
느낌이다.

법칙 32

# 모든 사람을 같은 방식으로 대하지 말라

일관성을 유지하지 않고도 진정 훌륭한 경영자와 리더가 될 수 있을까?

나는 알렉스 퍼거슨 감독하에 거의 10년 동안 수비수로 활약한 맨체스터 유나이티드의 전설 파트리스 에브라를 만나 퍼거슨을 역대 최고의 스포츠 감독으로 만든 요인을 직접 들어봤다. 그는 즉시 퍼거슨 감독의 탁월함이 완벽하게 드러났던 2007년의 어느 날을 회상했다.

2007년 2월 4일, 런던의 춥고 음산한 일요일 오후. 맨체스터 유나이티드가 토트넘 홋스퍼의 홈구장이었던 화이트하트레인 구장에 도착했을 때 하늘은 온통 구름으로 뒤덮여 있고 이슬비가 내리고 있었다. 무서운 기세로 시즌을 시작해 리그 1위로 올라선 맨체스터 유나이티드는 리그 선두를 끌어내릴 기세로 무장한 홈팀 토트넘과 격돌했다. 전반전은 어느 팀도 확실한 우위를 점하지 못하고 팽팽한 긴장감이 감돌았다. 양 팀 모두 볼을 점유하기 위해 치열한 공방전을 펼치며 중원에서는 격렬한 몸싸움과 태클이 난무했다. 그러다 전반 막판 얻은 행운의 페널티킥을 성공시킨 맨체스터 유나이티드가 1 대 0으로 앞서며 전반전을 끝내고 탈의실로 향했다.

팀 전원은 탈의실로 들어왔고 퍼거슨 감독도 들어와 앉아 3분 동안 아무 말도 하지 않았다. 선수들은 침묵하는 감독의 시선을 회피한 채 긴장한 기색으로 앉아 있었고, 방안에는 불편한 정적이 감돌았다. 퍼거슨 감독이 말없이 앉아 있다는 것은 좋은 징조가 아님을, 선수들은 알고 있었다. 그날 에브라는 훗날 '인생 경기'라 꼽게 될 기량을 펼치던 중이었다. 전반전 그는 토트넘 수비수들을 계속 성가시게 했고, 측면을 질주하며 정확도 높은 크로스를 올렸다. 파트리스는 웃고 물을 마시며 팀원들의 축하를 받고 있었는데, 자신을 빤히 쳐다보고 있는 퍼거슨 감독과 눈이 마주쳤다. 그는 당시를 이렇게 회상했다.

제 축구 인생 최고의 경기였죠. 정말 불이 붙은 기분이었고요. 탈의실에 들어와 긴장 좀 풀면서 기분 좋게 물을 마시고 있었고, 팀 동료들이 "패트리스 오늘 좀 치는데?"라고 말해줬죠. 그때 감독님이 들어오시더니 3분 동안 말없이 앉아계시다 저만 뚫어져라 쳐다보시며 "패트리스, 괜찮나?"라고 물어보시는 거예요. 괜찮다고 답하자, "피곤하니?"라고 물어보셨어요.

진짜 그 순간에 감독님이 장난치시는 줄 알고 주위를 둘러봤어요. 어디 몰래카메라로 저를 골탕먹이려는 건 아닐까 싶었고, 저 못지않게 동료 선수들도 그게 무슨 소리인지 혼란스러워했죠. 괜찮습다고 대답했더니, "왜 공을 골키퍼에게 다시 패스했지?"라고 물으셨어요. 전 이렇게 대답했죠. "그 순간 그쪽 패스 밖에 방법이 없었어요. 그게 유일한 선택지였으니까요."

감독님은 "한 번만 더 그랬다가는 남은 경기내내 내 옆에 앉아 있다 집에 가게 될 거다. 이건 네가 맨유에서 뛴 이래 최악의 선택이고, 또다시 골키퍼에게 패스한다면 장담컨데 다시는 맨유에서 뛰지 못하게 될거야!"라고 소리를 지르셨어요.

저는 말문이 막혀 입술을 깨물었어요. 하지만 팀 동료들이 보는 앞에서 말대꾸하고 싶지 않았어요. 선수들은 충격에 빠졌고, 이게 대체 무슨 일인지 어안이 벙벙했죠.

에너지를 재충전하고, 투지와 집중력을 끌어올린 맨체스터 유나이티드는 후반전에 나섰다. 후반전 내내 경기를 지배하고 추가로 세 골을 더 넣으며 4 대 0으로 완승을 거뒀다. 이 경기는 맨체스터 유나이티드 원정경기 역사상 가장 위대한 승리 중 하나로 기록될 만한 경기였다. 영국 일간지 《인디펜던트》는 이 경기를 "절정에 도달한 자의 신성한 파괴력"이라고 평했다. 하지만 파트리스는 휴식시간에 퍼거슨 감독으로부터 받은 질책 때문에 여전히 혼란스러웠다.

경기가 끝난 뒤 빨리 집에 가서 자고 다음 날 훈련장으로 복귀해 대체 무슨 일이었던 것인지를 감독님께 여쭤보고 싶은 마음뿐이었어요. 다음 날 감독님 사무실 문을 두드리자 들어오라고 하셨어요.

"오, 그래, 잘 왔어. 기분은 좀 어때? 이리 와서 앉아!"

"감독님, 어제 대체 무슨 일이었나요? 저한테 왜 그런 말씀을 하신 건가요…?"

"패트리스, 너는 최고로 잘했다. 하지만 호날두가 개인기를 지나치게 부리기 시작했고, 다른 선수들도 기회를 차버리는 상황이었다. 맨체스터 유나이티드가 한 골만 넣는 게 말이 되느냐. 한 골 넣었으면, 두 번째 골도 넣고, 세 번째 골도 터져야지. 너는 최고였다, 이제 나가봐!" 감독님은 웃으며 휘파람을 불며 노래도 흥얼거리셨어요. 감독님은 알았던 거예요. 저는 그 질책을 감당할 수 있을 거란 걸요. 사실 다른 선수들, 특히 호날두가 들으라고 소리를 지르신 거였고, 집중력을 잃지 말 것과 상대팀을 존중하는 경기를 하라는 메시지를 전하고 싶으셨던 거죠. 그래서 감독님은 그날 가장 잘 뛰는 선수, 혼내도 될 만한 선수를 골랐던 겁니다. 그 모습을 지켜본 다른 선수들이 모두 '오늘 제일 잘하고 있는 애를 저렇게 잡으니 내가 더 잘하지 않으면 큰일나겠다' 생각하게 만든 거죠. 선수 관리란 바로 그렇게 하는 거라고 봐요. 이게 퍼거슨 감독 스타일이죠.

놀랍게도 내가 인터뷰한 맨체스터 유나이티드 출신 선수들은 모두 퍼거슨 감독은 전술, 전략, 대형(포메이션)에 신경 쓰지 않았다고 말했다. 감독이 가장 신경 쓴 부분은 선수 개인 역량의 최대치를 끌어올리는 것, 팀 문화, 선수들의 태도였고, 선수들이 절대로 자만에 빠지지 않는 것이었다. 선수 생활 내내 퍼거슨이 이끈 맨체스터 유나이티드에서 뛰었던 게리 네빌은 이렇게 말했다.

감독님은 사람 심리를 아는 분입니다. 누구든 상관없이 그분은 다 알아요. 감독님은 제게 동기부여를 해주실 때마다 조부모님 이야기를 하시곤 했죠. 제 할아버지는 상이군인으로 전쟁터에서 맞은 총의 파편이 아직도 어깨에 박혀 있거든요. 감독님은 "네 할아버님은 매일 아침 넥타이를 매고 열심히 일하시다 전쟁터까지 나가셨지. 어떠셨을까?"라고 말씀하시곤 했습니다.

감독님의 그런 말씀 덕분에 저는 계속 노력했어요. 다른 선수를 대할 때는 또 완전히 다른 사람이 되어 말씀하시죠. 선수들의 정신력을 다 잡기 위해 각자에게 맞는 다른 방식으로 접근하셨죠. 모두가 절대 포기하지 않도록.

맨체스터 유나이티드에서 12년간 센터백과 주장으로 활약한 리오 퍼디난드가 꼽은 퍼거슨 감독의 최고의 장점은 모든 선수를 파악하는 능력으로, 그는 마치 각 선수에 맞는 퍼즐 조각처럼 능수능란하게 변신했다고 한다.

사람을 아는 분이죠. 서로 다른 선수를 절대 똑같이 대하지 않으셨어요. 팀을 이끌 때 모두에게 한결같이 대하는 것은 최선이 아닙니다. 사람마다 성향이 다 다르고 조언을 받아들이는 태도도, 비판을 받아들이는 태도도 모두 다르잖아요. 그래서 리더나 감독은 개개인을 알아야 합니다. 이것이 퍼거슨 감독님의 가장 위대한 점 중 하나죠. 모든 사람에 대한 모든 것을 알고 있는 분. 한번은 제 할아버지가 병원에 입원하셨는데요, 감독님이 할아버지를 실제로 뵌 적은 두 번뿐이었는데도 할아버지가 무슨 술을 좋아하시는지 알고 계셨어요. 그리고 어머니 댁에 꽃을 보내주셨죠. 감독님은 제가 뭘 중요하게 생각하는지 꿰뚫고 계셨던 거예요. 그런 작지만 세심한 배려가 있어 감독님을 위해 더 열심히 뛰었습니다.

퍼거슨 감독 밑에서 뛰었던 선수들의 평을 보면 그가 탁월한 지도자인 이유를 알 수 있다.

## ✵ 변신하는 리더가 되는 기술

리더십과 경영에 관한 책은 모두 일관성, 예측 가능성을 훌륭한 경영자의 대표적인 덕목으로 규정한다. 하지만 지난 10년간 탁월한 경영자들을 내가 직접 연구한 결과는 정반대를 가리킨다. 실제로 나는 네 회사에 몸담으며 1000명이 넘는 사람들과 일한 경험을 통해 터득한 능력이 있다. 팀원 각각의 최고치를 끌어내기 위해 그들의 개인별 특성에 맞게 대하고, 나의 접근방식을 조정하고, 마치 카멜레온이 환경에 맞게 몸 색깔을 바꾸듯 내 감정을 상황에 맞게 변화시킬 수 있게 되었고, 이에 능숙해질수록 동기부여 능력이 좋아지는 식의 긍정적 상관관계를 발견했다.

앞부분에서 살펴본 바와 같이 인간은 우리 생각과는 달리 그렇게 이성적이거나 논리적이거나 분석적이지 않다. 인간은 감정적이고 비논리적이며 수많은 감정적 충동, 두려움, 욕망, 불안감, 혹은 어린 시절 경험에 따라 움직인다. 이러한 점을 고려할 때, 이성, 정보, 사실

중심의 획일적인 사고방식은 모든 집단의 사람에게 열정과 동기부여, 행동을 불러일으키는 데 매우 부적절할 수 있다.

> 팀원 한명 한명을 위한 맞춤 리더가 되려면,
> 팀의 각종 인간 유형에 알맞게 변신하고,
> 변화무쌍한 정서에 유연히 대응하는
> 능력을 장착해야 한다.

리오 퍼디난드에 따르면 퍼거슨 감독은 분노부터 환희까지 그 어떤 감정도 연기할 수 있을 만큼 '연기 장인'이라고 한다. 자신이 이끄는 팀의 성공에 도움이 된다면 어떤 감정이라도 북돋을 수 있는 사람이라는 것이다.

> 정말 계산적이었죠. 선수들 사이에서 항상 그 얘기를 했어요. 감독님이 말하는 방식, 예를 들어 감독님은 팀이 경기에 지면 모니터로 나와 일부러 격렬하게 심판을 비난해서 선수들에게서 관심을 돌리곤 했습니다. 우리가 스스로에게 낙담하지 않도록 해서 다음 경기에 대한 동기를 부여하기 위해서였죠. 정말 계산적이셨어요. 최고의 감독이시죠.

## ✷ 법칙: 모든 사람을 같은 방식으로 대하지 말라

팀원 개개인의 독특한 성향을 이해하지 못하면 딱 맞는 퍼즐 조각처럼 팀 전체와 완벽하게 융화하는 것은 불가능하다. 퍼거슨 감독의 능력은 전직 선수, 지원팀, 심지어 상대팀 감독까지도 인정하는 전설이었다. 배우자의 취미, 애완동물 이름, 선수 가족이 선호하는 위스키 브랜드까지 그는 팀 선수들의 모든 것을 꿰고 있었다.

하지만 선수별로 동기부여 방식이 달라야 한다는 것을 그가 알고 있었다는 것이 더 중요하다. 어떤 선수는 낯이 뜨거워질 정도로 대놓고 혼내야 잘하는가 하면(퍼거슨은 탈의실이나 훈련장에서 선수를 거칠게 질책하는 것으로 악명이 높기도 했는데, 이를 당하는 것은 마치 드라이기의 뜨거운 바람을 얼굴에 직접 맞는 것 같다 해서 '헤어드라이어 트리트먼트'라고 불렸다) 자상하게 대해야 더 좋은 선수가 있다. 또 어떤 선수는 그냥 내버려두는 게 제일 좋은 방법일 수 있다. 퍼거슨 감독은 많은 사람이 생각하는 것처럼 축구 전술의 장인이 아니라 심리의 달인이었다. 만일 당신이 사람들의 동기를 부여해야 하는 자리에 있다면, 감성 관리가 일의 전부라 해도 과언이 아니다.

훌륭한 리더들은
유동적이고, 유연하다.
그들은 팀원을 위해서라면
필요하다면 어떤 모양으로든
변화할 수 있는 변신의
귀재들이다.

법칙 33

## 배움에는 끝이 없다

아래 QR 코드를 스캔해보라.

# 참고 문헌

## 들어가는 말 나는 누구고, 이건 무슨 책인가?

Brown, B. (2010). 'The Power of Vulnerability'[Video file]. TED Conferences. https://www.ted.com/talks/brene_brown_the_power_ of_vulnerability

Collins, J. (2001). *Good to Great: Why Some Companies Make the Leap and Others Don't*. Random House Business.

Covey, S. R. (2004). *The 7 Habits of Highly Effective People: Powerful Lessons in Personal Change*. Simon & Schuster.

Duckworth, A. (2016). *Grit: The Power of Passion and Perseverance*. Scribner. Langer, E. J. (1989). *Mindfulness*. Addison-Wesley.

Duhigg, C. (2016). *Smarter Faster Better: The Secrets of Being Productive in Life and Business*. Random House.

Godin, S. (2018). *This is Marketing: You Can't Be Seen Until You Learn to See*. Portfolio. Penguin

Haidt, J. (2006). *The Happiness Hypothesis: Finding Modern Truth in Ancient Wisdom*. Basic Books.

Keller, T. (2012). *Every Good Endeavor: Connecting Your Work to God's Work*. Viking.

Lencioni, P. (2002). *The Five Dysfunctions of a Team: A Leadership Fable*. John Wiley & Sons.

Pink, D. H. (2005). *A Whole New Mind: Why Right-Brainers Will Rule the Future*. Riverhead Books

## 법칙 1 다섯 버킷을 순서대로 채우라

Abbate, B. (2021, January 29). 'Why a Good Reputation is Important to Your Life and Career'. Medium. https://medium.com/illumination/ why-a-good-reputation-important-to-your-life-and-career-80c1da 06430e

Bolles, R. N. (2014, September 2). '4 Ways To Change Careers In Midlife'. Forbes. https://www.forbes.com/sites/nextavenue/2014/09/02/4ways-to-change-careers-in-midlife/?sh=38da133419df

Forbes Coaches Council. (2017, October 10). '15 Simple Ways To Improve Your Reputation In The Workplace'. Forbes. https://www.forbes. com/sites/forbescoachescouncil/2017/10/10/15-simple-ways-to-improve-your-reputation-in-the-workplace/?sh=d88cf7f53607

Schoeller, M. (2022, November 15). 'Behind The Billions: Elon Musk'. Forbes. https://www.forbes.com/sites/forbeswealthteam/article/elon-musk/

SpaceX. (n.d.). SpaceX. https://www.spacex.com/mission/

Umoh, R. (2018, January 16). 'Billionaire Richard Branson reveals the simple trick he uses to live a positive life'. CNBC. https://www.cnbc. com/2018/01/16/richard-branson-uses-this-simple-trick-to-live-apositive-life.html

WatchDoku –The documentary film channel. (2021, December 8). 'ELON MUSK: THE REAL LIFE IRON MAN' Full Exclusive Biography Documentary English HD 2021 [Video file]. YouTube. https://www.youtube.com/watch?v=TUQgMs8Fkto

Western Governors University. (2020, July 29). 'The 5 P's of Career Management'. Western

Governors University. https://www.wgu.edu/ blog/career-services/5-p-career-management2007.html#close

Williams-Nickelson, C. 'Building a professional reputation'. (2003, March). *gradPSYCH* magazine. https://www.apa.org/gradpsych/2007/03/matters

## 법칙 2 대가가 되려면 가르칠 수 있어야 한다

The Decision Lab. (n.d.). 'Why do we buy insurance?' The Decision Lab. https://thedecisionlab.com/biases/loss-aversion

Education Endowment Foundation. (2021, September). 'Mastery learning'. | Education Endowment Foundation. https://educationendowment foundation.org.uk/education-evidence/teaching-learning-toolkit/ mastery-learning

Feynman, R. P. and Leighton, R. (1992). *Surely You're joking, Mr Feynman!: Adventures of a Curious Character*. Vintage.

Harari, Y. N. (2018). *21 Lessons for the 21st Century*. Random House.

Hibbert, S. A. (2019). *Skin in the game: How to create a learning curve that sticks*. John Wiley & Sons.

Kahneman, D. and Tversky, A. (1979). 'Prospect theory: An analysis of decision under risk'. *Econometrica*, 47(2), 263-292. https://doi. org/10.2307/1914185

Manson, M. (2016). *The Subtle Art of Not Giving a F*ck: A Counterintuitive Approach to Living a Good Life*. Harper.

Sinek, S. (2011). *Start with Why: How Great Leaders Inspire Everyone to Take Action*. Portfolio Penguin.

Taleb, N. N. (2018). *Skin in the Game: Hidden Asymmetries in Daily Life*. Allen Lane.

Thaler, R. H. and Sunstein, C. R. (2008). *Nudge: Improving Decisions About Health, Wealth, and Happiness*. Yale University Press.

Thompson, C. (2013). *Smarter Than You Think: How Technology is Changing Our Minds for the Better*. William Collins.

## 법칙 3 무턱대고 '반대'부터 하지 말라

Bazerman, M. H. and Moore, D. A. (2013). *Judgment in Managerial Decision Making* (8th ed.). John Wiley & Sons.

Fisher, R. and Ury, W. L. (2011). *Getting to Yes: Negotiating Agreement Without Giving In*. Penguin Books.

Gladwell, M. (2000). *The Tipping Point: How Little Things Can Make a Big Difference*. Little, Brown and Company.

Heath, C. and Heath, D. (2007). *Made to stick: Why some ideas survive and others die*. Random House.

Sharot, T. (2017). *The Influential Mind: What the Brain Reveals About Our Power to Change Others*. Henry Holt & Company.

Sharot, T., Korn, C. W. and Dolan, R. J. (2011). 'How unrealistic optimism is maintained in the face of reality'. *Nature Neuroscience*, 14(11), 1475–1479. https://doi.org/10.1038/nn.2949

Thompson, L. (2014). *The Mind and Heart of the Negotiator* (6th ed.). Pearson.

## 법칙 4 기존의 신념을 버려라

Carter-Scott, C. (1998). *If Life is a Game, These are the Rules*. Broadway Books.

Cialdini, R. B. (2008). *Influence: Science and Practice*. Pearson.

Dawkins, R. (2006). *The God Delusion*. Mariner Books.

Festinger, L. (1957). *A Theory of Cognitive Dissonance*. Stanford University Press.

Gladwell, M. (2006). *Blink: The Power of Thinking Without Thinking*. Penguin.

Haidt, J. (2013). *The Righteous Mind: Why Good People are Divided by Politics and Religion*. Penguin.

Harris, S. (2010). *The Moral Landscape: How Science Can Determine Human Values*. Free Press. Holt Paperbacks. Shermer, M. (2017). *Skeptic: Viewing the World with a Rational Eye*. Henry Holt & Company.

Kahneman, D. (2011). *Thinking, Fast and Slow*. Farrar, Straus and Giroux. Lipton, B. H. (2005). *The Biology of Belief: Unleashing the Power of Consciousness, Matter and Miracles*. Hay House.

McTaggart, L. (2007). *The Intention Experiment: Use Your Thoughts to Change Your Life and the World*. Harper Element.

Pinker, S. (2018). *Enlightenment Now: The Case for Reason, Science, Humanism, and Progress*. Viking.

Prochaska, J. O., Norcross, J. C. and DiClemente, C. C. (1994). *Changing for Good: The Revolutionary Program that Explains the Six Stages of Changes and Teaches You How to Free Yourself from Bad Habits*. William Morrow.

Sharot, T. (2012). *The Optimism Bias: Why We're Wired to Look on the Bright Side*. Robinson.

Sharot, T., Korn, C. W. and Dolan, R. J. (2011). 'How unrealistic optimism is maintained in the face of reality'. *Nature neuroscience*, 14(11), 1475-1479. https://doi.org/10.1038/nn.2949

Sharot, T. (2017). *The Influential Mind: What the Brain Reveals About Our Power to Change Others*. Henry Holt & Company.

Shermer, M. (2002). *Why People Believe Weird Things: Pseudoscience, Superstition, and Other Confusions of Our Time*.

Stokstad, E. (2018). 'Seeing climate change: Science, empathy, and the visual culture of climate change'. *Environmental Humanities*, 10(1), 108-124.

Tavris, C. and Aronson, E. (2007). *Mistakes Were Made (But Not by Me): Why We Justify Foolish Beliefs, Bad Decisions, and Hurtful Acts*. Houghton Mifflin Harcourt.

Zajonc, R. B. (1980). 'Feeling and Thinking: Preferences Need No Inferences'. *American Psychologist*, 35(2), 151-175. https://doi.org/10.1037/0003-066X.35.2.151

## 법칙 5 마음에 들지 않는 것에도 마음을 열라

Anderson, C. P. and Slade, S. (2017). 'How to turn criticism into a competitive advantage'. *Harvard Business Review*, 95(5), 94-101.

Aronson, E. (1969). 'The theory of cognitive dissonance: A current perspective'. In L. Berkowitz (Ed.), *Advances in Experimental Social Psychology*, 4, 1-34. Academic Press.

Chansky, T. E. (2020). 'Transitions: How to Lean In and Adjust to Change'. Tamar E. Chansky. https://tamarchansky.com/transitions- how-to-lean-in-and-adjust-to-change/

Festinger, L. (1957). *A Theory of Cognitive Dissonance*. Stanford University Press.

Ford, H. (1922). *My Life and Work*. Currency.

Grover, A. S. (1999). *Only the Paranoid Survive: How to Exploit the Crisis Points That Challenge Every Company*. Doubleday.

MacDailyNews. (2010, March 13). 'Microsoft CEO Steve Ballmer laughs at Apple iPhone' [Video file]. YouTube. https://www.youtube.com/ watch?v=nXq9NTjEdTo

Mulligan, M. (2022, May 11). 'How iPod changed everything'. *Music Industry Blog*. https://musicindustryblog.wordpress.com/2022/05/11/ how-ipod-changed-everything/

Orr, M. (2019). *Lean Out: The Truth About Women, Power, and the Workplace*. HarperCollins Leadership.

Ross, L. (1977). 'The intuitive psychologist and his shortcomings: Distortions in the attribution process'. In Berkowitz, L. (ed.), *Advances in Experimental Social Psychology*, 10, 173-220. Academic Press.

Ross, L. (2014). *The psychology of intractable conflict: A handbook for political leaders*. Oxford University Press.

Stoll, C. (1995, February 26). 'Why the Web Won't Be Nirvana'. Newsweek. https://www.newsweek.com/clifford-stoll-why-web-wont-be- nirvana-185306

## 법칙 6 그냥 말하지 말고 질문하라

Cialdini, R. B. (1984). *Influence: The Psychology of Persuasion*. HarperCollins.

Cooper, J. (2007). *Cognitive dissonance: Fifty Years of a Classic Theory*. Sage Publications.

Festinger, L. (1957). *A Theory of Cognitive Dissonance*. Stanford University Press.

Kamarck, E. (2012, September 11) 'Are You Better Off Than You Were 4 Years Ago?' *WBUR*. https://www.wbur.org/cognoscenti/2012/09/11/ better-off-2012-elaine-kamarck.

McArdle, M. (2014). *The Up Side of Down: Why Failing Well is the Key to Success*. Viking.

Maddux, J. E. and Rogers, R. W. (1983). 'Protection motivation and self-efficacy: A revised theory of fear appeals and attitude change'. *Journal of Experimental Social Psychology*, 19(5), 469-479. https://doi. org/10.1016/0022-1031(83)90023-9

O'Keefe, D. J. (2002). *Persuasion: Theory and Research* (2nd ed.). Sage Publications.

O'Mara, M. (2020, September 10). 'Are You Better Off than You Were Four Years Ago?: The Economy in Presidential Politics'. *Perspectives on History*. https://www.historians.org/research-and-publications/ perspectives-on-history/october-2020/are-you-better-off-than-youwere-four-years-ago-the-economy-in-presidential-politics

Reagan Library. (2016, May 6). 'Presidential Debate with Ronald Reagan and President Carter, October 28, 1980' [Video file]. YouTube. https://www.youtube.com/watch?v=tWEm6g0iQNI

Schwarz, N. (1999). 'Self-reports: How the questions shape the answers'. *American Psychologist*,

54(2), 93-105. https://doi.org/ 10.1037/0003-066X.54.2.93
Sherman, D. K. and Cohen, G. L. (2006). 'The psychology of self-defense: Self-affirmation theory'. *Advances in Experimental Social Psychology*, 38, 183–242. Elsevier Academic Press. https://doi.org/10.1016/ S0065-2601(06)38004-5
Sprott, D. E., Spangenberg, E. R., Block, L. G., Fitzsimons, G. J., Morwitz, V. G. and Williams, P. (2006). 'The question–behavior effect: What we know and where we go from here'. *Social Influence*, 1(2), 128–137. https://doi.org/10.1080/15534510600685409
Tavris, C. and Aronson, E. (2007). *Mistakes Were Made (But Not by Me): Why We Justify Foolish Beliefs, Bad Decisions, and Hurtful Acts*. Houghton Mifflin Harcourt.
Wood, W., Tam, L. and Witt, M. G. (2005). 'Changing circumstances, disrupting habits'. *Journal of Personality and Social Psychology*, 88(6), 918-933. https://doi.org/10.1037/0022-3514.88.6.918

## 범거 7 자기 서사를 타협하지 말라

Aryani, E. (2016). 'The role of self-story in mental toughness of students in Yogyakarta'. *Journal of Educational Psychology and Counseling*, 2(1), 25-31.
Duckworth, A. L., Peterson, C., Matthews, M. D. and Kelly, D. R. (2007). 'Grit: perseverance and passion for long-term goals'. *Journal of Personality and Social Psychology*, 92(6), 1087–1101. https://doi.org/10.1037/0022-3514.92.6.1087
Eubank Jr, C. (2023, May 1). Personal communication.
Gladwell, M. (2008). *Outliers: The Story of Success*. Allen Lane.
Macnamara, B. N., Hambrick, D. Z., & Oswald, F. L. (2014). 'Deliberate Practice and Performance in Music, Games, Sports, Education, and Professions: A Meta-Analysis'. *Psychological Science*, 25(8), 1608–1618. https://doi.org/10.1177/0956797614535810
Polk, L. (2018). 'Self-concept and resilience: A correlation'. *International Journal of Social Science and Economic Research*, 3(2), 1280-1291.
Singh, P. (2023). *Your self-story: The secret strategy for achieving big ambitions*. HarperCollins.
Steele, C. M. and Aronson, J. (1995). 'Stereotype threat and the intellectual test performance of African Americans'. *Journal of Personality and Social Psychology*, 69(5), 797–811. https://doi.org/10.1037/0022-3514.69.5.797
Tentama, F. (2020). 'Self-story, resilience, and mental toughness'. *Journal of Applied Psychology*, 4(1), 13-21.
Wooden, J. (1997). *Wooden: A lifetime of observations and reflections on and off the court*. McGraw Hill.
Woolfolk Hoy, A., & Murphy, P. K. (2008). 'Identity development, motivation, and achievement in adolescence'. In Meece, J. L. and Eccles, J. S. (eds.), *Handbook of Research on Schools, Schooling, and Human Development*, 391–414. Routledge.
Zhang, S., Tompson, S., White-Spenik, D., & Blair, C. B. (2013). 'Stereotype threat and self-affirmation: The moderating role of race/ ethnicity and self-esteem'. *Cultural Diversity and Ethnic Minority Psychology*, 19(4), 395–405.

## 법칙 8 나쁜 습관과 절대 싸우지 말라

American Psychological Association. (2023, March 21) 'What you need to know about willpower: The psychological science of self-control'. https://www.apa.org. https://www.apa.org/topics/personality/ willpower

Baumeister, R. F., Bratslavsky, E., Muraven, M. and Tice, D. M. (1998). 'Ego depletion: Is the active self a limited resource?'. *Journal of Personality and Social Psychology*, 74(5), 1252–1265. https://doi.org/ 10.1037/0022-3514.74.5.1252

Clear, J. (2020, February 4). 'How to Break a Bad Habit (and Replace It With a Good One)'. James Clear. https://jamesclear.com/ how-to-break-a-bad-habit

Duhigg, C. (2014). *The Power of Habit: Why We Do What We Do, and How to Change*. Random House.

Eyal, N. (2013). *Hooked: How to Build Habit-Forming Products*. Portfolio Penguin.

Ferrario, C. R., Gorny, G. and Crombag, H. S. (2005). 'On the neural and psychological mechanisms underlying compulsive drug seeking in addiction'. *Progress in Neuro-Psychopharmacology and Biological Psychiatry*, 29(4), 613-627.

Friedman, R. S., Fishbach, A. and Förster, J. (2003). 'The effects of promotion and prevention cues on creativity'. *Journal of Personality and Social Psychology*, 85(2), 312-326.

Gollwitzer, P. M. and Sheeran, P. (2006). 'Implementation intentions and goal achievement: A meta-analysis of effects and processes'. *Advances in Experimental Social Psychology*, 38, 69-119. https://doi.org/10.1016/ S0065-2601(06)38002-1

Hofmann, W., Adriaanse, M., Vohs, K. D. and Baumeister, R. F. (2014). 'Dieting and the self-control of eating in everyday environments: An experience sampling study'. *British Journal of Health Psychology*, 19(3), 523-539. https://doi: 10.1111/bjhp.12053.

Muraven, M., Tice, D. M. and Baumeister, R. F. (1998). 'Self-control as a limited resource: Regulatory depletion patterns'. *Journal of Personality and Social Psychology*, 74(3), 774–789. https://doi. org/10.1037/0022-3514.74.3.774

Segerstrom, S. C., Stanton, A. L., Alden, L. E., & Shortridge, B. E. (2003). 'A Multidimensional Structure for Repetitive Thought: What's On Your Mind, And How, And How Much?' *Journal of Personality and Social Psychology*, 85(5), 909-921. https://doi. org/10.1037/0022-3514.85.5.909

Sharot, T. (2019). *The Influential Mind: What the Brain Reveals About Our Power to Change Others*. Abacus.

Wegner, D. M., Schneider, D. J., Carter, S. R. and White, T. L. (1987). 'Paradoxical effects of thought suppression'. *Journal of Personality and Social Psychology*, 53(1), 5–13. https://doi.org/10.1037/0022-3514.53.1.5

Wood, W. and Neal, D. T. (2007). 'A new look at habits and the habitgoal interface'. *Psychological Review*, 114(4), 843–863. https://doi. org/10.1037/0033-295X.114.4.843

## 법칙 9 건강을 항상 1순위에 두라

Buffett, W. E. (1998). 'Owner's Manual'. *Fortune*, 137(3), 33.

Caci, G., Albini, A., Malerba, M., Noonan, D. M., Pochetti, P. and Polosa, R. (2020). 'COVID-19 and Obesity: Dangerous Liaisons'. *Journal of Clinical Medicine*, 9(8), 2511. https://doi.org/10.3390/jcm9082511

Centers for Disease Control and Prevention. (2022, September 27) 'Obesity, Race/Ethnicity, and COVID-19'. Centers for Disease Control and Prevention. https://www.cdc.gov/obesity/data/obesityand-covid-19.html

Obama, President. (2013, September 26) 'Remarks by the President on the Affordable Care Act'. whitehouse.gov. https://obama whitehouse.archives.gov/the-press-office/2013/09/26/remarks-president-affordable-care-act

## 범위 10 '쓸모없는' 것이 쓸모를 정의한다

Allan, R. P. et al. (2021). 'Climate Change 2021: The Physical Science Basis. Contribution of Working Group I to the Sixth Assessment Report of the Intergovernmental Panel on Climate Change'. Cambridge University Press.

Brennan, S. (2018, May 14). 'Is this the best workplace in Britain?' *Mail Online*. https://www.dailymail.co.uk/femail/article-5718875/Is-bestworkplace-Britain.html

Coldwell, W. (2018, February 20). 'Drink in the view: BrewDog to open its first UK "beer hotel".' *Guardian*. https://www.theguardian. com/travel/2018/feb/20/drink-in-the-view-brewdog-to-open-its-firstuk-beer-hotel

International Energy Agency. (2021, May). 'Net Zero by 2050: A Roadmap for the Global Energy Sector'.

McCarthy, N. (2019, February 8). 'The Tesla Model 3 Was The Best-Selling Luxury Car In America Last Year' [Infographic]. *Forbes*. https://www.forbes.com/sites/niallmccarthy/2019/02/08/ the-tesla-model-3-was-the-best-selling-luxury-car-in-america-lastyear-infographic/

Morris, J. (2020, June 14). 'How Did Tesla Become The Most Valuable Car Company In The World?' *Forbes*. https://www.forbes.com/ sites/jamesmorris/2020/06/14/how-did-tesla-become-the-most- valuable-car-company-in-the-world/

NASA Global Climate Change. (n.d.). 'The Causes of Climate Change'. Retrieved April 30, 2023, from https://climate.nasa.gov/causes/

National Oceanic and Atmospheric Administration. (n.d.). 'Climate'. Retrieved 30 April 2023. from https://www.climate.gov/

Shastri, A. (2023, February 13). 'Complete Analysis on Tesla Marketing Strategy - 360 Degree Analysis'. IIDE. https://iide.co/case-studies/ tesla-marketing-strategy/

Sutherland, R. (2019). *Alchemy: The Surprising Power of Ideas that Don't Make Sense*. WH Allen.

Union of Concerned Scientists. (2022). 'The Climate Deception Dossiers'. United Nations Environment Programme. (2021, October 26). 'The Emissions Gap Report 2021'. https://www.unep.org/resources/ emissions-gap-report-2021

United Nations Framework Convention on Climate Change. (2015). 'Paris Agreement'. Retrieved 30 April 2023. https://unfccc.int/ process-and-meetings/the-paris-agreement/the-paris-agreement

United States Environmental Protection Agency. 2023, May 2. 'Climate Change Indicators in the United States'. https://www.epa.gov/ climate-indicators

World Wildlife Fund. (n.d.). 'Effects of Climate Change'. Retrieved 30 April, 2023. https://www.worldwildlife.org/threats/climate-change

## 방저 11 무언가의 배경화면이 되지 말라

*127 Hours. (2010). [Motion Picture]. Fox Searchlight Pictures.*

Avery, S. N. and Blackford, J. U. (2016, July 21). 'Slow to warm up: the role of habituation in social fear', *Social Cognitive and Affective Neuroscience*, 11(11), 1832-1840. https://doi: 10.1093/scan/nsw095

BBC NEWS. (2002, October 23) 'I cut off my arm to survive'. http:// news.bbc.co.uk/1/hi/health/2346951.stm

Davies, S. J. (2017). *The Art of Mindfulness in Sport Psychology: Mindfulness in Motion*. Routledge.

Diamond, D. M., Park, C. R., Campbell, A. M., Woodson, J. C. and Conrad, C. D. (2005). 'Influence of predator stress on the consolidation versus retrieval of long-term spatial memory and hippocampal spinogenesis'. *Hippocampus*, 16(7), 571-576. https://doi: 10.1002/hipo.20188.

Frederick, P. (2011, March). 'Persuasive Writing: How to Harness the Power of Words'. *ResearchGate*. https://www.researchgate.net/ publication/275207550_Persuasive_Writing_How_to_Harness_the_Power_of_Words

Groves, P. M. and Thompson, R. F. (1970). 'Habituation: A dual-process theory'. *Psychological Review*, 77(5), 419–450. https://doi.org/10.1037/ h0029810

James, L. R. (1952). 'A review of habituation'. *Psychological Bulletin*, 49(4), 345–356.

James, W. (1890). *The Principles of Psychology*. vol. 1. Henry Holt. Keegan, S.M. (2015). *The Psychology of Fear in Organizations: How to Transform Anxiety into Well-being, Productivity and Innovation.*

Kogan Page. LeDoux, J. (2015). *Anxious: Using the Brain to Understand and Treat Fear and Anxiety.* Viking.

McGonigal, K. (2015). *The Upside of Stress: Why Stress Is Good for You, and How to Get Good at It.* Avery.

McGuire, W. J. (1968). 'Personality and susceptibility to social influence'. In Borgatta, E.F. and Lambert, W.W. (eds.), *Handbook of Personality Theory and Research* (pp. 1130-1187). Rand McNally.

Mitchell, A. A. and Olson, J. C. (1981). 'Are product attribute beliefs the only mediator of advertising effects on brand attitude?'. *Journal of Marketing Research*, 18(3), 318-332. https://doi.org/10.2307/3150973 Petty, R. E., & Cacioppo, J. T. (1986). *Communication and Persuasion: Central and Peripheral Routes to Attitude Change*. Springer.

Ralston, A. (2005). *Between a Rock and a Hard Place*. Simon & Schuster.

Sapolsky, R. M. (2017). *Behave: The Biology of Humans at Our Best and Worst*. Penguin Press.

Selye, H. *(1976). The Stress of Life*. McGraw-Hill.

Smith, C. A. (1965). 'The effects of stimulus variation on the semantic satiation phenomenon'. Journal of Verbal Learning and Verbal Behavior, 4(5), 447–453.

Sokolov, E. N. (1963). 'Higher Nervous Functions: The Orienting Reflex'. *Annual Review of Physiology*, 25, 545–580. https://doi.org/10.1146/ annurev.ph.25.030163.002553

Wilson, F. A. W. and Rolls, E. T. (1993). 'The effects of stimulus novelty and familiarity on neuronal activity in the amygdala of monkeys performing recognition memory tasks'. *Experimental Brain Research*, 93(3), 367–82. https://doi:10.1007/BF00229353

Wilson, T. D. and Brekke, N. (1994). 'Mental contamination and mental correction: Unwanted influences on judgments and evaluations'. *Psychological Bulletin*, 116(1), 117-142. https://doi.org/ 10.1037/0033-2909.116.1.117

Winkielman, P., Halberstadt, J., Fazendeiro, T. and Catty, S. (2006). 'Prototypes are attractive because they are easy on the mind'. *Psychological Science*, 17(9), 799–806. https://doi: 10.1111/j.1467-9280.2006.01785.x

## 법칙 12 사람들의 감정을 흔들어라

Manson, M. (2016). *The Subtle Art of Not Giving a F\*ck: A Counterintuitive Approach to Living a Good Life*. Harper.

Midson-Short, D. (2019, March 9). 'The Rise of Cursing in Marketing'. Shorthand Content Marketing'. https://shorthandcontent.com/ marketing/curse-words-in-marketing/

Knight, S. (2018). *Calm the F\*\*k Down: How to Control What You Can and Accept What You Can't So You Can Stop Freaking Out and Get on With Your Life*. Quercus.

Kludt, A. (2018, November 2). 'Dermalogica's Founder Thinks People-Pleasing Leads to Mediocrity'. *Eater*. https://www.eater.com/ 2018/11/2/18047774/dermalogicas-ceo-jane-wurwand-start-to-sale

*The Diary Of A CEO*. (2022, June 13). 'Dermalogica Founder: Building A Billion Dollar Business While Looking After Your Mental Health' [Video file]. YouTube. https://www.youtube.com/watch?v=0KDESUdPRXs

## 법칙 13 우선 혁신적 사고를 실행하라

Battye, L. (2018, January 10). 'Why We're Loving It: The Psychology Behind the McDonald's Restaurant of the Future'. behavioral economics.com. https://www.behavioraleconomics.com/ loving- psychology-behind-mcdonalds-restaurant-future

Dmitracova, O. (2019, December 2). 'What companies can learn from behavioural psychology'. *Independent*. https://www.independent.co.uk/ voices/customer-service-behavioural-psychology-uber-fred-reichheld-mckinsey-company-a9229931.html

Duhigg, C. (2013). *The Power of Habit: Why We Do What We Do, and How to Change*. Random House.

Fowler, G. (2014, July 22). 'The Secret to Uber's Success? It Isn't Technology'. *Wired*.

Hogan, Candice. (2019, January 28). 'How Uber Leverages Applied Behavioral Science at Scale'.

Uber Blog. https://www.uber.com/ en-GB/blog/applied-behavioral-science-at-scale/
Kim, W. C. and Mauborgne, R. (2004, October). 'Blue Ocean Strategy', *Harvard Business Review*.
Sutherland, R. (2019). *Alchemy: The Surprising Power of Ideas that Don't Make Sense*. WH Allen.
The Secret Developer. (2023, January 6). 'Uber's Psychological Moonshot. *Medium*. https://medium.com/@tsecretdeveloper/ ubers-psychological-moonshot-8e75078722ae
Uber. (2023). 'About Uber'. https://www.uber.com/us/en/about/

## 법칙 14 가치는 마찰에서 탄생한다

Ranganathan, C. (2019). *Friction is Fiction: The Future of Marketing*. HarperCollins Publishers.
Sutherland, R. (2009). 'Life lessons from an ad man'. TED Conferences. [Video file] https://www.ted.com/talks/rory_sutherland_life_ lessons_from_an_ad_man
Tversky, A. and Kahneman, D. (1974). 'Judgment under uncertainty: Heuristics and Biases'. *Science*, 185(4157), 1124-1131. https://doi: 10.1126/science.185.4157.1124
Wertenbroch, K. and Skiera, B. (2002). 'Measuring Consumers' Willingness to Pay at the Point of Purchase'. *Journal of Marketing Research*, 39(2), 228-241. https://doi.org/10.1509/jmkr.39.2.228.19086
West, P. M., Brown, C. L. and Hoch, S. J. (1996). 'Consumption vocabulary and preference formation'. *Journal of Consumer Research*, 23(2), 120-135.

## 법칙 15 콘텐츠보다 프레임이 더 중요하다

Babin, B. J., Hardesty, D. M. and Suter, T. A. (2003). 'Color and shopping intentions: The intervening effect of price fairness and perceived affect'. *Journal of Business Research*, 56(7), 541-551. https://doi. org/10.1016/S0148-2963(01)00246-6
Khan, U. and Dhar, R. (2006). 'Licensing Effect in Consumer Choice'. *Journal of Marketing Research*, 43(2), 259-266.
Kivetz, R. and Simonson, I. (2002). 'Earning the Right to Indulge: Effort as a Determinant of Customer Preferences Toward Frequency Program Rewards'. *Journal of Marketing Research*, 39(2), 155-170.
Koelbel, C. and Helgeson, J. G. (2008). 'Scarcity appeals in advertising: Theoretical and empirical considerations'. *Journal of Advertising*, 37(1), 19-33.
Kotler, P., Kartajaya, H. and Setiawan, I. (2017). *Marketing 4.0: Moving from traditional to digital*. John Wiley & Sons.
Levy, S.J. (1959). 'Symbols for sale'. *Harvard Business Review*, 37(4), 117-124.
Müller-Lyer, FC (1889). 'Optische Urteilstäuschungen'. *Archiv für Physiologie Suppl*. 1889: 263–270
Thaler, R. H. (1985). 'Mental accounting and consumer choice'. *Marketing Science*, 4(3), 199-214.
WHOOP. (2023). WHOOP Homepage. Retrieved 1 May, 2023. https:// www.whoop.com/

## 법칙 16 골디락스 효과를 기억하라

Alagappan, Sathesh. (2014, December 15). 'The Goldilocks Effect: Simple but clever marketing'. *Medium*. https://medium.com/@ WinstonWolf Digi/the-goldilocks-effect-simple-but-clever-marketing-dfb87f4fa58c

Ariely, D. (2009, May 19). 'Are we in control of our decisions?' [Video file]. TED Conferences. https://www.youtube.com/ watch?v=9X68dm92HVI

Clear, J. (2020, February 4). 'The Goldilocks Rule: How to Stay Motivated in Life and Business'. https://jamesclear.com/goldilocks-rule

Cunff, A. L. (2020). 'The Goldilocks Principle of Stress and Anxiety'. Ness Labs. https://nesslabs.com/goldilocks-principle

Kemp, S. (2019). 'The Goldilocks Effect: Using Anchoring to Boost Your Conversion Rates'. Neil Patel. https://neilpatel.com/blog/ goldilocks-effect/

Kinnu. (2023, January 11). 'What is the Anchoring Bias and How Does it Impact Our Decision-Making?'. https://kinnu.xyz/kinnuverse/ science/cognitive-biases/how-mental-shortcuts-filter-information/

Tversky, A. and Kahneman, D. (1991). 'Loss Aversion in Riskless Choice: A Reference-Dependent Model'. *The Quarterly Journal of Economics*, 106(4), 1039–1061. https://doi.org/10.2307/2937956

## 법칙 17 체험시키고 구매로 이끌라

Bratton, J. and Gold, J. (2012). *Human Resource Management: Theory and Practice* (5th ed.). Palgrave Macmillan.

Build-A-Bear. (n.d.). About Build-A-Bear Workshop®. Retrieved 1 May, 2023. https://www.buildabear.com/about-us.html

Buric, R. (2022). 'The Endowment Effect – Everything You Need to Know'. InsideBE. https://insidebe.com/articles/the-endowment-effect-2/

Kahneman, D. and Tversky, A. (1979). 'Prospect theory: An Analysis of Decision Under Risk', *Econometrica*, 47(2), 263-292. https://doi.org/10.2307/1914185

Kivetz, R., Urminsky, O. and Zheng, Y. (2006). 'The Goal-Gradient Hypothesis Resurrected: Purchase Acceleration, Illusionary Goal Progress, and Customer Retention'. *Journal of Marketing Research* 43(1), 39-58. https://doi.org/10.1509/jmkr.43.1.39

Thaler, R. (1985). 'Mental Accounting and Consumer Choice'. *Marketing Science*, 4(3), 199-214. https://doi.org/10.1287/mksc.4.3.199

Vohs, K. D., Mead, N. L. and Goode, M. R. (2008). 'Merely Activating the Concept of Money Changes Personal and Interpersonal Behavior', *Current Directions in Psychological Science* 17(3), 208-212. https://doi.org/10.1111/j.1467-8721.2008.00576.x

**범저 18 5초 안에 승부를 보라**

Becker, H. S. (2007). *Writing for Social Scientists: How to Start and Finish Your Thesis, Book, or Article* (2nd ed.). University of Chicago Press. Duistermaat, H. (2013). *How to Write Seductive Web Copy: An Easy Guide to Picking Up More Customers*. Henneke Duistermaat.

Ferriss, T. (2016). *Tools of Titans: The Tactics, Routines, and Habits of Billionaires, Icons, and World-Class Performers*. Vermilion.

Godin, S. (2012). *All Marketers Are Liars: The Power of Telling Authentic Stories in a Low-Trust World*. Portfolio Penguin.

Godin, S. (2012). *The Icarus Deception: How High Will You Fly?*, Portfolio Penguin.

Guberman, R. (2016). *The Ultimate Guide to Video Marketing*. Entrepreneur Press.

Johnson, M. (n.d.). 'The Power of Pause'. Ethos3 – a presentation training and design agency. https://ethos3.com/the-power-of-pause/

Kawasaki, G. (2004). *The Art of the Start: The Time-Tested, Battle-Hardened Guide for Anyone Starting Anything*. Portfolio Penguin.

Pink, D. H. (2005). *A Whole New Mind: Why Right-Brainers Will Rule the Future*. Riverhead Books.

Ries, E. (2011). *The Lean Startup: How Today's Entrepreneurs Use Continuous Innovation to Create Radically Successful Businesses*. Crown Business. Robbins, T. (2017). *Unshakeable: Your Financial Freedom Playbook*. Simon & Schuster.

Sinek, S. (2011). *Start with Why: How Great Leaders Inspire Everyone to Take Action*. Portfolio Penguin.

Thiel, P. with Masters, B. (2014). *Zero to One: Notes on Startups, or How to Build the Future*. Currency.

Vaynerchuk, G. (2013). *Jab, Jab, Jab, Right Hook: How to Tell Your Story in a Noisy Social World*. HarperBusiness.

Vorster, Andrew. (2021). '7 seconds'. https://www.andrewvorster.com/7-seconds/

**범저 19 작은 일 하나에도 신경 써야 한다**

Altman, D. (2023, January 12). 'Go Big by Thinking Small: The Power of Incrementalism'. Project Management Institute. https://community.pmi.org/blog-post/73777/go-big-by-thinking-small- the-power-of-incrementalism-theory#=_

Amabile, T. M. and Kramer, S. J. (2011, May). 'The Power of Small Wins'. *Harvard Business Review*. https://hbr.org/2011/05/ the-power-of-small-wins

Clifford, J. (2014, February 10) 'Power to the People – Toyota's Suggestion System'. Toyota UK Magazine. https://mag.toyota.co.uk/ toyota-and-the-power-of-suggestion

Cunff, A. L. (2020). 'Constructive criticism: how to give and receive feedback'. Ness Labs. https://nesslabs.com/constructive- criticism-give-receive-feedback

Laloux, F. (2014). *Reinventing Organizations: A Guide to Creating Organizations Inspired By the Next Stage in Human Consciousness*.

Nelson Parker. Liker, J. K. (2004). *The Toyota Way: 14 Management Principles From the World's Greatest Manufacturer*. McGraw-Hill.

Senge, P. M. (1980). *The Fifth Discipline: The Art and Practice of the Learning Organization*. Doubleday.

Spear, S. J., & Bowen, H. K. (1999). 'Decoding the DNA of the Toyota production system'. *Harvard Business Review*, 77(5), 96-106.

Kos, B. (2023, April 12) 'Kaizen - Constant improvement as the winning strategy' Spica. https://www.spica.com/blog/kaizen-method

Toyota Blog. (2013, May 31). 'What is kaizen and how does Toyota use it?'. Toyota UK Magazine. https://mag.toyota.co.uk/kaizen-toyota-production-system/#:~:text=Kaizen%20(English%3A%20 Continuous%20improvement)%3A,maximise%20productivity%20 at%20every%20worksite.

Womack, J. P. and Jones, D. T. (2003). *Lean Thinking: Banish Waste and Create Wealth in Your Corporation*. Simon and Schuster.

Wye, Alistair. (2020, November 20). 'Never ignore marginal gains. The secret of how a 1% gain each day adds up to massive results for legal organisations'. Lawtomated. https://lawtomated.com/ never-ignore-marginal-gains-the-secret-of-how-a-1-gain-each-dayadds-up-to-massive-results-for-legal-organisations

## 법칙 20 생존하고 싶다면 변해야 한다

Barbie, D. J. (ed.) (2012). *Tiger Woods Phenomenon: Essays on the Cultural Impact of Golf's Fallible Superman*. McFarland & Co.

Barabási, A.-L. (2018). *The Formula: The Universal Laws of Success*. Simon & Schuster.

Darwin, C. (1859). *On the Origin of Species by Means of Natural Selection, or the Preservation of Favoured Races in the Struggle for Life*.

Hammer, M. and Champy, J. (1993). *Reengineering the Corporation: A Manifesto for Business Revolution*. Harper Business.

Harmon, B. and Andrisani, J. (1998). *Butch Harmon's Playing Lessons*. Simon & Schuster.

John Murray. Gottman, J. M. and Silver, N. (2018). *Seven Principles for Making Marriage Work: A Practical Guide from the Country's Foremost Relationship Expert*. Harmony.

Kaizen Institute. (n.d.). 'What is kaizen?'. https://www.kaizen.com/ about-us/what-is-kaizen.html

Kanigel, R. (2005). *The One Best way: Frederick Winslow Taylor and the Enigma of Efficiency*. MIT Press.

Liker, J. K. (2004). *The Toyota Way: 14 Management Principles From the World's Greatest Manufacturer*. McGraw-Hill.

McGrath, R. G. (2013). *The End of Competitive Advantage: How to Keep Your Strategy Moving as Fast as Your Business*. Harvard Business Review Press.

Nakao, Y. (2014). *The Toyota way: Continuous improvement as a business strategy*. Business Expert Press.

## 법칙 21 경쟁자보다 더 많이 실패하라

Batten Institute University of Virginia Darden School of Business. (2012, June 20). 'Creating An Innovation Culture: Accepting Failure is Necessary'. *Forbes*. https://www.forbes.com/sites/darden/2012/06/20/creating-an-innovation-culture-accepting-failure-is-necessary/?sh=11dc9e21754e

Bezos, J. (2017, April 17). '2016 Letter to Shareholders'. Amazon. Retrieved from https://www.amazon.com/p/feature/z6o9g6sysxur57t *Cold Call*. (2022, August 31). 'At Booking.com, Innovation Means Constant Failure'. [Podcast] *Harvard Business Review*. https://hbr.org/podcast/2019/09/at-booking-com-innovation-means-constant-failure

Donovan, N. (2019, August 6). 'The role of experimentation at Booking.com'. Booking.com Partner Hub. https://partner. booking.com/en-gb/click-magazine/industry-perspectives/ role-experimentation-bookingcom

Hamel, G. and Zanini, M. (2016, September 5). 'Excess Management Is Costing the U.S. $3 Trillion Per Year'. *Harvard Business Review*. https://hbr.org/2016/09/excess-management-is-costing-the-us-3-trillion-per-year

Hamel, G. (2018, October 29). 'Yes, You Can Eliminate Bureaucracy'. *Harvard Business Review*.

Harris, S. (2014). *10% Happier: How I Tamed the Voice in My Head, Reduced Stress Without Losing My Edge, and Found Self-Help That Actually Works – A True Story*. Yellow Kite.

IBM. (2021). 'IBM History'. Retrieved from https://www.ibm.com/ ibm/history/history/

Kahneman, D. (2011). *Thinking, Fast and Slow*. Farrar, Straus and Giroux. Kaizen Institute. (n.d.). 'What is kaizen?'. Retrieved from https://kaizen. com/what-is-kaizen.shtml

Kim, E. (2016, May 28). 'How Amazon CEO Jeff Bezos has inspired people to change the way they think about failure'. *Business Insider India*. https://www.businessinsider.in/tech/how-amazon-ceo-jeff-bezoshas-inspired-people-to-change-the-way-they-think-about-failure/articleshow/52481780.cms

Kotter, J. P. (1996). *Leading Change*. Harvard Business Review Press.

Lencioni, P. (2012). *The Advantage: Why Organizational Health Trumps Everything Else in Business*. Jossey-Bass.

Lindzon, J. (2022). 'Do we still need managers? Most workers say "no".' *Fast Company*. https://www.fastcompany.com/90716503/ do-we-still-need-managers-most-workers-say-no

Mackenzie, K. (2019). *What Is Empowerment, and How Does It Support Employee Motivation?* SHRM.

Obama, B. (2020). *A Promised Land*. Viking.

Peter, L. J. and Hull, R. (1969). *The Peter Principle: Why Things Always Go Wrong*. William Morrow.

Ruimin, Z. (2007, February). 'Raising Haier'. *Harvard Business Review*. https://hbr.org/2007/02/raising-haier

Sinek, S. (2011). *Start with Why: How Great Leaders Inspire Everyone to Take Action*. Portfolio Penguin.

Stone, M. (2020, September 24). 'The pandemic became personal when Booking Holdings' CEO caught COVID-19. Now, he's taking on Airbnb and calling on the government to save a battered travel industry'. *Business Insider*. https://www.businessinsider.com/bookingholdings-ceo-airbnb-pandemic-travel-future-2020-9?r=US&IR=T

Westrum, R. (2004). 'A typology of resilience situations'. *Journal of Contingencies and Crisis Management*, 12(3), 98-107.

## 넛지 22 최대한 플랜 A를 사수하라

Atkinson, E. (2022, October 20). 'Andes plane crash survivors have "no regrets" over resorting to cannibalism'. *Independent*. https://www.independent.co.uk/news/world/americas/andes-plane-crash-survivors-cannabalism-b2203833.html

Delgado, K. J. (2009). 'Social Psychology in Action: A Critical Analysis of *Alive*'. https://corescholar.libraries.wright.edu/psych_student/2

Mulvaney, K. (2021, October 13). 'Miracle of the Andes: How Survivors of the Flight Disaster Struggled to Stay Alive'. History. https://www.history.com/news/miracle-andes-disaster-survival

Parrado, N. (2007). *Miracle in the Andes: 72 Days on the Mountain and My Long Trek Home*. Orion.

Read, P. P. (1974). *Alive: The Story of the Andes Survivors*. J.B. Lippincott. Sterling, T. (2010). 'Thirty-two years of the "Alive" story'. *Air & Space Smithsonian*, 25(3), 16-22.

Stroud, L. (2008). *Survive!: Essential Skills and Tactics to Get You Out of Anywhere–Alive*. William Morrow & Company.

## 넛지 23 타조처럼 굴지 말라

Bride, H. (1912, April 20). 'Women Who Escaped Death Tell of Thrilling Rescues: Stories of Courage and Fortitude Told by Those Who Lived Through Sinking of Titanic'. *New York Times*.

Carter, W. (1912). *How I Survived the Titanic*. New York: Century Co.

Eyal, N. (2023, April 25). Personal communication.

Gollwitzer, P. M. and Sheeran, P. (2006). 'Implementation Intentions and Goal Achievement: A Meta-analysis of Effects and Processes'. *Advances in Experimental Social Psychology*, 38, 69–119. https://doi.org/10.1016/S0065-2601(06)38002-1

Hopkinson, D. (2014). *Titanic: Voices from the disaster*. Scholastic Press.

Lynch, D. (1995). *Titanic: An Illustrated History*. Hyperion Books.

Mowbray, J. (2003). *The Sinking of the Titanic: Eyewitness Accounts*. Dover Publications.

Reed, J. (2019, August 2). 'Understanding The Psychology of Willful Blindness'. https://authorjoannereed.net/understanding-the-psychology-of-willful-blindness/#:~:text=%E2%80%9CThe%20 psychology%20of%20willful%20blindness,to%20let%20out%20 is%20crucial.

Rosenberg, J. (2022). *The Ostrich Effect: The Psychology of Avoiding What We Most Fear and Deserve*. Viking Press.

Sprott, D. E., Spangenberg, E. R. and Fischer, R. (2003). 'Reconceptualizing perceived value: The role of perceived risk'. *Journal of Consumer Research*, 30(3), 433–448.

Thaler, R. H. (1999). 'Mental accounting matters'. *Journal of Behavioral Decision Making*, 12(3), 183–206. https://doi.org/10.1002/(SICI)1 099-0771(199909)12:3<183::AID-

BDM318>3.0.CO;2-F
Vaillant G. E. (1994). 'Ego mechanisms of defense and personality psychopathology'. *Journal of Abnormal Psychology*. 103(1):44-50. https:// doi: 10.1037//0021-843x.103.1.44. PMID: 8040479.

## 법칙 24 압박감을 특별한 기회로 바꾸라

King, B. J. (2008). *Pressure is a Privilege*. LifeTime Media.
Lazarus, R. S. and Folkman, S. (1984). *Stress, Appraisal, and Coping*. Springer Publishing Company.
McGonigal, K. (2013). 'How to make stress your friend' [Video file]. TED Conferences. https://www.ted.com/talks/kelly_mcgonigal_ how_to_make_stress_your_friend
Park, C. L. and Folkman, S. (1997). 'Meaning in the Context of Stress and Coping'. *Review of General Psychology*, 1(2), 115-144.
Sapolsky, R. M. (2004). *Why Zebras Don't Get Ulcers: The Acclaimed Guide to Stress, Stress-related Diseases and Coping*. St. Martins Press.
Sheldon, K. M. and Elliot, A. J. (1999). 'Goal striving, need satisfaction, and longitudinal well-being: The self-concordance model'. *Journal of Personality and Social Psychology*, 76(3), 482-497. https://doi. org/10.1037/0022-3514.76.3.482
Smyth, J. and Hockemeyer, J. R. (1998). 'The beneficial effects of daily activity on mood: Evidence from a randomized, controlled study'. *Journal of Health Psychology*, 3(3), 357-373.
Spreitzer, G. M. and Sonenshein, S. (2004). 'Toward the Construct Definition of Positive Deviance'. *American Behavioral Scientist*, 47(6), 828-847. https://doi.org/10.1177/0002764203260212
Tedeschi, R. G. and Calhoun, L. G. (2004). 'Posttraumatic Growth: Conceptual Foundations and Empirical Evidence'. *Psychological Inquiry*, 15(1), 1-18. https://doi.org/10.1207/s15327965pli1501_01
Wood, A. M. and Joseph, S. (2010). 'The absence of positive psychological (eudemonic) well-being as a risk factor for depression: A ten-year cohort study'. *Journal of affective disorders*, 122(3), 213-217. https://doi:10.1016/j.jad.2009.06.032.

## 법칙 25 최대한 실패를 자주 상상하라

Custer, R. L. (2018). 'Why do startups fail?'. *US Small Business Administration*. https://www.sba.gov/sites/default/files/Business-Survival.pdf
Delisle, J. (2017, April 2). 'Pre-mortem: an effective tool to avoid failure'. *Beeye*. https://www.mybeeye.com/blog/pre-mortem- effective-tool-to-prevent-failure
Dweck, C. S. (2017). *Mindset–Updated Edition: Changing the Way You Think to Fulfil Your Potential*. Robinson.
Kahneman, D. (2011). *Thinking, Fast and Slow*. Farrar, Straus and Giroux.
Klein, G. (2007, September). 'Performing a Project Premortem'. *Harvard Business Review*. https://hbr.org/2007/09/performing-a- project-premortem
Klein, G., Koller, T. and Lovallo, D. (2019, April 3). 'Bias Busters: Premortems: Being smart at the

start'. *McKinsey Quarterly.* https:// www.mckinsey.com/capabilities/strategy-and-corporate-finance/ our-insights/bias-busters-premortems-being-smart-at-the-start

Sharot, T. (2012). *The Optimism Bias: Why We're Wired to Look on the Bright Side.* Robinson.

Shermer, M. (2012). *Believing Brain: From Ghosts and Gods to Politics and Conspiracies – How We Construct Beliefs and Reinforce Them as Truths.* Macmillan.

Smith, K.G. and Hitt, M. A. (2005). *Great Minds in Management: The Process Of Theory Development.* Oxford University Press.

Tversky, A. and Kahneman, D. (1974). 'Judgment Under Uncertainty: Heuristics and Biases'. *Science*, 185(4157), 1124-1131. https://doi.org/10.1126/science.185.4157.1124

Wegner, D. M. (2003). *The Illusion of Conscious Will.* MIT Press.

## 법칙 26 '무엇을'보다 '어디서'가 중요하다

American Psychological Association. (2010). *Publication Manual of the American Psychological Association* (6th ed.) American Psychological Association.

Berman, M. G., Jonides, J., & Kaplan, S. (2008). 'The cognitive Benefits of Interacting with Nature'. *Psychological Science*, 19(12), 1207-1212. https://doi.org/10.1111/j.1467-9280.2008.02225.x

US Bureau of Labor Statistics. (2022, April 8). 'Occupational Employment and Wages, May 2021'. United States Department of Labor. https:// www.bls.gov/oes/current/oes_nat.htm

Carhart-Harris, R. L., Bolstridge, M., Rucker, J., Day, C. M., Erritzoe, D., Kaelen, M., and Nutt, D. J. (2016). 'Psilocybin with psychological support for treatment-resistant depression: an open-label feasibility study'. *The Lancet Psychiatry*, 3(7), 619-627. https://doi.org/10.1016/ S2215-0366(16)30065-7

Hamilton, I. (2023, April 4). 'What Are The Highest-Paying Jobs in the U.S.?'. *Forbes Advisor.* https://www.forbes.com/advisor/education/ what-are-the-highest-paying-jobs-in-the-u-s/

Hankel, I. (2021, January 8). 'In a Crowded Job Market, Here Are the Right Skills for the Future'. *Forbes.* https://www.forbes.com/ sites/forbesbusinesscouncil/2021/01/08/in-a-crowded-job-market- here-are-the-right-skills-for-the-future/

Jeung, D. Y., Kim, C., and Chang, S. J. (2018). 'Emotional Labor and Burnout: A Review of the Literature'. *Yonsei Medical Journal*, 59(2):187193. https://doi:10.3349/ ymj.2018.59.2.187. PMID: 29436185; PMCID: PMC5823819.

Markman, A. (2012). *Smart Thinking: How to Think Big, Innovate and Outperform Your Rivals.* Piatkus.

Markman, A. (2023). '3 signs you need to improve your emotional intelligence'. *Fast Company.* https://www.fastcompany.com/90839541/ signs-need-work-emotional-intelligence

Martocchio, J. J. (2018). *Strategic Compensation: A Human Resource Management Approach* (9th ed.). Pearson.

Perlo-Freeman, S., & Sköns, E. (2021). 'The State of Peace and Security in Africa 2021'. Stockholm International Peace Research Institute (SIPRI).

Reffold, K. (2019, March 28). 'Command A Higher Salary With These Five Strategies'. *Forbes.* https://www.forbes.com/sites/ forbeshumanresourcescouncil/2019/03/28/command-a-highersalary-with-these-five-strategies/?sh=353bea346467

Rice, R. E. (2009). 'The internet and health communication: A framework of experiences'. In Dillard, J.P. and Pfau, M. (eds.), *The Persuasion Handbook: Developments in theory and practice* (pp. 325-344). Sage.

Sadun, R., Fuller, J., Hansen, S. and Neal, P. J. (2022, July-August) 'The C-Suite Skills That Matter Most'. *Harvard Business Review* 100(4) 42–50. https://hbr.org/2022/07/the-c-suite-skills-that-matter-most

Stewart, D. W. and Kamins, M. A. (1993). *Secondary Research: Information Sources and Methods* (2nd ed.). Sage Publications.

Van Hoof, H. (2013). 'Social Media in Tourism and Hospitality: A Literature Review'. *Journal of Travel and Tourism*. https://www.academia.edu/14370892/Social_Media_in_Tourism_and_Hospitality_A_Literature_Review

## 벋지 27 강한 의지는 죽음, 시간, 강단에서 온다

Carver, C. S., Scheier, M. F. and Segerstrom, S. C. (2010). 'Optimism'. *Clinical Psychology Review*, 30(7), 879–889. https://doi.org/10.1016/j. cpr.2010.01.006

Cohn, M.A., Fredrickson, B.L., Bown, S.L., Mikels, J.A. and Conway, A.M. (2009). 'Happiness unpacked: Positive emotions increase life satisfaction by building resilience'. *Emotion*, 9(3), 361–368. https://doi. org/10.1037/a0018895

Davis, D. E., Choe, E., Meyers, J., Wade, N., Varjas, K., Gifford, A. and Worthington, E. L. (2016). 'Thankful for the little things: A meta- analysis of gratitude interventions'. *Journal of Counseling Psychology*, 63(1), 20–31. https://doi.org/10.1037/cou0000107

Harvey, M. (2019). *The Discipline of Entrepreneurship*. Bantam Press.

Huta, V. and Waterman, A. S. (2014). 'Eudaimonia and its Distinction from Hedonia: Developing a classification and Terminology for Understanding Conceptual and operational Definitions'. *Journal of Happiness Studies*, 15, 1425–1456. https://doi.org/10.1007/ s10902-013-9485-0

Mastracci, S. H. (2018). *Work smart, not hard: Organizational tips and tools that will change your life*. Chronos Publications.

Patterson, K., Grenny, J., McMillan, R. and Switzler, A. (2002). *Crucial Conversations: Tools for Talking When Stakes are High*. McGraw-Hill Education.

Rudd, M., Vohs, K. D. and Aaker, J. (2012). 'Awe Expands People's Perception of Time, Alters Decision Making, and Enhances Well-being'. *Psychological Science*, 23(10), 1130–1136. https:// doi. org/10.1177/0956797612438731

Scheier, M. F. and Carver, C. S. (1985). 'Optimism, coping, and health: Assessment and implications of generalized outcome expectancies'. *Health Psychology*, 4(3), 219–247. https://doi.org/10.1037/ 0278-6133.4.3.219

Sinek, S. (2011). *Start with Why: How Great Leaders Inspire Everyone to Take Action*. Portfolio Penguin.

Tracy, B. (2003). *Eat that Frog!: 21 Great Ways to Stop Procrastinating and Get More Done in Less Time*. Berrett-Koehler Publishers.

United Nations Department of Economic and Social Affairs, Population Division. (2021). 'World Population Prospects 2019: Data Booklet'. United Nations.

Vanderkam, L. (2018). *Off the Clock: Feel Less Busy While Getting More Done*. Portfolio Penguin.

World Health Organization. (2021). 'GHE: Life expectancy and healthy life expectancy'. WHO.

### 법칙 28 방법을 찾지 말고 사람을 찾으라

Branson, R. (2015). *The Virgin Way: How to Listen, Learn, Laugh and Lead*. Virgin Books.

Etem, J. (2017, August 10). 'Steve Jobs on Hiring Truly Gifted People' [Video file]. YouTube. https://www.youtube.com/watch?v=a7mS9ZdU6k4

Friedman, T. L. (2005). *The world is flat: A brief history of the twenty-first century*. Farrar, Straus and Giroux.

The Diary Of A CEO. (2021, November 15). 'Jimmy Carr: The Easiest Way To Live A Happier Life' [Video file]. YouTube. https://www.youtube.com/watch?v=roROKlZhZyo

The Diary Of A CEO. (2022, December 12). 'Richard Branson: How A Dyslexic Drop-out Built A Billion Dollar Empire' [Video file]. YouTube. https://www.youtube.com/watch?v=-Fmiqik4jh0

Virgin Group. (n.d.). 'Our Story'. Virgin. https://www.virgin.com/about-virgin/our-story

### 법칙 29 강력한 신념과 문화를 설계하라

Collins, J., Portas, J. and Collins, J. (2005). *Built to Last: Successful Habits of Visionary Companies*. Random House Business.

Higgins, D. M. (2019). 'The psychology of cults: An organizational perspective'. *Frontiers in psychology*, 10, 1291.

Hogan, T. and Broadbent, C. (2017). *The Ultimate Start-up Guide: Marketing Lessons, War Stories, and Hard-Won Advice from Leading Venture Capitalists and Angel Investors*. New Page Books.

Levy, S. (2011). *In the Plex: How Google Thinks, Works, and Shapes Our Lives*. Simon & Schuster.

Pells, R. (2018). *Blue sky dreaming: How the Beatles became the architects of business success*. Bloomsbury Publishing.

Thiel, P. with Masters, B. (2014). *Zero to One: Notes on Startups, or How to Build the Future*. Currency.

### 법칙 30 훌륭한 팀을 만들기 위한 세 가지 기준

BBC Sport. (2013, May 8). 'Sir Alex Ferguson to retire as Manchester United manager'. https://www.bbc.co.uk/sport/football/22447018

Branson, R. (2015). *The Virgin Way: How to Listen, Learn, Laugh and Lead*. Virgin Books.

Elberse, A. (2013, October). 'Ferguson's Formula'. *Harvard Business Review*. https://hbr.org/2013/10/fergusons-formula

Housman, M., and Minor, D. (2015, November). 'Toxic Workers'. Harvard Business School Working

Paper, No. 16-057. (Revised November 2015.) https://www.hbs.edu/ris/Publication%20 Files/16-057_d45c0b4f-fa19-49de-8f1b-4b12fe054fea.pdf

Hytner, R. (2016, January 18). 'Sir Alex Ferguson on how to win'. London Business School. https:// www.london.edu/think/sir-alex- ferguson-on-how-to-win

Robbins, S. P., Coulter, M. and DeCenzo, D. A. (2016). *Fundamentals of Management*. Pearson.

## 법칙 31 발전한다는 느낌을 심어주라

BBC News. (2015, September 15). 'Viewpoint: Should we all be looking for marginal gains?' BBC News. https://www.bbc.co.uk/news/ magazine-34247629

Clear, J. (2020, February 4). 'This Coach Improved Every Tiny Thing by 1 Percent and Here's What Happened'. https://jamesclear.com/ marginal-gains

Gawande, A. (2011, September 26). 'Personal best'. *New Yorker*. https:// www.newyorker.com/magazine/2011/10/03/personal-best

Medina, J. C. (2021, July 12). 'How To Make Small Changes For Big Impacts'. *Forbes*. https://www.forbes.com/sites/financialfinesse/2021/07/12/how-to-make-small-changes-for-big-impacts/?sh=54ead259401b

Mehta, K. (2021, February 23). 'The most mentally tough people apply the 1% "marginal gains" rule, says performance expert—here's how it works'. *CNBC*.

*The Diary Of A CEO*. (2022, January 17). 'The "Winning Expert": How To Become The Best You Can Be: Sir David Brailsford' [Video file]. *YouTube*. https://www.youtube.com/watch?v=nTiqySjdD6s

Tomlin, I. (2021, May 27). 'How A Marginal Gains Approach Can Transform Your Sales Conversations'. *Forbes*. https://www.forbes.com/ sites/forbescommunicationscouncil/2021/05/27/how-a-marginal-gains-approach-can-transform-your-sales-conversations/?sh=2eb-47c5a2bad

## 법칙 32 모든 사람을 같은 방식으로 대하지 말라

Elberse, A. (2013, October). 'Ferguson's Formula'. *Harvard Business Review*. https://hbr.org/2013/10/fergusons-formula

Evanish, J. (2022). 'Master the Leadership Paradox: Be Consistently Inconsistent'. *Lighthouse – Blog About Leadership & Management Advice*. https://getlighthouse.com/blog/leadership-paradox-consistently- inconsistent/

*The Diary Of A CEO*. (2021, April 12). 'Rio Ferdinand Reveals The Training Ground & Dressing Room Secrets That Made United Unbeatable' [Video file]. *YouTube*. https://www.youtube.com/watch?v= CwpSViM8MaY

*The Diary Of A CEO*. (2021, November 8). 'Patrice Evra: Learning How To Cry Saved My Life' [Video file]. *YouTube*. https://www.youtube. com/watch?v=UbF4p4yTfIY

*The Diary Of A CEO*. (2022, August 18). 'Gary Neville: From Football Legend To Building A Business Empire' [Video file]. *YouTube*. https://www.youtube.com/watch?v=cMCucLELzd0

**지은이 스티븐 바틀렛** Steven Bartlett

세계적인 연쇄창업가이자 팟캐스터, 베스트셀러 작가이며 영향력 있는 연설가. 하지만 처음부터 그랬던 것은 아니다. 1992년 보츠나와에서 태어나 영국에서 불우한 학창 시절을 보낸 바틀렛은, 스무 살에 노트북 하나만 들고 자기 사업을 시작했을 때만 해도 대책 없는 청년이었다. 맨체스터 메트로폴리탄대학교에 진학했지만, 개강 첫날 학문이 자신의 길이 아님을 직감하고는 부모님의 반대에도 불구하고 중퇴를 결행한다.

커뮤니티 플랫폼 '월파크'를 개설하고 운영하며 젊은 세대의 성향을 이용한 사업 모델을 구상했고, 여기서 쌓은 경험을 마케팅 에이전시 '소셜 체인' 창업으로 연결했다. 트렌디한 밈과 콘텐츠를 자연스럽게 마케팅에 녹여낸 소셜 체인은 광고 업계에 큰 충격을 주었고, 이를 바탕으로 애플, 아마존, 코카콜라 등 글로벌 기업들과 협업하며 창업 6년 만에 연 매출 약 3000억 원을 기록한다. 떠오르는 신성으로 주목받은 바틀렛은 BBC 창업지원 프로그램 〈드래곤스 덴〉에 최연소 투자자로 출연하며 주목받았고, 2020년에는 《포브스》 선정 '30세 이상 30인'에 꼽혔으며 버락 오바마와 함께 포럼 연단에 서기도 했다.

소셜 체인 매각 후 스물여섯 살에 1억 달러에 가까운 자산을 보유한 그는 세상의 다른 사람들은 어떻게 자신과 같은 상황을 헤쳐나가고 있는지, 자신의 경험 또한 세상에 도움을 줄 수 있을지 알고 싶어졌고 이를 가장 확실한 방법으로 풀어보자고 생각했다. 그리하여 유발 하라리, 로버트 그린, 미스터 비스트, 보리스 존슨 등 저명한 인물들을 직접 찾아가는 인터뷰가 이어졌다.

자수성가자로서 스스로 터득한 지혜와 전 세계 대가들과의 친근한 대화 속에서 교차 검증하며 찾아낸 성공의 패턴을, 팟캐스트·유튜브 채널 'Diary of a CEO'에 하나씩 올렸다. 차곡차곡 쌓아간 그의 채널은 월간 청취자 5000만 명, 누적 조회수 10억 회 이상을 기록하며 2024년 기준 스포티파이 유럽에서 '가장 많이 듣는 팟캐스트' 1위를 차지했다. 방대한 내용 중에서도 바틀렛이 사람들과 나누고자 정리한 정수가 바로 『CEO의 다이어리』다. 어렵지 않은 문장 속에 담긴 귀중한 진실에 수많은 독자가 강력한 영감을 받았다고 증언하는 이 책은 출간 즉시 《선데이 타임스》 베스트셀러 1위를 기록하고, 전 세계 35개 이상의 나라에서 번역되어 읽히고 있다.

**옮긴이 손백희**

이화여자대학교 영어영문학과와 한국외국어대학교 통번역대학원 한영과를 졸업했다. EBS 라디오에서 교재 집필 작가와 국제시사 TV프로그램 〈EBS 월드리포트〉 영어작가로 활동했고, CBS FM 라디오, OBS TV 등에서 영어 작가 및 리포터로 활동했다. 정부 기관, 외국계 보험회사, 은행 법무팀, 컨설팅펌 관련 일을 하면서 금융, 경제, 경영, 법무 분야에 대한 다양한 통번역 경험을 쌓았다. 역서로는 『매슬로에게 경영을 묻다』 등이 있다.

## CEO의 다이어리
### 오늘 당신은 어떤 미래를 살았는가?

펴낸날 초판 1쇄 2025년 7월 1일
　　　　초판 3쇄 2025년 10월 23일
지은이 스티븐 바틀렛
옮긴이 손백희
펴낸이 이주애, 홍영완
편집장 최혜리
편집3팀 안형욱, 강민우, 이소연
편집 박효주, 한수정, 홍은비, 김혜원, 송현근, 이은일, 최서영
디자인 박정원, 박소현, 김주연, 기조숙, 윤소정
홍보마케팅 백지혜, 김태윤, 김준영, 박영채
콘텐츠 양혜영, 이태은, 조유진
해외기획 정미현, 정수림
경영지원 박소현
펴낸곳 (주)윌북 출판등록 제2006-000017호
주소 04001 서울특별시 마포구 동교로19길 28 (서교동)
홈페이지 willbookspub.com 전화 02-323-3777 팩스 02-323-3778
블로그 blog.naver.com/willbooks 트위터 @onwillbooks 인스타그램 @willbooks_pub
ISBN 979-11-5581-827-5 (03320)

✱ 책값은 뒤표지에 있습니다.
✱ 잘못 만들어진 책은 구매하신 서점에서 바꿔드립니다.
✱ 이 책의 내용은 저작권자의 허락 없이 AI 트레이닝에 사용할 수 없습니다.